Entscheidungen

des

Ober-Seeamts und der Seeämter

des

Deutschen Reichs.

Herausgegeben

im

Reichsamte des Innern.

Fünfzehnter Band.

Heft 1.

Hamburg.

Verlag von L. Friederichsen & Co.

1904.

Inhalt.

(Fortsetzung folgt auf der dritten Seite des Umschlags).

1. Spruch des Seeamts zu Bremerhaven vom 28. Februar 1903, betreffend den Seeunfall des Schraubendampfers „Hoi Moon" von Bremen.

Der Spruch des Seeamts lautet:

Der Schraubendampfer „Hoi Moon" ist auf der Reise von Hongkong nach Port Arthur am 30. April 1902 in der Nähe von Swatau gesunken, nachdem er leckgesprungen und vollgeschlagen war.

Der Untergang ist zurückzuführen auf die Seeuntüchtigkeit des Schiffes, das, gebaut zur Verwendung als Flußschiff, vor Antritt der Reise in unzureichender Weise als Seeschiff instand gesetzt worden war.

Der Kapitän, der erste Maschinist und drei Chinesen haben bei dem Unfall ihr Leben verloren, die übrige Mannschaft hat sich an die Küste gerettet.

Der Kapitän hat es versäumt, rechtzeitig den Schutz der Küste aufzusuchen, auch ist er seiner gesetzlichen Verpflichtung, einen geprüften Steuermann an Bord zu haben, nicht nachgekommen.

G r ü n d e. Dem Schraubendampfer „Hoi Moon" ist am 23. April 1902 vom Kaiserlichen Konsulat in Hongkong ein Flaggenattest erteilt worden.

Nach diesem ist der Reeder des Schiffes ein Kapitän Karl Kimme aus Bremerhaven. Heimatshafen des Schiffes ist Bremen.

Der Dampfer ist am 30. April 1902 in der Nähe von Swatau gesunken auf einer Reise von Hongkong nach Port Arthur.

Hiernach ergibt sich die Zuständigkeit das Seeamts Bremerhaven für die Verhandlung dieses Seeunfalls.

Nach den Akten und nach der vor dem Seeamte stattgehabten Beweisaufnahme erscheint die Annahme gerechtfertigt, daß der abschriftlich vorliegende Vertrag d. d. Hongkong den 22. April 1902, auf Grund dessen durch Vermittelung der Firma Bismarck & Co. in Hongkong das Eigentum am Dampfer von Shan Cheong in Port Arthur auf den Kapitän Karl Kimme, derzeit in Hongkong, überging, ein Scheinvertrag gewesen ist, geschlossen in der Absicht, dem Schiffe das Recht zur Führung der deutschen Flagge zu erwirken.

Das Seeamt hat sich nicht für verpflichtet erachtet, eine nähere Feststellung in dieser Richtung zu machen.

Der Dampfer war gebaut und verwandt als sogenanntes Cantonboot zur Fahrt zwischen Hongkong und Canton; sein Alter ist auf höchstens 2½ Jahre angegeben worden.

Um das Schiff von Hongkong nach Port Arthur senden und für die Reise versichern zu können, sind in Hongkong auf Verlangen des Schiffsbesichtigers Anderson, der für eine Versicherungsgesellschaft in Canton Besichtiger ist, Veränderungen am Schiffe vorgenommen worden.

Die von Anderson erstatteten Berichte lauten:

Schiff: „Hoi Moon".
Raumgehalt: 217 Registertons netto.
Reeder oder Agenten: Herren Bismarck & Co.

Besichtigungsbericht.

Auf Ersuchen der Herren Bismarck & Co. habe ich, der unterzeichnete G. C. Anderson, heute den Dampfer „Hoi Moon" auf dem Slip zu Sam Sui Po besichtigt und berichte wie folgt:

Das Schiff ist ungefähr 18 Monate alt, von Chinesen in Hongkong in der üblichen Weise für den Betrieb im ruhigen Wasser erbaut, mit Promenadendeck und Deckshäusern auf demselben, 13" und 26" Zylinder mit Einfachendkessel. Das Schiff hat eine leichte Bucht im Kiel und das Metall ist am Hinterende und Ruder beschädigt und ist an der Steuerbordseite mittschiffs leicht und an den Quartern stark gerunzelt. Ist in guten Zustand zu setzen. Neues Metall am Steven erforderlich.

Um das Schiff zu einem guten Risiko für die Versicherung für die Reise nach Port Arthur zu machen:

Die Räume bedürfen der Reinigung vorn und hinten und aller Kohlenstaub und Schmutz ist aus den Bilgen zu entfernen. Die Wegerung ist kohlendicht zu machen und die Pumpen sind in guten Zustand zu setzen. Das Metall sollte hinten, wo es gerunzelt ist, abgenommen werden und der Rumpf kalfatert. Wo das Schiff gearbeitet hat, sind alle Zementstellen von der Innenseite zu entfernen. Die eisernen Bänder am Hinterende der Längsverbände sind nicht schwer genug, sie sollten fortgenommen und schwerere angebracht und gehörig mit Stringerbolzen gesichert werden, um auf diese Weise das Hinterende des Schiffes zusammenzubinden. Wenn dies geschehen, ist das Metall wie vorher über geteerte Pappe wieder zu befestigen. Bei allen Öffnungen in den Seiten des Schiffes sind die

Enden der Rohre an der Außenseite der Beplankung wasserdicht zu machen; gegenwärtig kann von Innen das Tageslicht zwischen den Rohren und den Öffnungen gesehen werden. Der Ruderkoker sollte untersucht und wasserdicht gemacht werden. Am Hinterende sollte unter den Balken des Hauptdecks in der Mittellinie ein Schlüssel angebracht und durch drei oder vier gute Stützen aufgesteift werden.

Die eisernen Türen der Maschine und des Schachtes des Kesselraums sollten so dichtschließend gemacht werden, um das Wasser abzuhalten. Die Luken sind mit Schalkleisten und Schalkleistenklampen zu versehen.

Das Schiff hat nur 45 Faden 5/8″—3/4″ Kette an jedem Anker, wovon einer zu leicht ist. Es ist ein anderer Anker — der gleiche wie der Steuerbordbuganker — erforderlich, mit 90 Faden Kette auf dem einen und 60 Faden auf dem anderen Anker.

Das Schiff muß für die beabsichtigte Reise hinreichend Kohlen, Wasser und Ausrüstungsgegenstände haben, einschließlich einer 4″ Manillatrosse, eines Treibankers und eines guten Kompasses, europäischen Kapitän, Steuermann und Maschinisten, chinesische Deckmannschaft und Feuerleute. Ausrüstung wie vom Gesetze verlangt, Lampen, Signale usw.

Die Wassertanks halten nur für 2 Tage Vorrat für den Kessel; es sind mehr Tanks erforderlich.

Die Maschine und der Kessel sind zu besichtigen und für den Seedienst instand zu setzen unter der Aufsicht des Maschinenbesichtigers Herrn D. Macdonald.

Hongkong, den 14. April 1902.

G. C. Anderson,
Marine-Surveyor.

Besichtigungsbericht.

Auf Ersuchen der Herren Bismarck & Co. habe ich, der unterzeichnete Schiffsbesichtiger G. C. Anderson, heute die Schlußbesichtigung des deutschen Dampfers „Hoi Moon" vorgenommen und berichte wie folgt:

Ich beziehe mich auf meinen früheren vom 14. April datierten Bericht. Die Räume und Wasserläufe sind gereinigt und die Pumpen in funktionierenden Zustand gebracht worden. Vier eiserne Extrabänder sind im Längsverband am Heckbalken angebracht worden. Zwei durch Stützen befestigte Schlüssel — einer an jeder Seite — sind unter dem Hauptdeckbalken hinter der Achterluke angebracht worden. Die eisernen Türen der Maschine und des Schachtes des Kesselraums sind durch eiserne Drehklampen in den Stand gesetzt worden zu schließen, die Bunkerdeckel sind mit wasserdichten Holzpflöcken versehen worden.

Ein Extraanker von 350 Pfund Gewicht mit 90 Faden 3/4" rundgliedriger Kette ist zusammen mit 120 Faden 4" Basttau und einem Treibanker an Bord gebracht worden.

Ein guter Kitchies Liquid Compaß, ein Barometer, Chronometer und Salinometer sind angeschafft worden, auch Proviant und Wasser für die Besatzung. Das Hauptausgußrohr ist vorschriftsmäßig mit einem Kingstonventil versehen worden unter der Aufsicht des Maschinenbesichtigers Herrn D. Macdonald, welcher berichtet, daß Maschine und Kessel für den Seedienst instand sind.

Besatzung:

Kimme, Kapitän, Europäer,
Fegebeutel, I. Steuermann, Europäer,
Grüneberg, I. Maschinist, Europäer,
Sunkimat, II. Maschinist, Europäer,
1 Bootsmann, Chinese,
6 Matrosen, Chinesen,
8 Feuerleute, Chinesen,
1 Steward, Chinese,
1 Koch, Chinese.

Es befinden sich 80 Tonnen Kohlen an Bord, ein Teil davon vorn auf Deck. Die Räume sind voll Ladung. Ich bin der Meinung, daß das Schiff jetzt für die Versicherung nach Port Arthur ein gutes Risiko ist.

Hongkong, den 26. April 1902.

G. C. Anderson,
Marine-Surveyor.

Der vom Seeamte eidlich vernommene Zeuge Fegebeutel hat mit Anderson und dem vorerwähnten Macdonald zusammen eingehend das Schiff besichtigt und hat bekundet:

„Zuerst waren die Ausflußrohre an der Bordwand undicht, die Öffnungen sind durch Flanschen gedichtet und kalfatert. Es sind Verstärkungen angebracht und einige Kupferplatten erneuert. Im Heck sind etwa 3 Fuß lange eiserne Bänder angebracht, im Querverbande einige eiserne Kniee; im Längsverbande sind Verstärkungen nicht vorgenommen worden. Der Längsverband ist nach des Kapitäns Kimme, des Schiffsbesichtigers Anderson und nach meiner Ansicht stark genug gewesen. Es ist eine Bucht im Kiel gewesen, die nach Angabe des früheren Kapitäns davon herrühren sollte, daß das Schiff auf Strand gesessen hatte. Das Schiff ist nach meiner Meinung gut erhalten gewesen, an der Seetüchtigkeit des Schiffes habe ich allerdings gezweifelt.

Kapitän Kimme und ich haben trotzdem keine Bedenken gehabt, mit dem Schiffe die Reise anzutreten, da wir annahmen, daß der Südwestmonsum einsetzen würde und wir mit gutem Wetter hinkämen. Die Reise ist unter dem Eindruck angetreten, daß es gutes Wetter geben würde. Ich habe angenommen, daß wir so fahren würden, daß wir den Schutz der Küste jederzeit aufsuchen konnten.

Der Dampfer ging bei unserem Auslaufen von Hongkong hinten 8 Fuß und vorn 7 Fuß tief; das feste Deck lag nur 2 Fuß über der Wasserlinie. Auf diesem befand sich ein 6 Fuß hoher Aufbau, welcher auf beiden Seiten fest mit der Bordwand verbunden war, und der Länge nach, vorn und hinten Raum lassend, etwa 2/3 des Schiffes einnahm. Auf dem Aufbau befand sich ein Deck und auf diesem ein auf beiden Seiten etwa 5 Fuß freilassendes Haus, in dem sich Steuerungsraum und Kabinen für die Schiffsoffiziere befanden.

Im eigentlichen Schiffsrumpfe waren zwei Laderäume, welche durch hölzerne nicht ganz dichte Schotten von dem Maschinenraume getrennt waren. Beide Räume waren mit Reis und Stückgütern usw., lauter leichte Ware, so beladen, daß diese Ladung gut verstaut lag und nicht übergehen konnte. In den beiden unteren Laderäumen sind 120 bis 150 Tonnen Ladung verstaut gewesen. Auf beiden Seiten der Maschine befanden sich die mit 46 Tonnen Kohlen gefüllten Bunker.

Auf Deck (dem festen Deck) in dem e i n e n Raum bildenden Aufbau lagen hinten etwa 10 Tonnen Kohlen in Säcken, vorn etwa 40 — nach anderer Angabe 24 — Tonnen lose Kohlen. Der Maschinenraum reichte von dem Bilgenraum durch das feste Deck und war im Aufbau durch eiserne Wände isoliert.

Am 29. April 1902 wurde die Ausreise von Hongkong angetreten.

Am selben Tage stellte ich fest, daß das Schiff Wasser machte und daß vorn im Kettenkasten mehrere Fuß Wasser standen. Das Wasser im Kettenkasten drang nicht durch die Klüsen ein, denn diese hatte ich schon dicht gestopft. Das Wasser drang beim Stampfen des Schiffes durch ein unterhalb der Klüsen befindliches Leck ein. Das Wasser wurde von uns ausgeöst, erneuerte sich aber wieder. Ich machte dem Kapitän den Vorschlag, ob wir nicht lieber kehrtmachen und nach Hongkong zurückkehren wollten. Der Kapitän entgegnete, daß wir überall einlaufen könnten, er wolle weiter gehen.

Am Morgen nach der Ausfahrt hatten wir 4 bis 5 Fuß Wasser im Bug des Schiffes. Der Kapitän sagte, er wolle sehen, ob er nicht Swatau erreichen könne. Ich selbst machte den Vorschlag, das Schiff in einer kleinen Bucht auf den Strand zu setzen, der Kapitän meinte aber, es seien nur noch 20 Meilen, und wir würden Swatau wohl erreichen können. Wir befanden uns 4 bis 5 Meilen von der Küste ab. Gegen 6 Uhr abends bekamen wir Cape Good Hope in Sicht in 7 bis 8 Meilen Entfernung. Das Schiff hatte inzwischen mehr Schlagseite bekommen. Ich hatte schon am Nachmittag die Boote klar gemacht und mit Reserveriemen versehen. Bevor wir näher an Good Hope heran kamen, war es schon ziemlich dunkel und wir konnten daher keinen Lotsen mehr bekommen, weshalb wir bis zum nächsten Morgen draußen bleiben wollten. Da es nicht zweckmäßig war, zu ankern, hielten wir das Schiff mit dem Kopfe auf die See.

An diesem Nachmittag war ein Fenster des Aufbaues auf dem 2 Fuß über dem Wasser befindlichen Hauptdeck an der Steuerbordseite eingeschlagen worden, wodurch mehr Wasser ins Schiff kam. Die im Aufbau befindlichen losen Kohlen wurden nach der Backbordseite hinübergewaschen und das Schiff bekam Schlagseite. Wir versuchten das Fenster wieder zu dichten. Da wir die Kohlen, welche im Spardeck hin und her trieben, nicht wieder nach Steuerbord trimmen konnten, schlugen wir an Backbordseite einige Planken des Aufbaues ein und schaufelten die Kohlen zur Öffnung hinaus über Bord. Wir bekamen die Kohlen bis auf eine Kleinigkeit hinaus, das Wasser wollte aber so recht nicht hinaus. Die Öffnung dichteten wir, so gut es ging, wieder mit Planken und Presenningen.

Gegen 10 Uhr abends lag das Schiff furchtbar schief und wir wollten es verlassen. Wir hatten vordem noch Raketen abgebrannt und mit der Dampfpfeife Signale gegeben. Der Kapitän war an der Backbordseite beschäftigt, das Boot zu Wasser zu bringen, und ich an der anderen Seite. Der Kapitän hatte sein Boot schon draußen, als es wieder zurückgeschlagen wurde, wobei der Kapitän über Bord fiel. Ich war beim anderen Boote und ging als letzter hinein. Ich hörte die Stimme des Kapitäns: „Hilfe, retten Sie mich!" Es war nicht möglich, dem Kapitän zu helfen, da ich zuerst nicht vom Schiffe freikommen konnte. Als ich dann doch vom Schiffe freikam, war es zu spät; der Kapitän war bereits ertrunken.

Der erste Maschinist ist überhaupt nicht aus der Maschine herausgekommen, trotzdem verschiedene Male nach ihm gerufen wurde. Zuerst hätte er wohl noch aus der Maschine herauskommen können, zuletzt konnte er es aber wohl nicht mehr.

Es waren im ganzen 26 Personen an Bord. Die Mannschaft war vorn untergebracht.

Als ich mit meinem Boote kaum frei vom Schiffe war, ging dieses unter. Da die Riemen beim Aussetzen des Bootes herausgeschlagen worden waren, konnten wir das Boot nur mit Planken, die wir aus dem Boote nahmen, auf der See halten. Wir wollten den Tag abwarten. Die Strömung versetzte uns aber direkt zwischen die Klippen. Als wir von den Klippen frei waren, sah ich die Brandung voraus. Ich dachte zunächst, daß es noch mehr Klippen waren, es war aber sandiger Strand. In der Brandung wurde das Boot umgeschlagen. Wir hielten uns am Boote fest und wurden dann weiter nach dem Strande zu geschlagen.

Es sind nur die im Maschinenraume zurückgebliebenen Leute — erster und dritter Maschinist und zwei Heizer — und der Kompradore, der sich eingeschlossen hatte, untergegangen. Den Kapitän eingeschlossen, sind 6 Mann ertrunken.

Wir hatten gewöhnliche Boote ohne Luftkästen und ohne Korkringe.

Ich habe im Boote keine Differenz mit den Chinesen gehabt; ich befand mich ganz hinten im Boote.

Es war ganz ausgeschlossen, einen Versuch zur Rettung des Kapitäns zu machen. Als das Boot entzwei geschlagen wurde, befanden sich schon der Kapitän und drei Chinesen darin. Der Kapitän fiel ins Wasser, die Chinesen hielten sich fest.

Als wir mit unserem Boote nicht weit vom Schiffe entfernt waren, war dieses ganz plötzlich verschwunden. Bei Antritt der Reise hatten wir Windstärke 3 bis 4, als das Schiff unterging, war die Windstärke 7 bis 8.

Bei Breakers Point machten wir noch etwa 3 Seemeilen Fahrt. Der Dampfer hatte bei der Probefahrt 8 Seemeilen in der Stunde gemacht; wir machten bei Beginn der Reise mit dem Schiffe 6 bis 8 Seemeilen Fahrt.

Als wir Breakers Point passiert hatten, zogen wir am selben Morgen zur Dichtung ein Segel vor den Bug. Es half aber nicht viel. Das meiste Wasser wird übrigens doch wohl durch die Bunkerdeckel ins Schiff gekommen sein.

Kapitän Kimme und ich sind zusammen in Bangkok an Land

gekommen. Wir standen beide in Lloyddiensten und warteten auf eine weitere Kommandierung, entlassen waren wir nicht. Als dann der damalige Lloydinspektor Meißel von der Firma Bismarck & Co. gefragt wurde, ob er nicht ein paar gute Leute hätte, die den „Hoi Moon" nach Port Arthur bringen könnten, wurden wir beide gefragt, ob wir es annehmen wollten. Das Schiff war angekauft worden, um zwischen Tschifu und Port Arthur zu fahren. Wir waren nur für die Fahrt nach Port Arthur angenommen. Der Kapitän bekam 350 $ monatliche Gage und ich 150 $.

Der Vertrag über den Ankauf des Schiffes seitens des Kapitäns Kimme war nur ein Scheinvertrag. Kimme hat ebenso gut als ich eine Monatsgage auf Hand bekommen."

Der Zeuge Fegebeutel ist Bootsmann. Er ist an Bord des Dampfers „Hoi Moon" als Steuermann bedienstet gewesen, ohne im Besitze eines Befähigungszeugnisses zu sein.

Die vom Norddeutschen Lloyd über den Kapitän Kimme eingezogene Auskunft lautet gut.

Der Reichskommissar hat ausgeführt:

Trotzdem nur ein Zeuge zur mündlichen Verhandlung hat erscheinen können, ist doch seine Aussage vollkommen ausreichend, um in Verbindung mit dem Aktenmaterial ein klares Bild über die Ursache des Unterganges des Dampfers „Hoi Moon" zu geben. Wir können als erwiesen annehmen, daß es sich tatsächlich um einen Scheinvertrag zwischen der Firma Bismarck & Co. und dem Kapitän Kimme handelt, um anscheinend auf diese Weise ein deutsches Flaggenzeugnis zu bekommen. Dieses Flaggenzeugnis ist denn auch durch das Konsulat ausgestellt worden.

Im Gegensatze zu dem englischen Seeversicherungsinspektor Anderson bin ich zu der Ansicht gekommen, daß die vorgenommenen Reparaturen, Verstärkungen und Ergänzungen im Inventar nicht genügten, um plötzlich aus dem aus Holz gebauten und für die Flußschiffahrt bestimmten Schiffe ein Hochseeschiff zu machen.

Der Untergang des Schiffes ist meiner Ansicht nach in erster Linie auf seine Seeuntüchtigkeit zurückzuführen, indem das Schiff schon bei sehr geringem Seegange leck geworden und bei dem aufkommenden schlechten Wetter nicht mehr die See halten konnte und untergegangen ist.

Es ist ferner als wahrscheinlich anzunehmen, daß die Belastung des Schiffes eine unzweckmäßige und daher die Stabilität eine unzureichende gewesen ist. In diesem Punkte wird namentlich die große

Decklast Kohlen im Vergleiche zu der im Raume befindlichen leichten Ladung nachteilig gewesen sein.

Den Kapitän Kimme trifft der Vorwurf, daß er sich überhaupt zu einem Scheinvertrage hergegeben hat. Durch die Übernahme des Schiffes hat er auch die Verantwortung übernommen. Es trifft ihn ferner der Vorwurf, daß er ohne geprüften Steuermann die Reise angetreten hat.

Was die Führung des Schiffes anbetrifft, so habe ich an und für sich in bezug auf die Jahreszeit nichts einzuwenden. Die Schiffsführung ist jedoch ernstlich zu tadeln, daß sie nicht am ersten Tage, als das Schiff leckte, Schutz unter der Küste gesucht hat. Daß dies nicht geschehen, gereicht meiner Ansicht nach dem Kapitän zum Vorwurf.

Nachdem der kritische Moment eingetreten war, hätte vor allen Dingen sehr dafür gesorgt werden müssen, daß das eingeschlagene Fenster besser gesichert wurde.

Daß der Kapitän nicht als letzter das Schiff verlassen hat, will ich nicht so schwerwiegend hervorheben, da er auf einer Seite beim Boote war, während der Steuermann sich auf der anderen Seite beim Boote befand.

Da der Kapitän bei dem Unglück selbst den Tod gefunden hat, so habe ich in bezug auf seine Person keine Anträge zu stellen, habe aber die Vorwürfe, die ich gemacht habe, ihm nicht ersparen können.

Das Maschinenpersonal hat bis zum letzten Moment in treuer Pflichterfüllung ausgehalten und seinen Tod gefunden.

Das Seeamt hat sich diesen Ausführungen angeschlossen und daher erkannt, wie geschehen.

2. Spruch des Seeamts zu Emden vom 3. März 1903, betreffend den Seeunfall der Schonergaliot „Minister Camphausen“ von Großefehn.

Der Spruch des Seeamts lautet:

Die Schonergaliot „Minister Camphausen“ von Großefehn ist am 8. August 1902 abends 8 Uhr auf der Tegeler Plate in der Wesermündung gestrandet und verloren gegangen.

Die aus 5 Mann bestehende Besatzung ist am folgenden

Tage von der Mannschaft des Neptundampfers „Juno“, Kapitän Klöfkorn, gerettet.

Die Ursache des Unfalls ist auf nachlässige Navigierung des Kapitäns J. D. Schoon zurückzuführen; es wird daher dem Antrage des Reichskommissars entsprechend, dem genannten Kapitän die Befugnis zur ferneren Ausübung des Schiffergewerbes entzogen, die Befugnis, das Steuermannsgewerbe auszuüben, aber belassen.

Die unter schwierigen Verhältnissen ausgeführte Rettung der Schiffbrüchigen war lobend anzuerkennen.

Tatbestand. Die in Großefehn heimatliche Schonergaliot „Minister Camphausen“, Unterscheidungs-Signal KFHL, war in den Jahren 1872/73 in Westgroßefehn aus Eichenholz erbaut und gehörte einer Reederei, an welcher der Schiffsführer J. D. Schoon aus Bockzetelerfehn nicht beteiligt war. Das Schiff war vermessen zu einem Netto-Raumgehalte von 297,4 cbm = 104,97 Registertons, hatte Klasse A beim Germanischen Lloyd und war bei den Compacten in Oldersum und Barzel versichert.

Mit einer Besatzung von im ganzen 5 Mann, beladen mit für Memel bestimmten Steinkohlen, womit das Schiff hinten einen Tiefgang von 10 Fuß 2 Zoll und vorn 9 Fuß 1 Zoll hatte, verließ die Schonergaliot in gutem seetüchtigen Zustande und zwar etwas leichter als gewöhnlich mit schwerer Ladung beladen am 2. August 1902 den Hafen von Geestemünde und ankerte auf der Reede. Am nächsten Tage ging man nachmittags 1 Uhr bei Eintritt der Ebbe mit leichter südlicher Brise unter Segel und ankerte abends bei Meyers Legde. Am 4. August gelangte man mit mäßiger südlicher Brise bis zur Gasboje, ließ dann aber bei Eintritt der Flut das Schiff bis Hoherweg zurücktreiben. Am 5. August erreichte man bei schönem Wetter die schwarze Tonne 2, als dann aber Windstille und Gegenstrom eintrat, ließ man das Schiff wieder an Rote-Sand vorbei die Weser eintreiben und ankerte abends im Dwarsgat. Wegen unbeständiger Witterung blieb man am 6. August vor Anker liegen und setzte am nächsten Tage mit südwestlicher Brise die Reise wieder fort. Man gelangte nun in See und kreuzte mit leichter Brise aus NO in Sicht des Weserfeuerschiffs. Am 8. August war der Wind veränderlich mit hohem Seegang aus NO, nachmittags 4 Uhr wurde der Wind West mit Regen. Um 5 Uhr nachmittags trat Gewitter ein, der Wind wurde NNO, stürmisch mit Böen und Regen. Das Großsegel und die kleinen Segel wurden festgemacht.

Die See wurde wild und grob, und hielt man um 7 Uhr abends ab, um die Weser Schutz suchend wieder einzulaufen. Um 3½ Uhr nachmittags war Ebbe eingetreten und segelte man somit gegen den Strom in der Richtung nach dem Rotesandleuchtturm. In der Nähe des Turmes wurde das Wetter etwas sichtiger, sodaß man das Feuer sehen konnte. Mit dem Kurse SO bis OSO passierte man den Rotesandleuchtturm und hielt diesen Kurs vorerst noch bei. Das Schiff steuerte jedoch sehr schlecht und war beinahe nicht auf seinem Kurse zu halten; die See wurde immer höher und das Wetter wieder unsichtiger. Der Schiffer änderte nun den Kurs auf SSO½O und will sich jetzt im festen Sektor des Rotesandleuchtturms befunden und das Licht allmählich aus Sicht verloren haben. Dann klarte es wieder auf und will man nun das Feuer wieder gesehen und im 2. Blitzsektor sich befunden haben, woraus Kapitän Schoon schloß, daß er den schwarzen Tonnen zu nahe sei; das Lot wurde nicht gebraucht. Plötzlich stieß das Schiff etwa 9 Uhr abends auf Grund und blieb sitzen. Die Seen liefen nun über das Deck hinweg.

Der Versuch, das Boot über Bord zu setzen, mißlang, indem dasselbe, noch halb auf dem Deck stehend, zerschlug. Kajüte und Logis waren voll Wasser und die Besatzung flüchtete deshalb zunächst auf das Logisdeck, dann in die Takelage des Großmastes und mußte dort bei starker Kälte während der Nacht aushalten.

Bei Tagesanbruch sah man mehrere Schiffe, Dampfer und Segler, vorbeifahren, ohne jedoch bemerkt zu werden. Das Schiff fing an aufzubrechen, die Masten standen nur noch sehr lose und die Lage der Schiffbrüchigen wurde immer gefährlicher, als gegen 9 Uhr der Neptundampfer „Juno", Kapitän Klöffkorn, Rettung brachte. Von diesem Dampfer wurde ein Boot ausgesetzt, und gelang es der aus 4 Mann bestehenden Besatzung dieses Bootes trotz Strom und Brandung durch geschicktes Manövrieren und dadurch, daß man den Schiffbrüchigen Rettungsbojen zutreiben ließ, die ganze Besatzung des „Minister Camphausen" zu retten. Da die „Juno" nach See bestimmt war, gab sie die geretteten Leute auf den nach Bremen unterwegs befindlichen Dampfer „Arion" über, welcher sie abends in Bremen landete.

Die Strandungsstelle des „Minister Camphausen" liegt nach amtlicher Mitteilung auf 53° 49′ 44″ nördlicher Breite und 8° 11′ 18″ östlicher Länge, dieser Punkt liegt 4 Seemeilen SOzO vom Rotesandleuchtturm. Schiff und Ladung sind gänzlich verloren gegangen.

Der Bremer Schoner „Nixe", Kapitän Reemts, passierte auf der

Reise von Geestemünde nach Petersburg, beladen mit Ton, am 8. August vormittags 11 Uhr den Rotesandleuchtturm bei dicker Luft und hoher See. Von 4 bis 5¼ Uhr nachmittags war der Wind westlich und um 5½ Uhr schwerer Sturm aus NNO mit Regen und Gewitter, abends von 7 bis 9 Uhr stets dick von Regen. Am 9. August kehrte die „Nixe", gezwungen durch das schlechte Wetter und den Verlust einiger Segel, Schutz suchend in die Weser zurück.

Die Feststellung obiger Tatsachen gründet sich auf die vor dem Amtsgerichte Bremen am 12. August 1902 von der ganzen Besatzung des „Minister Camphausen" abgelegte Verklarung, auf die vom Kapitän Schoon in der Seeamtssitzung am 17. Dezember 1902 und in der heutigen gemachten Aussagen, sowie auf die beeidigte Aussage des Kapitäns Reemts in der heutigen Sitzung.

Bei der Prüfung des Ergebnisses der Beweisaufnahme führte der Reichskommissar folgendes aus: „Der Schiffsführer Schoon hat in seinem Verhalten auf der Weser vom 4. bis 6. August bei dem damals herrschenden schönen Wetter sehr wenig Tatkraft bewiesen, indem er sein Schiff stets wieder zurücktreiben ließ und am 5. August sogar von der schwarzen Tonne Nr. 2 ohne zwingenden Grund bis in das Dwarsgat. Als dann am 7. August endlich die See erreicht war, wurde es allerdings am folgenden Nachmittag stürmisch, und war es angebracht, mit dem schlecht segelnden Fahrzeuge die Weser wieder Schutz suchend einzulaufen. Kapitän Schoon hat aber auch auf dieser Fahrt gezeigt, daß er nicht diejenigen Eigenschaften besitzt, welche für einen Schiffsführer unbedingt notwendig sind, um mit Aussicht auf Erfolg die Einfahrt in die Weser unter den gegebenen Verhältnissen zu unternehmen. Er beging den unverzeihlichen Fehler, daß er nach dem Passieren des Rotesandleuchtturms seinen Kurs SOzO bis OSO beibehielt, obwohl er sich klar machen mußte, daß er mit diesem Kurse den festen und den zweiblitzigen Sektor des Lichtes schnell durchschneiden und östlich der schwarzen Tonnenlinie geraten würde. Seine Aussagen über diesen Teil der Reise sind verworren und unerklärlich; es wird daher beantragt (der Reichskommissar), da der Schiffsführer Schoon die Strandung des Schiffes verschuldet hat, demselben die Befugnis zur Ausübung des Schiffergewerbes zu entziehen, ihm jedoch die Befugnis zur Ausübung des Steuermannsgewerbes zu belassen.

Entscheidungsgründe. Das Seeamt teilt im wesentlichen die Ansicht des Reichskommissars über die Ursache des Unfalls. Kapitän Schoon hat vollständig unüberlegt gehandelt, als er nach dem Passieren des Rotesandleuchtturms den Kurs SOzO bis OSO beibehielt. Das Schiff geriet dadurch sehr schnell von 10 m Wassertiefe in eine solche von 5 und 3 m, und waren das schlechte Steuern des Schiffes und der unbequemere Seegang Folgen dieser Tatsache. Ganz unerklärlich ist aber die Aussage des Kapitäns Schoon, daß er kurz vor der Strandung noch im festen und zweiblitzigen Sektor des Rotesandleuchtturms gewesen sei. Die Strandungsstelle liegt nämlich 4 Seemeilen SOzO vom Rotesandleuchtturme, 1,5 Seemeilen NOzO 3/4O von der äußersten östlichen Grenze des zweiblitzigen Sektors und 1,9 Seemeilen in derselben Richtung von der äußersten östlichen Grenze des festen Sektors des genannten Lichtes. Tatsachen, welche die Glaubwürdigkeit der Aussagen des Kapitäns Schoon völlig ausschließen. Der Schiffsführer hatte augenscheinlich beim Passieren des Rotesandleuchtturms den Kopf verloren und war nicht mehr imstande ruhig zu überlegen, welchen Kurs er jetzt zu steuern habe. Durch diesen Mangel an Ruhe, Umsicht und Entschlossenheit brachte er das Leben der Besatzung und sein Schiff in die größte Gefahr. Der Kapitän läßt also, zumal wenn man erwägt, daß die Angaben desselben bei seiner Vernehmung in der Hauptverhandlung sehr unbestimmt und schwankend waren, Eigenschaften vermissen, welche ein Schiffsführer unbedingt haben muß und die ihn auch in der schwierigsten und außergewöhnlichsten Lage nicht verlassen dürfen.

Die Rettung der Schiffbrüchigen ist der aufopfernden Tätigkeit und Entschlossenheit der Besatzung des Bootes von dem Dampfer „Juno", die sich trotz Strom und Brandung, der eigenen Gefahr nicht achtend, bis in die Nähe der Strandungsstelle wagte, zu verdanken, und war demnach, wie geschehen, zu erkennen.

3. Spruch des Seeamts zu Bremerhaven vom 5. März 1903, betreffend den Zusammenstoß des Schraubendampfers „Kronprinz Wilhelm" von Bremen mit dem britischen Schraubendampfer „Robert Ingham" im Englischen Kanal.

Der Spruch des Seeamts lautet:

Die am 8. Oktober 1902 um 7 Uhr 27 Minuten morgens erfolgte Kollision des Dampfers des Norddeutschen Lloyd

„Kronprinz Wilhelm" mit dem englischen Dampfer „Robert Ingham" in der Nähe von Beachy Head ist zurückzuführen darauf, daß der „Kronprinz Wilhelm", welcher bei ziemlich sichtigem Wetter seinen Kanalkurs westwärts steuerte, kurz nach Passieren des Royal Sovereign Shoals-Leuchtschiff plötzlich in eine außerordentlich dichte Dunstschicht geriet, von der vorher keine Anzeichen bemerkt worden waren. Bei Eintritt in den Nebel um 7 Uhr 23 Minuten wurden Nebelsignale gegeben, der Maschinentelegraph auf „Achtung" gestellt und eine Minute nachher auf halbe Kraft; nachdem man kurz darauf ein Nebelsignal an Backbord voraus gehört hatte, wurde die Maschine gestoppt. Als man aus der gleichen Richtung den kurzen Ton einer Dampfpfeife hörte, nahm man an, daß man es zu tun habe mit einem entgegenkommenden Dampfer, der gemäß seinem Signal nach rechts ausweichen wollte.

Beim Erblicken der Umrisse eines Schiffes an Backbord voraus wurde das Ruder hart rechts gelegt, um dies Schiff an Backbord zu passieren; dieses Rudermanöver wurde durch entsprechende Maschinenmanöver unterstützt.

Ehe dieses Ausweichmanöver zur richtigen Wirkung kommen konnte, erkannte man nach der Lage des entgegenkommenden Schiffes, daß eine Kollision unvermeidlich war und ließ beide Maschinen volle Kraft rückwärts arbeiten.

Bei der unmittelbaren Nähe des fremden Dampfers und der Kürze der Zeit konnte die Fahrt nicht genügend gemindert werden, um den Zusammenstoß zu vermeiden.

Der „Kronprinz Wilhelm" traf den „Robert Ingham" an der Steuerbordseite hinter dem Großwant und beschädigte ihn so schwer, daß er nach kurzer Zeit sank, wobei der erste Steuermann und ein Passagier ums Leben kamen.

Die übrigen Leute der Besatzung wurden vom „Kronprinz Wilhelm" aufgenommen und in Southampton gelandet.

Ein Verschulden der Schiffsführung beider Schiffe hat das Seeamt als vorliegend nicht erachtet.

Die Maßnahmen des Führers des „Kronprinz Wilhelm" vor und nach der Kollision waren der Sachlage entsprechend und in Übereinstimmung mit den gesetzlichen Vorschriften.

Gründe. Der Doppelschraubendampfer „Kronprinz Wilhelm" führt das Unterscheidungs-Signal QHJM, hat Bremen zum Heimatshafen und ist Eigentum des Norddeutschen Lloyd. Das Schiff ist im

Jahre 1901 aus Stahl erbaut und mißt brutto 42 232,8 cbm = 14 908,0 Registertons, netto 14 622,5 cbm = 5161,73 Registertons. Es befinden sich 2 Chronometer an Bord. Der Dampfer ist 194,25 m lang, 20,20 m breit und 11,97 m tief; die Länge des Maschinenraums beträgt 105,65 m. Die im Schiffe befindlichen beiden vierfachen Expansionshammermaschinen mit Oberflächenkondensation indizieren insgesamt 30 000 Pferdestärken und werden von vier einfachen Zylinderkesseln und zwölf Zylinderdoppelkesseln gespeist. Die Besatzung, mit Einschluß des Kapitäns A. Richter, besteht aus 526 Mann. Der Dampfer ist beim Germanischen Lloyd mit ✠ 100 A_4 L klassifiziert.

Aus dem Tagebuch und den stattgehabten Vernehmungen ergibt sich, daß der Dampfer „Kronprinz Wilhelm" unter Führung des Kapitäns A. Richter am 7. Oktober 1902 4 Uhr 43 Minuten nachmittags Bremerhaven verlassen hatte, um mit Passagieren und Ladung via Southampton und Cherbourg nach New York zu gehen. Das Wetter war gut, fing aber an etwas nebelig zu werden wie man am 8. Oktober 5 1/2 Uhr morgens in den Englischen Kanal einlief, die Unsichtigkeit war jedoch nicht so groß, daß die Fahrt des Dampfers auch nur im geringsten dadurch behindert wurde, der Wind war leicht, ONO, Stärke 2. Man passierte Dungeneß und sah dies nach den Aussagen des Kapitäns noch auf 5 Seemeilen Abstand, ebenso sichtete man das Feuerschiff Royal Sovereign später auf eine Entfernung von 6 Seemeilen voraus. Der wachehabende zweite Steuermann von Zwierlein hat ebenfalls das Feuerschiff auf 6 Seemeilen Abstand gesehen, fortwährend in Sicht behalten und beim Passieren desselben in einem Abstande von 1/2 Seemeile die Umrisse von dem zur Zeit noch 6 bis 8 Seemeilen entfernten Beachy Head erblickt. Der dritte Steuermann Zuppe hat das Feuerschiff auf 4 bis 5 Seemeilen Abstand voraus gesehen und stets in Sicht behalten. Dasselbe wird von dem als Passagier an Bord befindlichen Kapitän Engelbart bezeugt, welcher sich ebenfalls auf der Brücke befand. Es steht also außer Frage, daß die Luft vor dem Passieren des Feuerschiffs so sichtig war, daß man ruhig mit voller Kraft fahren konnte.

Als um 7 Uhr 18 Minuten morgens das Royal Sovereign-Feuerschiff in einem Abstande von etwa einer halben Seemeile passiert wurde, befanden sich in verantwortlicher Stellung auf der Brücke der Kapitän Richter, zweiter Steuermann von Zwierlein und dritter Steuermann Zuppe, am Ruder der Steuerer von Seggern, im Ausguckkorbe der Matrose G. Stryker und der Backmatrose Wurps als

Ausguckmann, den Befehl in der Backbordmaschine hatte der Maschinist Ricklefs, in der Steuerbordmaschine der Maschinist Schill. Außerdem befand sich auf der Brücke der Lloydkapitän Engelbart, welcher größtenteils die Vorgänge als unbeteiligte Person und als sachverständiger Seemann beobachtet hat.

Das Feuerschiff eine halbe Seemeile an Steuerbord lassend, nahm man jetzt den Kurs von hier auf Ower-Feuerschiff und steuerte Nord 85° West mißweisend, fand aber schon kurz nachher, daß es unsichtiger und häsig wurde, und stellte deshalb um 7 Uhr 23 Minuten den Telegraph auf „Achtung". Kapitän Richter erklärt hierzu am Schlusse der zweiten Verhandlung, daß schon vor diesem Kommando die Maschinen einige Umgänge weniger gemacht hätten wie sonst, und daß, als dasselbe erfolgte, das Land noch quer ab zu sehen gewesen sei, was auf eine Sichtweite in dieser Richtung von mindestens 8 Seemeilen schließen läßt. Voraus wurde die Sichtweite von dem Kapitän sowohl wie auch von den beiden Steuerleuten auf gut 2 Seemeilen geschätzt.

Kurz darauf wurde der Telegraph auf „Halbe Kraft" gestellt, weil die Dichtigkeit der Luft zunahm, um die Fahrt des Schiffes zu mindern, wie durch Artikel 16 der Kaiserlichen Verordnung vorgeschrieben ist, auch Nebelsignale gegeben, und hörte man plötzlich, nachdem dies kaum ausgeführt worden war, die Dampfpfeife eines Schiffes an Backbord voraus. Die Maschinen des Dampfers „Kronprinz Wilhelm" wurden sofort nach Vorschrift des Artikel 16 Absatz 2 gestoppt und das Signal erwidert. Kurz nachher hörte man von dem anderen Dampfer wieder einen Ton aus derselben Richtung, während aber von sämtlichen Zeugen der erste Ton als lang und folglich als einfaches Nebelsignal aufgefaßt wurde, behaupten nun sowohl Kapitän Richter wie die beiden Steuerleute, daß dieser zweite Ton ein kurzer, also ein Steuersignal gewesen sei, auch der Matrose Stryker hat die Rudersignale beider Schiffe gehört. Wie dann, fast unmittelbar nach dem letzten von ihnen als Rudersignal aufgefaßten kurzen Ton die Umrisse eines Schiffes an der Backbordseite des „Kronprinz Wilhelm" voraus erschienen, gab man „Hart rechts"-Ruder und zeigte dies durch einen kurzen Ton mit der Dampfpfeife an. Man war dabei der festen Überzeugung, daß das an Backbord voraus befindliche Schiff seinem gegebenen Rudersignal entsprechend ebenfalls nach rechts ausweichen und man mit „Hart rechts"-Ruder, durch Maschinenmanöver unterstützt, davon frei kommen würde. Gleich darauf wurde aber schon erkannt, daß der fremde Dampfer mit dem

Bug in nordöstlicher Richtung quer vorüber lag und daß eine Kollision unvermeidlich sei.

Außer der zur Unterstützung des Rudermanövers schon sofort bei „Hart rechts"-Ruder auf „Volle Kraft rückwärts" gestellten Steuerbordmaschine ließ man die Backbordmaschine nun auch „Volle Kraft rückwärts" arbeiten, um die Kollision abzuschwächen, doch war dieselbe unvermeidlich und das fremde Schiff, der englische Dampfer „Robert Ingham", wurde so schwer an seiner Steuerbordseite eben hinter dem Großmast getroffen, daß er sofort anfing zu sinken. Sämtliche Beobachter an Bord des Dampfers „Kronprinz Wilhelm" haben die Schallsignale des fremden Schiffes aus der Richtung von Backbord voraus her gehört, ebenfalls haben alle ohne Ausnahme die Umrisse desselben zuerst an ihrer Backbordseite gesehen.

Das Überlegen des Ruders nach rechts, welches auf dem Dampfer „Kronprinz Wilhelm" stattfand, kann von wenig Wirkung gewesen sein, alle Zeugen stimmen darin überein, daß das Schiff vielleicht 2 Grad nach rechts abgefallen sei, wie auch der Rudersmann von Seggern behauptet.

Kapitän Richter gibt bei seiner Vernehmung noch an, daß das Überlegen des Ruders 9 bis 10 Sekunden erfordere und das Schiff noch eine halbe Länge vorausgehe, ehe es in die Drehung eintrete. Da die Entfernung der beiden Schiffe von einander eine so geringe war wie man sich erblickte — sie wird von v. Zwierlein auf 600 Fuß, von Zuppe auf 500—600 Fuß, Wurpe und Stryker auf 400 m geschätzt — so läßt sich wohl annehmen, daß der Dampfer nur wenig abgefallen ist, wenn dies überhaupt der Fall war.

Die Kollision erfolgte um 7 Uhr 27 Minuten, der ganze Vorgang spielte sich innerhalb weniger Minuten ab, die plötzlich westwärts aufsteigende Dunst- und Nebelbank hatte keine Fernsicht gestattet, und man hatte einen entgegenkommenden Dampfer schon in bedenklicher Nähe, wie man noch sichtiges Wetter zu haben glaubte.

Die Zeit zwischen den seit Eintritt der Nebelschicht gemachten, rasch auf einander folgenden Wahrnehmungen und den dadurch bedingten Manövern war zu kurz, um die Fahrt des Dampfers „Kronprinz Wilhelm", welcher bei voller Kraft 22 Knoten, bei halber Kraft noch 14 bis 15 Knoten läuft, erheblich zu ermäßigen oder das Schiff vor der drohenden Kollision zum Stillstande zu bringen, obgleich die Befehle prompt gegeben und ebenfalls durch die Leiter beider Maschinen rasch ausgeführt wurden, was sich aus dem Maschinenjournal ergibt.

Die Aufzeichnungen lauten:

Backbord-Maschine:		Steuerbord-Maschine:	
7 Uhr 24 Minuten:	Achtung!	7 Uhr 24 Minuten:	Achtung!
7 „ 25 „	Kein Kommando.	7 „ 25 „	Halbe Kraft voraus! Halt!
7 „ 26 „	Halbe Kraft voraus! Halt!	7 „ 26 „	Volle Kraft rückwärts!
7 „ 27 „	Volle Kraft rückwärts! Halt!	7 „ 27 „	Halt!
7 „ 28 „	Kein Kommando.	7 „ 28 „	Volle Kraft rückwärts!
7 „ 30 „	Volle Kraft rückwärts!	7 „ 30 „	Halt!
7 „ 31 „	Halt! Volle Kraft vorwärts!	7 „ 31 „	Langsam voraus! Halt!
7 „ 32 „	Halt! Langsam rückwärts!	7 „ 32 „	Langsam rückwärts!

Zur Erklärung der etwas abweichenden Zeitangaben wird von dem Ingenieur Prillwitz angegeben, daß bei Aufzeichnung eines Kommandos eine kleine Differenz bis zu einer Minute entstehen kann, weil die Zeiger der elektrischen Uhr nur von Minute zu Minute springen.

Wie es geschehen konnte, daß der Dampfer „Robert Ingham" an seiner Steuerbordseite getroffen wurde, ist nicht aufzuklären, das Schiff wurde stets an der Backbordseite des „Kronprinz Wilhelm" gehört, später dort gesichtet und wenn das Rudermanöver Erfolg gehabt hätte, hätte es auch weiter nach Backbordseite kommen müssen, wenn es still gelegen und keine eigene Bewegung gehabt hätte.

Kapitän Richter behauptet und hat es eidlich bekräftigt, daß er den Kapitän des „Robert Ingham" später darauf aufmerksam gemacht habe, daß letzterer zugestandenermaßen einen kurzen Ton (ein Rudersignal) gegeben habe. Auch Kapitän Engelbart bekundet eine gleiche Unterredung mit dem Kapitän des „Robert Ingham".

Aus den Verhandlungen über diesen Fall in England geht hervor, daß der fragliche Dampfer „Robert Ingham", Kapitän Elliot, von Southampton nach Newcastle bestimmt war und in der Nähe von Beachy Head ebenfalls, aber etwas früher, wie der Dampfer „Kronprinz Wilhelm", in eine Nebelbank geriet und den Umständen gemäß manövriert und gehandelt hat. Das englische Gericht konstatiert, daß die Handlungsweise des Schiffsführers dem Gesetz entsprochen hat und hat denselben von aller Schuld an der Kollision freigesprochen. Er hat seine Fahrt im Nebel gemindert, später gestoppt, wie in der Richtung voraus ein Nebelsignal gehört wurde, und soll weder seinen Kurs geändert noch ein Rudersignal gegeben haben. Es wird gesagt, daß, sobald der Dampfer „Kronprinz Wilhelm" in Sicht kam und die Kollision unvermeidlich erschien, keine weiteren Manöver gemacht seien, sondern Sorge dafür getragen wurde, daß die Mannschaft nach dem bevorstehenden Zusammenstoße das sinkende Schiff verlassen und ihr Leben retten konnte.

Von Seiten des Dampfers „Kronprinz Wilhelm" wurde sofort nach dem Zusammenstoß und Erkennen der Sachlage gestoppt und den Umständen gemäß manövriert, die ganze Mannschaft an Deck beordert, 4 Rettungsboote ausgesetzt, um die Mannschaft des sinkenden Dampfers zu retten, auch Rettungsgürtel über Bord geworfen. Das Wetter war zur Zeit wieder leicht nebelig, klärte aber bald nachher noch auf. Die Schiffbrüchigen des englischen Dampfers hatten sich in ihr Boot begeben, 10 Mann davon wurden vom dritten Steuermann Zuppe in sein Boot genommen, die übrigen 3 kamen mit ihrem eigenen Boote längsseit und wurden an Bord des Schnelldampfers genommen. Das Boot des zweiten Steuermanns Tielbar barg noch den Körper eines Verunglückten, wie sich nachher herausstellte, des Steuermanns William Miller, dessen Tod später vom Schiffsarzte konstatiert wurde. Ein Passagier namens Scott wurde vermißt.

Die Unfallstelle wurde noch längere Zeit abgesucht, zwischen den treibenden Trümmern aber nichts Lebendes gefunden und um 8 Uhr 15 Minuten dann die Reise fortgesetzt.

Der Schiffsort befand sich bei dem Zusammenstoß auf 50° 42′ nördlicher Breite und 0° 22′ östlicher Länge, Royal Sovereign-Feuerschiff mißweisend Nord 87°, West 3,2 Seemeilen entfernt.

Die Ausführungen des Reichskommissars gehen dahin: „Der Zusammenstoß zwischen den Dampfern „Kronprinz Wilhelm" und „Robert Ingham", der sich am 8. Oktober 1902 morgens im Englischen Kanal ereignete und der bedauerlicherweise zu dem Verluste des englischen Dampfers und zweier Menschenleben geführt hat, ist bereits Gegenstand der Untersuchung von zwei englischen Gerichten gewesen. In der heutigen Verhandlung standen uns nur die Aussagen der deutschen Zeugen zur Verfügung, und es muß daher doppelt Pflicht sein, genau zu prüfen, da die englischen Zeugen fehlen und wir keine persönlichen Eindrücke gewinnen können.

Bei Kollisionen pflegen sich die Aussagen beider Parteien in der Regel schroff gegenüber zu stehen. Es ist dies auch hier der Fall und es muß Aufgabe des Seeamts sein, zu prüfen, inwieweit eine

Übereinstimmung in den Aussagen vorliegt, und wo diese nicht vorliegt, zu beurteilen, wo die größere Wahrscheinlichkeit liegt. Über den Ort und die Zeit der Kollision können daher ohne weiteres die sehr genau niedergelegten Aufzeichnungen des „Kronprinz Wilhelm" zugrunde gelegt werden, da die Aufzeichnungen der Engländer verloren gegangen sind und auch auf dem „Robert Ingham" die Navigierung bis nach 7 Uhr morgens lediglich in den Händen des zweiten Steuermanns gelegen hat, dessen Aussage vor dem englischen Gerichte keinen günstigen Eindruck gemacht hat.

Was die beiderseitigen Maßnahmen anbetrifft, so haben im vorliegenden Falle beide Schiffe vorschriftsmäßig die Fahrt gemindert und Nebelsignale gegeben, als die Unsichtigkeit des Wetters eintrat. Sobald die gegenseitigen Nebelsignale vorlicher wie dwars gehört wurden, haben beide Schiffe die Maschine gestoppt. Als dann der „Robert Ingham" an Backbordbug gesichtet und von ihm ein kurzer Ton gehört wurde, hat „Kronprinz Wilhelm" richtig gehandelt, als er sein Ruder rechts legte und seine Maschine auf rückwärts stellte.

Wenn trotzdem die Kollision eintrat, so wird es erforderlich sein, sich zunächst ein Bild über die Sichtigkeit des Wetters zu machen. Aus den Zeugenaussagen geht übereinstimmend hervor, daß kurz vor der Kollision das Wetter noch sichtig gewesen ist. Auf dem „Kronprinz Wilhelm" hatte man Royal Sovereign und Beachy Head bis dahin in Sicht gehabt, sowie die Sonne über dem Horizont gesehen und beobachtet, und auf dem „Robert Ingham" hat der Steuermann kurz vor dem Zusammenstoße Beachy Head gesichtet. Die Angaben über das Wetter werden auch bestätigt durch die Angaben der Feuerschiffe.

Da es auch gleich nach dem Zusammenstoße wieder sichtig wurde, handelte es sich offenbar um eine außerordentlich schmale Nebelbank, die wohl mehr als Wasserdampf bezeichnet werden muß und durch den Temperaturunterschied zwischen Wasser und Luft bei steigender Sonne entstanden ist. Der Höhedurchschnitt der Bank muß auch außerordentlich gering gewesen sein, und dazu kam, daß der „Robert Ingham" sich bereits in der Nebelschicht befunden haben muß, bevor der „Kronprinz Wilhelm" in dieselbe hineinkam. So wird es auch zu erklären sein, daß, wie alle Zeugen vom „Kronprinz Wilhelm" bekunden, die Sichtigkeit auf diesem Schiffe noch eine so große schien, während der „Robert Ingham" völlig vom Nebel eingehüllt war und nichts mehr sehen konnte. Die sich scheinbar gegenüberstehenden Aussagen über die Dichtigkeit des Nebels finden so ihre Aufklärung.

Bei der Beurteilung der Glaubwürdigkeit ist ein schwerwiegender

Faktor der Umstand, daß der „Kronprinz Wilhelm" unter derselben Schiffsführung viele Reisen über den Ozean und durch den Kanal ohne Unfall zurückgelegt hat und daß eine musterhafte Disziplin und Ordnung an Bord des Schiffes herrschte, während auf dem anderen Dampfer, dessen Besatzung aus Personen verschiedener Nationalität bestand, der innere Betrieb nicht so genau geregelt war. Es ist daher auch sehr wohl möglich, daß die Nebelsignale auf dem „Robert Ingham" so inkorrekt gegeben sind, daß sie auf dem „Kronprinz Wilhelm" für Rudersignale gehalten werden konnten.

Es fragt sich nun, ob die Fahrtverminderung des „Kronprinz Wilhelm" dem Gesetz entsprach. Diese Frage muß bejaht werden. Beim Eintritt wirklichen Nebels ist es ganz selbstverständlich, daß ein Schnelldampfer die Fahrt sofort auf „langsam" herabsetzen muß. Ein Verstoß gegen den Artikel 16 der Kaiserlichen Verordnung zur Verhütung des Zusammenstoßens der Schiffe auf See hat nicht stattgefunden. Als der lange Ton vom „Robert Ingham" gehört wurde, wurden die Maschinen auf dem „Kronprinz Wilhelm" sofort gestoppt; ein sofortiges Rückwärtsschlagen der Maschinen wird vom Gesetze nicht verlangt.

Es fragt sich ferner, ob das Ruderlegen und die weiteren Maßnahmen des „Kronprinz Wilhelm" gerechtfertigt waren. Da das Ruderlegen erst erfolgte, als das andere Schiff an Backbordbug im Nebel auftauchte, und man gleichzeitig einen kurzen Ton von ihm hörte, konnte ein entschlossener Kapitän nicht anders handeln, als wie der Führer des „Kronprinz Wilhelm" es getan hat, da er annehmen mußte, daß der andere Dampfer seinem Signal entsprechend handeln und nach Steuerbord ausgehen würde. Der Führer des „Kronprinz Wilhelm" hat während der kurzen Zeit, in welcher sich alles abspielte, mit großer Umsicht und Entschlossenheit gehandelt, indem er zunächst die Kollision durch Ruderlegen, welches er durch die Maschine unterstützte, abzuwenden und, als sich dies als unmöglich erwies, durch Rückwärtsarbeiten der Maschine den Kollisionsstoß abzuschwächen suchte.

Es bleibt nun noch zu überlegen, ob durch das Ruderlegen des „Kronprinz Wilhelm" ein so großer Winkel im Kurse der beiden Schiffe herbeigeführt wurde, daß die Kollision in der Weise, wie geschehen, erfolgen konnte. Ich halte es, entgegen der englischen Auffassung für tatsächlich festgestellt, daß der „Kronprinz Wilhelm" nur 2 Grad nach rechts gedreht hatte, als die Kollision erfolgte. Da hiernach ausgeschlossen ist, daß ein so großer Winkel, wie er bei der Kollision vorhanden war, entstehen konnte, bleibt nur übrig, anzu=

nehmen, daß dieser Winkel schon vorher vorhanden gewesen oder im letzten Augenblick entstanden ist, als der Kapitän vom „Robert Ingham" den Befehl gab: „Rette sich wer kann", infolgedessen das Ruder im Stiche gelassen wurde. Positive Beweise hierfür sind allerdings nicht erbracht worden, und ich muß daher annehmen, daß die Aussagen der Engländer in gutem Glauben und nach bestem Wissen gemacht sind und daß auf dem „Robert Ingham" kein Ruderlegen erfolgt ist. Ich vermag für die Engländer einen Vorwurf aus deren Verhalten nicht herzuleiten, bin aber auch zu der Überzeugung gekommen, daß auf dem „Kronprinz Wilhelm" alles geschehen ist, um die Kollision abzuwenden.

Ich komme daher zu dem Schlusse, daß keiner der beiden Schiffsleitungen ein Verschulden beizumessen ist, sondern daß die Kollision auf die plötzlich auftretende Nebeldunstschicht zurückzuführen ist. Die Manöver des „Kronprinz Wilhelm" entsprachen durchaus der Sachlage und die Rettung der englischen Besatzung verdient Anerkennung".

Auf Grund des ermittelten und vorstehend gewürdigten Tatbestandes und in Übereinstimmung mit dem Reichskommissar hat das Seeamt seinen Spruch abgegeben.

4. Spruch des Seeamts zu Hamburg vom 6. März 1903, betreffend den Seeunfall des Schraubendampfers „Carl Woermann" von Hamburg.

Der Spruch des Seeamts lautet:

Der Unfall, welchen der Dampfer „Carl Woermann" in den Tagen vom 13.—19. Januar 1903 auf der Reise von Las Palmas nach Hamburg erlitten hat und infolgedessen der Dampfer durch Vollaufen manövrierunfähig wurde und zu sinken begann, ist darauf zurückzuführen, daß der erste Maschinist Umbach die Maschine mit gebrochenem, notdürftig repariertem und noch schwer leckendem Kondensatordeckel solange arbeiten ließ, bis das in den Maschinenraum eingelaufene Wasser durch die in diesem Raume vorhandenen Pumpen nicht mehr bewältigt werden konnte und in seinen Wirkungen weitere Schäden herbeiführte, welche ein vermehrtes Vollaufen des Schiffes zur Folge hatten.

Ferner hat der erste Maschinist zu spät die Möglichkeit erwogen und die nötigen Vorkehrungen getroffen, das eingedrungene Wasser mit Hilfe des Hilfskessels und der von den Winden getriebenen Raumpumpen zu bewältigen, sodaß das bei rechtzeitigen Maßregeln wahrscheinlich vermeidlich gewesene zweimalige Zusammenbrechen der Rostenanlage des Hilfskessels das Schiff in die Gefahr des Sinkens brachte.

Den ersten Maschinisten trifft auch der Vorwurf, den Kapitän über die Vorgänge in der Maschine nicht in genügender Weise unterrichtet zu haben.

Der erste Maschinist hat daher nicht mit der erforderlichen Überlegung und Umsicht gehandelt und hat dadurch wesentlich die schweren Folgen des an sich nicht gefahrbringenden Schadens am Kondensatordeckel verschuldet.

Tatbestand. Der Schraubendampfer „Carl Woermann", Unterscheidungssignal RGDM, ist Eigentum der Woermann-Linie G. m. b. H. und steht unter Führung des Kapitäns Hinrich Krohn, Inhabers eines Befähigungszeugnisses zum Schiffer auf großer Fahrt. Der im Jahre 1881 in Hamburg erbaute Dampfer ist zu 5512,7 cbm = 1945,97 Registertons brutto und 3528,6 cbm = 1245,60 Registertons netto vermessen und führt eine Maschine von 850 indizierten Pferdestärken.

Dieser Dampfer hat am 13. Januar 1903 auf der Reise von Las Palmas nach Hamburg einen Bruch des Kondensatordeckels erlitten. Dieser an sich für die Sicherheit des Schiffes nicht bedrohliche Unfall hatte durch das Hinzutreten einer Reihe weiterer unglücklicher Umstände solche Folgen, daß das Schiff dem Untergange nahe gebracht ist. Am 17. Januar wurde es in sinkendem Zustande von dem englischen Dampfer „Staintondale" ins Schlepptau genommen und am 19. Januar nach Coruna eingeschleppt.

Durch die seeamtliche Untersuchung ist folgender Hergang des Unfalls festgestellt.

Am 13. Januar 7 Uhr abends befand sich der Dampfer bei schwerem Wetter auf 42° 55′ nördlicher Breite, 9° 29′ westlicher Länge, als der wachehabende Assistent Locker gewahrte, daß plötzlich Wasser in größeren Mengen durch den Kondensatordeckel an Steuerbord durchdrang. Der sofort benachrichtigte erste Maschinist Carl Henry Wilhelm Umbach, Inhaber eines Befähigungszeugnisses zum Maschinisten erster Klasse, stellte fest, daß der Deckel in ziemlicher Ausdehnung gesprungen war, hielt den Schaden aber nicht für gefährlich, da er meinte, das aus dem Kondensator in den Maschinenraum dringende Wasser gut mit den vorhandenen Pumpen bewältigen zu können. Er machte dem Kapitän von dem Schaden Meldung, ließ die Maschine mit voller Kraft weiter arbeiten und versuchte den Deckel durch Streben abzustützen.

Gegen 10 Uhr stellte es sich heraus, daß das aus dem Kondensator dringende Wasser nicht zu bewältigen war und es mußte daher gestoppt werden, um eine Reparatur des Deckels vorzunehmen. Um 10 Uhr 10 Minuten wurde die Maschine gestoppt, das Seeventil geschlossen und die Signale für „manövrierunfähige Schiffe" aufgezogen. Es wurde von dem Maschinisten über dem Riß im Deckel ein Flicken aufgepaßt und befestigt. Diese Arbeit, welche durch das schwere Arbeiten des Schiffes sehr erschwert wurde, war am Abend des folgenden Tages soweit beendigt, daß die Maschine wieder in Gang gesetzt werden konnte. Die Maschine hatte von 11 Uhr 15 Minuten vormittags bis 11 Uhr 40 Minuten abends gearbeitet, es stellte sich dann aber heraus, daß noch immer zu viel Wasser durch den Deckel drang und es mußte deshalb wieder gestoppt und mit dem Reparieren des Deckels fortgefahren werden.

Schon am Abend des 13. Januar war während der drei Stunden, in welchen die Maschine noch nach dem Bruche des Deckels gearbeitet hatte, viel Wasser in die Maschine und den Heizraum gekommen. Der Bilgegraben in der Maschine war voll und im Heizraum stand das Wasser über den Flurplatten. Von den beiden Dampfpumpen der Maschine, einer Worthington-Pumpe und einer Centrifuge war bei der Schlagseite des Schiffes nur die erstere zu gebrauchen, da die letztere ihren Sauger an Steuerbord hatte. Es gelang aber, das am 13. Januar eingedrungene Wasser mit der einen Pumpe auszupumpen. Am Abend des 14. Januar drang während des Arbeitens der Maschine, da während dieser Zeit das Seeventil wieder geöffnet werden mußte, wiederum viel Wasser aus dem Kondensator, auch jetzt konnte man aber die Räume noch mit der einen Pumpe lenzen.

Am Nachmittage des 15. Januar 2 Uhr 30 Minuten wurde die Maschine abermals in Gang gesetzt, mußte aber bereits um 5 Uhr 30 Minuten wieder gestoppt werden, da trotz der aufgesetzten Flicken noch größere Wassermengen aus dem Kondensator in die Bilge liefen. Während des Stilliegens arbeitete der Dampfer sehr schwer in der hohen See. Die Pumpe begann sich immer häufiger zu verstopfen, da die Bilgen durch Asche und Kohlenstücke verunreinigt waren, die Flurplatten im Heizraum gingen hoch und begannen hin und her zu schlagen und dadurch das Arbeiten der Heizer vor den Feuern sehr zu erschweren. Es ist später festgestellt worden, daß der im Heizraum an Backbord befindliche Aschekühlhahn abgebrochen war, sodaß an dieser Stelle ein Leck in der Schiffswand entstanden war, durch welches ein dicker Wasserstrahl in den Heizraum von außen eindringen mußte. Es ist wahrscheinlich, daß dieses Abbrechen des Hahnes durch die schlagenden Flurplatten am Abend des 15. Januar herbeigeführt ist, denn das Wasser begann jetzt stetig zu steigen trotz des geschlossenen Seeventils und des dadurch verhinderten Zuströmens aus dem defekten Kondensator, und zwang die Heizer schließlich gegen 11 Uhr zum Verlassen des Heizraums, nachdem die Feuer, welche nur mit großer Mühe und Gefahr hatten in Gang gehalten werden können, ausgelöscht waren.

Es wurde gegen Mitternacht noch das Druckwerk von Deck heruntergeholt, weil die Worthington-Pumpe das Wasser nicht bewältigen konnte und in den Kesseln der Dampf zu fehlen begann. Diese Handpumpe, mit welcher man sich während der Wache von 12—4 Uhr abmühte, konnte das Wasser aber nicht hoch genug bringen um es auszupumpen und konnte, als sie auf die erste Gräting gestellt wurde, wegen der zu großen Saughöhe, nicht arbeiten.

Vor Mitternacht hatte der erste Maschinist mit dem noch in den Hauptkesseln vorhandenen Dampfe den Donkeykessel vollpumpen lassen und ließ diesen dann anheizen.

Von dieser bedrohlichen Gestaltung der Lage in der Maschine ist von dem ersten Maschinisten dem Kapitän keinerlei Meldung gemacht worden. Gegen Mitternacht begab sich der Kapitän aus eigenem Antrieb in die Maschine, um sich von dem Stande der Reparaturarbeiten an dem Kondensator zu überzeugen. Er erhielt hier von dem zweiten Steuermann die Meldung, daß man mit der Druckpumpe, welche grade heruntergebracht wurde, das eingedrungene Wasser auspumpen wolle, da die Feuer ausgeschlagen seien und die anderen Pumpen versagt hätten. Es arbeitete zu dieser Zeit im Maschinenraum nur ein Heizer an einem Holzkasten, welchen man über dem gesprungenen Deckel errichten und mit Zement ausfüllen wollte. Kapitän Krohn begab sich darauf wieder nach dem Kartenhause, da er beim Ausbleiben jeder Meldung von Seiten der Maschinisten die Lage noch nicht für kritisch hielt. Bald erhielt er dort von dem ersten Steuermann die Meldung, daß der erste Maschinist nirgends zu finden sei und ließ darauf nach ihm suchen. Man fand ihn nach etwa ½ Stunde schlafend im Storeraum, wo er seiner Angabe nach aus völliger Erschöpfung durch die ununterbrochene zweitägige Arbeit niedergesunken war. Jetzt unterrichtete der erste Maschinist den Kapitän über die Lage und legte sich darauf ebenso wie der zweite Maschinist nieder, um etwas Ruhe zu haben, bis der Donkeykessel genügenden Dampf zum Pumpen haben würde.

Kapitän Krohn beschloß jetzt, die Schleusen zu öffnen und in das hintere Maschinenschott Löcher schlagen zu lassen, um dadurch ein schnelles Ablaufen des Wassers aus dem Heiz- und Maschinenraum zu bewirken. Er hoffte, daß es ihm dadurch gelingen würde, den Heizraum soweit leer zu bekommen, daß die Feuer wieder in Gang und die Maschine wieder in Betrieb gebracht werden könne. Das durch das Öffnen der Schleusen und Einschlagen des Schottes in die Räume dringende Wasser wollte er mit den durch den Donkeykessel zu treibenden Winschpumpen auspumpen.

Dieser Plan mißlang wesentlich aus dem Grunde, weil auch der Donkeykessel nach kurzer Zeit versagte, indem die Rosten wiederholt abschmolzen und deshalb schließlich der Betrieb mit dem Kessel eingestellt werden mußte. Zum ersten Male waren die Rosten schon nach zweistündiger Arbeit durchgebrannt und es mußten am Morgen um 3 Uhr die Feuer herausgerissen werden. Am Nachmittag des 16. Januar gelang es dem ersten Steuermann, sich an einem Tau in den Heizraum hinabzulassen und Reserverosten heraufzuholen. Der Kessel hat jetzt bis 2 Uhr morgens am 17. Januar arbeiten können, es mußten dann abermals die Feuer herausgenommen werden und mangels weiterer Rosten der Betrieb eingestellt werden. Nunmehr konnte man nur noch versuchen, das Wasser mit Pützen auszuschöpfen und es wurde hieran ununterbrochen mit zwei Gängen gearbeitet, jedoch ohne daß ein Erfolg erzielt wurde. Das Wasser stieg in den Räumen immer höher und erreichte um 5 Uhr morgens im Raum I 9 Fuß, Raum II 10 Fuß, Raum III 11 Fuß 10 Zoll.

Die Boote wurden zu Wasser gelassen, da man befürchtete, daß das Wegfieren beim weiteren Überliegen des Schiffes unmöglich werden könnte.

Am Vormittag des 17. Januar wurde ein Dampfer gesichtet, welcher die Notsignale nicht bemerkte. Um 2. Uhr abends kam der englische Dampfer „Staintondale" heran, welcher sich bereit erklärte, das Schiff nach La Coruna zu schleppen. Um 6 Uhr abends war die Schleppverbindung hergestellt. Während des folgenden Tages wurde andauernd Wasser ausgeschöpft und es gelang auch, zeitweilig den Donkeykessel wieder in Betrieb zu bringen. Der Heizer

Thomsen, welcher sich hierbei ausgezeichnet hat, brachte es fertig, Notrosten herzustellen und das Feuer in Gang zu bekommen. Es war aber jetzt wegen Wassermangels im Kessel nur schlecht Dampf zu halten, da beide Speisevorrichtungen des Kessels nicht funktionierten und der Kessel deshalb immer wieder mit Pützen aufgefüllt werden mußte.

Am Vormittag des 19. Januar wurde der Hafen von La Coruna glücklich im Tau des „Staintondale" erreicht.

Der Wasserstand war jetzt im Raum I 6 Fuß 9 Zoll, Raum II 10 Fuß 2 Zoll, Vorderraum 12 Fuß 9 Zoll, Heizraum und Raum III unten waren voll und das Wasser stand schon ½ Fuß im Zwischendeck. Das Schiff lag hinten 26 Fuß, vorn 15 Fuß tief. Um ein Wegsinken des Schiffes zu verhüten, wurde es an einer vom Hauptlotsen als sicher angegebenen Stelle im Hafen auf Grund gesetzt. Kräftige Pumpen von Land entfernten das Wasser bis auf etwa 6 Fuß im Raum, versagten dann aber das Weiterarbeiten. Das Schiff lag jetzt vorn 12 Fuß 8 Zoll, hinten 18 Fuß tief und wurde in diesem Zustand etwas weiter im Hafen auf etwa 7 m Wassertiefe verankert.

Am 28. Januar wurde mittels von Hamburg hingebrachter Pumpvorrichtungen weitergelenzt und es gelang, als das Wasser am 31. Januar bis auf etwa 4 Fuß abgenommen hatte, das durch Abbrechen des 1 ½ zölligen Aschekühlventils entstandene Leck zu finden und zu verschließen. Nunmehr konnte das Schiff leergepumpt werden. Die Maschine und die Bilgen wurden darauf gereinigt, die Plattform instand gesetzt, der gebrochene Kondensatordeckel ordentlich repariert, die gefundene Leckstelle durch Steine und Zement geschlossen und gesichert. Am 10. Februar verließ der Dampfer darauf La Coruna und erreichte am 15. Februar nach guter Reise den Hafen von Hamburg.

Der hier fragliche Kondensatordeckel hat schon bei der Ausreise in Grand Bassam beim Anwärmen der Maschine einen Riß bekommen, welcher von den Maschinisten durch Aufschrauben eines eisernen Flickens an der Innenseite des Deckels gedichtet worden war. Von diesem Vorfall hat der erste Maschinist damals dem Kapitän nichts mitgeteilt, da er den Schaden für zu unbedeutend hielt. Der auf der Rückreise entstandene Sprung stellt sich als eine Fortsetzung des auf der Ausreise entstandenen Risses dar.

Gründe: Die erste Ursache der schweren Gefahr, in welcher sich der Dampfer befunden hat, liegt in dem Springen des Kondensatordeckels bezw. darin, daß sich der schon auf der Ausreise entstandene

Riß im Kondensatordeckel, welcher durch Aufschrauben eines Flickens gedichtet worden war, auf der Rückreise ausdehnte und dadurch ein erneutes Leckwerden des Kondensators verursachte.

Es ist bei Beurteilung der Ursachen dieses Unfalls davon auszugehen, daß diese Undichtigkeit des Kondensatordeckels zwar als die erste Ursache hier mitspielt, daß aber an sich dieser Schaden nicht geeignet war das Schiff in irgend erheblichem Maße zu gefährden, wenn nur die richtigen Maßregeln zur Besserung dieses Schadens getroffen wären. Es ist aus diesem Grunde dem ersten Maschinisten auch nicht etwa deshalb ein wesentlicher Vorwurf zu machen, weil er von dem in Grand Bassam entstandenen Sprung im Deckel dem Kapitän oder seiner Reederei keine Meldung gemacht hat. Es wäre zweifellos richtiger gewesen, wenn er dies wenigstens dem Kapitän mitgeteilt hätte, es kann aber nicht angenommen werden, daß eine solche Meldung auf die Maßregeln zur Dichtung des Deckels und damit auf den späteren Verlauf der Reise irgend welchen Einfluß gehabt hätten. Der Kapitän hätte auch nichts Anderes tun können, als den Maschinisten mit der Reparatur des Lecks zu beauftragen, welche von den Maschinisten auch mit Erfolg in Grand Bassam ausgeführt ist.

Der auf der Rückreise am 13. Januar eingetretene neue Riß im Deckel bedeutete wiederum eine Gefahr für das Schiff nicht, da die Dichtung eines solchen Risses an Bord wohl ausführbar war und das aus den Rissen in die Maschinenräume und den Heizraum dringende Wasser mit den vorhandenen Pumpen gut zu bewältigen war. Die zur Reparatur angewandten Maßregeln waren aber nicht ausreichend, um eine dauerhafte Dichtung des Deckels zu erzielen.

Der erste Maschinist Umbach hat zunächst dem Risse im Deckel nur so wenig Bedeutung beigemessen, daß er sich damit begnügte, den Deckel durch Streben abzusteifen, im übrigen aber die Maschine mit voller Kraft weiterlaufen ließ. Als nach zwei Stunden das Wasser, welches aus dem Kondensator drang, in gefahrdrohender Weise zunahm, hat er allerdings das Seeventil schließen und die Maschine stoppen lassen. Auch jetzt hat er aber die Reparatur des Deckels mit unzulänglichen Mitteln auszuführen versucht. Ein von innen aufgesetzter Flicken oder ein Umbau eines Holzkastens mit Zementfüllung hätten mehr Garantie für eine dauerhafte Reparatur geboten. Das während des Arbeitens der Maschine mit leckendem Deckel eingedrungene Wasser, welches die Bilgen gefüllt hatte und im Heizraum schon über den Flurplatten gestanden hatte, hatte er mit der Worthington-Pumpe dieses Mal lenzen können.

Derselbe Vorgang hat sich am folgenden Tage wiederholt, nachdem man die Maschine wieder in Gang gesetzt hatte. Es drang jetzt wieder soviel Wasser durch den schlecht geflickten Deckel ein, daß die Maschine nach kurzer Zeit gestoppt und das Wasser ausgepumpt werden mußte.

Als dann am 15. Januar zum dritten Male die Maschine mit dem leckenden Kondensatordeckel gearbeitet hatte und wieder viel Wasser in die Bilgen und den Heizraum gedrungen war, wurde die Situation kritisch, weil jetzt auch die Worthington-Pumpe versagte. Durch das hin und her schlagende Wasser war soviel Schmutz, Asche und Kohle in die Bilgen gewaschen worden, daß die Pumpe sich immer wieder verstopfte. Beim schweren Arbeiten des Schiffes hoben sich die Flurplatten im Heizraum und begannen hin und her zu schlagen und das Arbeiten vor den Feuern sehr gefährlich zu gestalten. Das Wasser stieg immer höher und zwang schließlich die Heizer zum Verlassen des Heizraums. Wie später festgestellt ist, war das Aschekühlventil abgeschlagen und es drang durch die so entstandene Öffnung Wasser von außen ein. Es ist nach dem Befunde kein Zweifel daran, daß die schlagenden Flurplatten dieses Ventil abgebrochen haben.

Über diese Vorgänge in der Maschine ist dem Kapitän vom Maschinisten nichts gemeldet worden. Der Kapitän hat erst durch den zweiten Steuermann, welcher gegen 12 Uhr die Handpumpe in den Maschinenraum brachte, von dem Zustand in der Maschine Mitteilung erhalten. Als darauf nach dem ersten Maschinisten gesucht wurde, fand man ihn schlafend im Storeraum. Es ist ihm zuzugeben, daß er durch die lange ununterbrochene Arbeit in hohem Grade erschöpft gewesen sein mag und daß das Einschlafen im Storeraum sich hierdurch genügend erklärt. Nicht zu entschuldigen ist aber trotzdem das Unterlassen der nötigen Meldungen und das vor und nach diesem Einschlafen gezeigte Verhalten. Sobald er merkte, daß er des Wassers im Heizraum nicht mehr Herr werden konnte und daß seine Feuer bedroht waren, hätte er dem Kapitän Meldung machen müssen, hätte seine gesamte Maschinenmannschaft zur Hilfeleistung heranziehen und an die Instandsetzung des Donkeykessels gehen müssen, mit welchem, falls die Hauptkessel versagen, alle Pumpen bedient werden können. Der erste Maschinist hat diesen Hilfskessel aber erst im letzten Augenblick mit dem Reste des noch vorhandenen Dampfes aufpumpen lassen und hat sich selbst um die Instandsetzung dieses Kessels dann weiter nicht gekümmert, als daß er dem dritten Maschinisten den Befehl gab, den Donkeykessel anzuzünden. Er selbst legte sich, nachdem er im Storeraum geweckt worden war, ebenso wie der zweite Maschinist zur Koje.

Während der Donkeykessel angezündet wurde, ließ der Kapitän die aus dem Heiz- und Maschinenraum nach den Laderäumen führenden Schleusen in den wasserdichten Schotten öffnen und außerdem Löcher in das hintere Maschinenschott schlagen, um ein schnelleres Ablaufen des Wassers in die Laderäume zu bewirken. Seine Absicht war dabei, einen letzten Versuch zu machen, Maschinen- und Heizraum wieder soweit leer zu bekommen, daß die Feuer und damit die Hauptkessel wieder in Betrieb genommen werden könnten. Das aus dem Maschinen- und Heizraum in die Laderäume dringende Wasser meinte er mittels der durch die Haupt- oder den Hilfskessel zu betreibenden Winschpumpen bewältigen zu können.

Der Reichskommissar hat diese Maßregel des Kapitäns für fehlerhaft erklärt und die Ansicht geäußert, daß wesentlich durch diese falsche Maßregel das Schiff in die schwere Gefahr gebracht worden sei. Dieser Ansicht ist das Seeamt nicht beigetreten.

Es ist zwar richtig, daß das Öffnen der Schleusen und Einschlagen des Schottes tatsächlich die Lage des Schiffes verschlimmert hat. Es ist dies aber nicht dieser Maßregel allein zuzuschreiben, es mußte vielmehr, um dieses ungünstige Resultat zu erzielen, noch hinzukommen, daß der Donkeykessel, mit welchem die Winschpumpen betrieben werden sollten, unerwarteter Weise versagte. Hiermit konnte der Kapitän, als er die Maßregel anordnete, nicht rechnen. Wenn man hiernach den Entschluß des Kapitäns beurteilt, so könnte höchstens getadelt werden, daß er es nicht beim Öffnen der Schleusen bewenden ließ, welche jederzeit im Notfalle wieder hätten geschlossen werden können, sondern daß er auch die Schotten einschlagen ließ, welche er nicht wieder dichten konnte. Es lag ihm aber natürlich daran, ein möglichst schnelles Leerlaufen des Maschinen- und Heizraums zu erzielen und damit, daß das auslaufende Wasser aus den Räumen nicht wieder ausgepumpt werden könne, konnte er wie gesagt, damals nicht rechnen. Daß dieses Wasser zu einer Gefahr für das Schiff werden könne, konnte er auch um deswillen nicht annehmen, weil er ja noch nicht wußte und nicht wissen konnte, daß durch das Abbrechen des Aschekühlventils das Schiff leck geworden war.

Zudem ist es dem Seeamt recht zweifelhaft, ob bei der Ausdehnung des Heizraums und Maschinenraums das Schiff nicht auch gesunken wäre, wenn der Kapitän die Schleusen geschlossen gehalten hätte und dann diese Räume sich mit Wasser gefüllt hätten. Aus diesen Gründen vermag das Seeamt dem Kapitän daraus, daß er die Schleusen öffnen und das Schott einschlagen ließ, einen Vorwurf schuldhaft fehlerhaften Handelns nicht zu machen.

Der Hilfskessel versagte, weil wiederholt die Rosten abschmolzen. Das Anheizen des Kessels wurde von einem Heizer ausgeführt, die Aufsicht führte der dritte Maschinist Silbert, welcher bis dahin ebensowenig wie die anderen Maschinisten Ruhe gehabt hatte. Die Ursache des wiederholten Durchschmelzens der Rosten ist nicht in dem Material der Rosten, sondern mit großer Wahrscheinlichkeit darin zu suchen, daß das Feuer nicht in genügender Weise beaufsichtigt worden ist. Da das Schiff starke Schlagseite nach Backbord hatte, mußte naturgemäß das Feuer nach der an Backbord gelegenen hinteren Seite der Feuerbüchse sacken. Der Heizer Kirschstein, welcher das Feuer bedient hat, behauptet insofern gut aufgepaßt zu haben, als er die durch die Rosten fallenden glühenden Kohlen stets weggeräumt habe. Von einem Sacken des Feuers hat er aber nichts bemerkt und dies kann nur die Annahme bestätigen, daß durch dieses unbemerkte Sacken des Feuers nach hinten, dort eine solche Hitze entstanden ist, daß die Rosten abschmelzen mußten.

Dieses Versagen des Hilfskessels brachte das Schiff in die schwerste Gefahr, denn nunmehr konnte das aus dem Heizraum ununterbrochen in die Laderäume strömende Wasser nicht mehr ausgepumpt werden und das Schiff mußte sich allmählich mit Wasser füllen.

Auch für diesen Unfall des Hilfskessels trifft ersichtlich die Maschinisten und insbesondere den ersten Maschinisten die Verantwortung, weil der Kessel an sich in Ordnung war, das Versagen daher nur auf die im letzten Augenblick, als die Schlagseite schon stark zugenommen hatte, in aller Eile erfolgte Instandsetzung in Verbindung mit der nicht ordentlich geführten Aufsicht zurückgeführt werden kann.

Unter voller Anerkennung der Tatsachen, daß der in erster Linie verantwortliche erste Maschinist Umbach eine anhaltende, anstrengende Arbeit geleistet hat und daher mit Recht für sich geltend machen kann, daß er am Abend des zweiten Tages völlig erschöpft gewesen sei, muß das Seeamt ihm aber doch den Vorwurf machen, daß er von vornherein nicht mit der nötigen Umsicht und Überlegung gehandelt hat. Wären sofort die richtigen Maßregeln ergriffen worden, so hätte der Riß im Kondensatordeckel das Schiff nicht in solche Gefahr bringen können.

5. Spruch des Seeamts zu Hamburg vom 6. März 1903, betreffend den Seeunfall des Schraubendampfers „Sultan" von Hamburg.

Der Spruch des Seeamts lautet:

Der schwere Maschinenschaden, welchen der Dampfer „Sultan" am 7. August 1902 erlitten hat, ist in erster Linie darauf zurückzuführen, daß die Lagerung der Schraubenwelle infolge des vollständigen Verschleißes des hinteren Pockholzfutters in der Sternbüchse eine nicht mehr normale gewesen ist und hierdurch die Kuppelungsbolzen in der hintersten Wellenkuppelung außergewöhnlich hoch beansprucht waren.

Es ist möglich, daß ein Aufschlagen eines Schraubenflügels auf einen treibenden Gegenstand das Brechen der hoch beanspruchten Bolzen schließlich herbeigeführt hat.

An einer ausreichenden Beaufsichtigung der Sternbüchse innerhalb der üblichen Perioden hat es nicht gefehlt.

Die provisorische Wiederinstandsetzung der Wellenleitung durch die Maschinisten, welche es ermöglichte, einen Nothafen zu erreichen, verdient volle Anerkennung.

Tatbestand. Der Schraubendampfer „Sultan", Unterscheidungssignal RJKG, ist Eigentum der Deutschen Ost-Afrika-Linie und wird geführt vom Kapitän J. Ahrens. Der im Jahre 1891 in Hamburg erbaute Dampfer ist zu 7977,7 cbm = 2816,12 Registertons brutto und 5046,4 cbm = 1781,38 Registertons netto vermessen. Das Schiff führt beim Germanischen Lloyd die höchste Klasse ✠ 100 A4 L vom Dezember 1898. Schiff und Maschine sind zuletzt in Bombay im November 1901 einer Besichtigung unterzogen worden, welche zu einer Bestätigung der bisher geführten Klasse führte.

Dieser Dampfer hat am 7. August 1902 auf der Reise von Zanzibar über Goa nach Bombay einen schweren Maschinenschaden erlitten, über welchen die seeamtliche Untersuchung das Folgende ergeben hat.

Die Reise, welche am 29. Juli von Zanzibar aus angetreten war und über Tanga, Mombassa und Lamu ging, verlief bis zum

Morgen des 7. August ohne Unfall. Die Maschine hatte bis dahin regelmäßig und gut gearbeitet. Gegen 2 Uhr morgens am 7. August verspürte der wachehabende zweite Maschinist Krüger, welcher vorher schon mehrere Male im Tunnel gewesen war, ohne irgend eine Unregelmäßigkeit zu bemerken, eine heftige Erschütterung und bemerkte gleich darauf, daß die Maschine in außerordentlich schnellem Tempo lief, sodaß er zunächst annahm, daß die Schraube verloren gegangen sei. Er stoppte sofort die Maschine und eilte in den Tunnel, wo er feststellte, daß sämtliche Drucklagerringe weggerissen waren und die Wellen von der ersten Zwischenwelle im Tunnel an, die noch mit der Druckwelle zusammenhing, auf dem Tunnelboden lagen. Die Tunnellager selber waren alle mehr oder weniger beschädigt und deren Lagerdeckel waren weggerissen. In der Sternschaftkuppelung waren alle Bolzen gebrochen. Der herbeigerufene Kapitän und erste Maschinist Teufel kamen überein, daß eine Reparatur des Schadens möglich sei und es wurde sofort mit dem Maschinen- und Deckspersonal, welches zur Verfügung gestellt wurde, an die Arbeit gegangen. Die vorläufige Reparatur, an welcher Tag und Nacht gearbeitet wurde und welche 108 Stunden gedauert hat, ist mit dem Erfolg ausgeführt worden, daß die Fahrt mit reduziertem Druck fortgesetzt werden konnte. Der Kapitän überlegte sich aber, daß er Goa nicht mehr anlaufen könne, da man mit dem schwer zu manövrierenden Schiffe dort nicht in den Hafen gehen konnte und weil in Goa auch keine Gelegenheit zur Vornahme von Reparaturen vorhanden ist. Er beschloß daher, als den nächsten Reparaturhafen Bombay anzulaufen. Auf der Fahrt dahin mußte noch täglich mehrere Stunden gestoppt werden, da immer wieder Kuppelungsbolzen brachen und ausgewechselt werden mußten. Es wurde aber am 17. August abends Bombay glücklich erreicht und der Dampfer später ins Dock gebracht. Es stellte sich dann heraus, daß der Druckschaft zwischen den Ringen und der hinteren Kuppelungsflansch 22 mm = 7/8 Zoll durchgebogen war und daß sich zwischen dem 5. und 6. Ringe ein alter Riß befand, der schon von früher her angebohrt war. In der hinteren Sternbüchse war nicht nur das ganze Pockholz, sondern auch noch etwa ein halber Zoll von der Büchse selbst weggelaufen. Das Stevenrohr selbst war unbeschädigt.

Aus einem von der Reederei dem Seeamt überreichten Briefe des Maschinisten Teufel, datiert Colombo, 19. Juni 1902, ergibt sich, daß schon damals, auf der Reise von Maté nach Colombo am 14. Juni, zwei Kuppelungsbolzen in der hintersten Wellenkuppelung gebrochen waren, welche sofort durch Reservebolzen ersetzt worden sind. In Colombo wurde dann später konstatiert, daß wiederum zwei Bolzen derselben Kuppelung gebrochen waren, welche dann durch Reservebolzen ersetzt worden sind. Dieses häufige Brechen der Bolzen ist von den Maschinisten darauf zurückgeführt worden, daß die Pockholzstäbe im Sternrohr weggelaufen waren und daher der Sternschaft sich stark gesenkt habe. Aus den dem Seeamt überreichten Arbeitsbüchern ist zu ersehen, daß das Pockholz der Sternbüchse 19 Monate vor dem hier fraglichen Unfall im Trockendock erneuert worden ist, und ferner, daß die Sternbüchse 9 Monate vor dem Unfall im Trockendock besichtigt worden ist, ohne daß ein Defekt an ihr gefunden wurde.

Der Reichskommissar hat die Ursache des Maschinenschadens in der Hauptsache in der nicht mehr ganz richtigen Lagerung der Schraubenwelle gefunden. An genügender Aufsicht in der Maschine habe es nicht gefehlt und die Leistungen der Maschinisten nach dem Unfall seien hoch anzuerkennen.

Gründe. Aus dem Befund in Bombay und aus den früher vorgekommenen Kuppelungsbolzenbrüchen ist als sicher zu entnehmen, daß der Schaden in der Wellenleitung des Dampfers „Sultan" dadurch hervorgerufen ist, daß zunächst in der hinteren Sternschaftkuppelung die sämtlichen Bolzen gebrochen sind. Die nach dem Bruche der Kuppelungsbolzen vermehrte Drehungsgeschwindigkeit bewirkte ein Herausschleudern der Mittelwelle aus ihrem Lager und diese hat die anderen Wellen bis zur Druckwelle mit aus dem Lager gerissen. Hierdurch sind sämtliche Traglager im Tunnel mehr oder weniger zerstört worden, die Stopfbüchse im Schott zwischen Maschine und Tunnel gebrochen und das Drucklager der Länge nach durchgebrochen. In den beiden Druckschaftkuppelungen und in der ersten Tunnelschaftkuppelung haben sich die Bolzen sehr weit in die Kuppelung hineingezogen, so die Bolzenlöcher sehr erweiternd und in der hinteren Kuppelungsflansch der zweiten Tunnelwelle einen dem Umfange konzentrischen Riß von einem Bolzenloch nach dem anderen hervorbringend. Auch von den Traglagerfundamenten im Tunnel sind einige etwas verbogen.

Dieser schwere Schaden ist von dem ersten Maschinisten mit Hilfe des zur Verfügung gestellten Deckpersonals und des Maschinen- und Heizerpersonals in angestrengter und erfolgreicher Arbeit vorläufig repariert worden. Nachdem mit großen Schwierigkeiten die aus den Lagern heruntergefallenen Schäfte, welche sich zwischen

Tunnelwand und Traglagerfundamenten fest eingeklemmt hatten, wieder in die Lager zurückgelegt waren, wurden sie wieder zusammengekuppelt, ausgerichtet und das Drucklager wieder zusammengebaut. Beim Zusammenkuppeln und Ausrichten fand der erste Maschinist, daß der Schaft hinter dem Drucklager etwa 1 1/2 Zoll englisch nach jeder Seite ausschlug. Er mußte deshalb das erste Tunnellager entfernen und dafür kurz hinter der ersten Kuppelung ein kräftiges gut versteiftes Holzlager mit einer lichten Weite, die dem Ausschlagen der Welle angepaßt war, anbauen lassen. Am 11. August wurde nach Vollendung der provisorischen Reparatur die Maschine wieder langsam in Gang gesetzt. Es lösten sich zuerst wieder einige Bolzen, aber man konnte doch schließlich 3—6 Stunden ununterbrochen mit 30 bis 35 Umdrehungen fahren und so 4—6 Knoten machen. Bei Fortsetzung der Reise brachen noch häufig Kuppelungsbolzen, hauptsächlich in der letzten und in der ersten Tunnelkuppelung, sodaß der Maschinist genötigt war, aus der Hochdruck- und Niederdruckkuppelung je 3 Ersatzbolzen zu entnehmen. Er hatte, als der Unfall passierte, noch 10 Reserve-Kuppelungsbolzen an Bord, hatte aber, als man in Bombay ankam, 18 Bolzen zu wenig, sodaß in vielen Kuppelungen nur noch drei, in einer sogar nur noch zwei gute Bolzen vorhanden waren. Es glückte trotzdem, am 17. August abends Bombay zu erreichen.

Der Kapitän sowohl wie die Maschinisten führen den Unfall darauf zurück, daß die Schraube auf einen unter Wasser befindlichen Gegenstand gestoßen haben müsse und dadurch das plötzliche Brechen der Kuppelungsbolzen verursacht sei. Sie stützen diese Ansicht wesentlich auch darauf, daß bei der Besichtigung des Dampfers in Bombay der eine Schraubenflügel eingebogen befunden wurde und daß an Backbordseite von der fünften Platte vom Kiel an bis zur Schraube eine scharf markierte Scheuerstelle gefunden wurde, die darauf schließen ließ, daß ein Gegenstand dort längs gescheuert sein müsse.

Das Seeamt hält es ebenfalls nicht für ausgeschlossen, daß das Aufschlagen eines Schraubenflügels auf einen treibenden Gegenstand hier mit im Spiele gewesen ist. In erster Linie ist aber der Unfall ersichtlich darauf zurückzuführen, daß, wie die Besichtigung in Bombay ergeben hat, das hintere Ende der Schraubenwelle mindestens 40 mm tiefer in der Sternbüchse gelegen hat, als sie nach normaler Stellung liegen sollte und daß dadurch die Schraubenwelle von dem hintersten Tunnellager bis zum Ende der Sternbüchse eine Neigung von etwa 1:100 gegen die normale Lage erhalten hat. Die Folgen dieser schlechten Lage der Welle haben sich schon im Juni, also etwa 2 Monate vor dem Unfalle, durch wiederholtes Brechen von Kuppelungsbolzen in der hinteren Kuppelung, von welcher auch dieser Unfall seinen Ausgang genommen hat, bemerkbar gemacht und es ist hieraus der Beweis zu entnehmen, daß diese Bolzen beim Arbeiten der Maschine sehr hoch beansprucht wurden. Es mag nun sein, daß durch das Aufschlagen eines Schraubenflügels auf einen treibenden Gegenstand, also durch einen an und für sich unbedeutenden Stoß die Beanspruchung dieser Bolzen über das Maß gesteigert worden ist, welchem die Bolzen noch widerstehen konnten und daß auf diese Weise der Bruch sämtlicher Bolzen der letzten Kuppelung herbeigeführt wurde. Wodurch der abnorme Verschleiß des Pockholzes und der Sternbüchse in der verhältnismäßig kurzen Zeit von 19 bezw. 9 Monaten herbeigeführt ist, hat nicht aufgeklärt werden können. Die Konstruktion der Sternbüchse sowie der Kuppelungsbolzen war eine durchaus normale, und im regelmäßigen Betriebe waren die Kuppelungsbolzen nur mit dem zehnten Teile ihrer Bruchfestigkeit belastet.

Die Schiffs- oder Maschinenleitung kann hiernach für den Unfall ein Vorwurf nicht treffen. Insbesondere ist hervorzuheben, daß der Maschinist auf die unrichtige Lagerung der Welle schon einige Monate vor dem Unfall aufmerksam gemacht hat.

Die nach dem Unfall ausgeführten Reparaturen erscheinen als eine hervorragende Leistung der Maschinisten und es ist insbesondere dem leitenden ersten Maschinisten Teufel die Anerkennung des Seeamts zum Ausdruck gebracht worden.

6. Spruch des Seeamts zu Lübeck vom 10. März 1903, betreffend den Seeunfall des Schraubendampfers „Riddha“ von Lübeck.

Der Spruch des Seeamts lautet:

Die Strandung ist dadurch verursacht, daß der Dampfer infolge unrichtiger Schätzung seiner Entfernung von der Küste mit unrichtigem Kurse gefahren ist. Dem Kapitän Dethloff gereicht zum Vorwurf, daß er jedes Loten und Loggen unterlassen hat.

Gründe. Der in Lübeck beheimatete eiserne Dampfer „Riddha", Unterscheidungssignal PBLQ, Eigentum der Reederei Horn, im Jahre 1902 in Tönning erbaut, zu 701 Registertons Netto-Raumgehalt vermessen, trat unter Führung des Kapitän Peter Dethloff mit 15 Mann Besatzung am 22. November 1902 eine Reise von Sundsvall in Schweden nach Preston an der englischen Westküste an. Am 30. November abends war er an der nördlichen Westküste Schottlands. Wegen schweren Sturmes aus Südost beschloß der Kapitän, an der Nordküste der von Osten nach Westen sich erstreckenden, etwa 12 Seemeilen langen Hebrideninsel Coll besseres Wetter abzuwarten. Der Dampfer traf am 1. Dezember 1902 mittags 12 Uhr an der Ostspitze von Coll ein, wurde hier gewendet und dann in einiger Entfernung von der Küste nach SW gesteuert. Um 3 Uhr wurde nach Zurücklegung von 13 Seemeilen bei der zwischen Coll und der Insel Tiree liegenden kleinen Insel Gunna wieder gewendet und nach Osten zurückgefahren. Diese Fahrten geschahen langsam in ruhigem Wasser. Um 6 Uhr abends, als es schon dunkel war, glaubte der Kapitän, wieder die Ostspitze von Coll erreicht zu haben und etwa 6 Seemeilen von der Küste sich zu befinden. Er ließ nun wieder wenden und übergab dem Steuermann Kayser die Wache mit dem Kurse WSW per Steuerkompaß. Kayser nahm, um von der Küste frei zu bleiben, den Kurs einen Strich westlicher, steuerte also WzS. Um 6 Uhr war es, da die Sonne schon mehrere Stunden vorher untergegangen war, bereits dunkel und die Luft war dick durch Schnee und Regen. Daher war die Insel Coll nur noch sehr schwach erkennbar. Um 6 Uhr 15 Minuten war völlige Finsternis. Feuer waren nicht sichtbar. Es war beabsichtigt, um 8 Uhr 30 Minuten wieder zu wenden. Bevor dies geschah, stieß der Dampfer um 8 Uhr 28 Minuten hart auf; er saß sofort fest. Der Steuermann Stieglitz, der seit 8 Uhr die Wache hatte, kommandierte „Stopp" und „Volle Kraft rückwärts"; die Kommandos wurden sofort ausgeführt, auch wurde der größte Teil der Deckslast geworfen; aber das Schiff rührte sich nicht und füllte sich schnell mit Wasser. Es wurde nun um das Schiff herum gelotet und, da Hochflut war, eine Wassertiefe von 16 bis 18 Fuß gefunden. Das Wasser fiel schnell; dadurch wurde ein Loskommen des Schiffes völlig verhindert, obgleich die Maschine stets rückwärts arbeitete und mit dem Werfen der Deckslast fortgefahren wurde. Um 3 Uhr morgens, als das Wasser wieder gestiegen war, begann das Schiff hart an den Felsen, zwischen denen es saß, zu stoßen. Um 5 Uhr verließ auf Anordnung des Schiffers die Besatzung in zwei vorher klar gemachten Boten den Dampfer; sie fuhr zunächst in die offene See und landete, nachdem es Tag geworden, auf der Insel Tiree.

Das Schiff ist durchgebrochen und verloren. Die Strandungsstelle ist an der Mitte der Nordseite der Insel Tiree nur 400 Meter von der Küste entfernt.

Die Besatzung hat sobald als tunlich Tiree verlassen, der Kapitän ist dort bis Ende Dezember geblieben.

Das Verfahren des Kapitäns anlangend, so war ein Ankern in der Gegend von Coll wegen der dortigen großen Wassertiefe ausgeschlossen. Am zweckmäßigsten wäre es gewesen, wenn der Kapitän nicht an der nicht befeuerten Nordküste von Coll sondern östlich von Coll im Mull-Sund in der Nähe des dortigen Leuchtturms Ordnamurchan auf besseres Wetter gewartet hätte. Aber das geschehene Hin- und Herfahren an der Küste von Coll war statthaft, wenn dafür gesorgt wurde, daß der Dampfer nicht zuweit westlich fuhr und dadurch an die Klippen von Tiree gelangte.

Der Kapitän hält eine Stromversetzung für die Ursache der Strandung, weil nach Mitteilung von Fischern auf Tiree durch den Sund zwischen Tiree und Coll eine Strömung von Norden nach Süden und nach seiner Meinung an der Nordküste von Tiree eine Strömung von Westen nach Osten gehe und durch diese Strömungen der Danpfer auf die Küste von Tiree getrieben sei. Aber das Vorhandensein dieser Strömungen ist durchaus zu bezweifeln, da sie in dem sehr genauen englischen Segelhandbuche für die Westküste Schottlands und die Hebriden nicht erwähnt sind. Überdies würde die letztere Strömung den Dampfer nicht gegen die Küste von Tiree sondern von ihr abgetrieben haben. Die etwaige Strömung durch den Gunna-Sund zwischen Coll und Tiree von Norden nach Süden kann, da starker Sturm aus SSO herrschte, nur gering gewesen sein und dieser Sund ist so schmal, daß eine durch ihn von Norden nach Süden gehende Strömung den Dampfer nur sehr wenig, keinenfalls bis zu der etwa 4,5 Seemeilen westlich vom Sunde befindlichen Strandungsstelle versetzt haben kann.

Die Strandung ist vielmehr durch falschen Kurs des Schiffes verursacht.

Der um 6 Uhr abends genommene Kurs WzS würde das Schiff, wenn es damals, wie der Kapitän meinte, 6 Seemeilen von der Ostspitze Colls entfernt gewesen wäre, nicht auf die Strandungsstelle, überhaupt nicht auf die Küste von Tiree, sondern mehrere Seemeilen von ihr entfernt geführt haben. Aber jene Meinung des Kapitäns war falsch. Sie stützte sich nicht auf die Peilung von Landmarken oder Leuchtfeuern sondern beruhte nur auf Schätzung. Diese war durchaus unzuverlässig, weil die Luft dick durch Regen und Schnee war, bei unsichtiger Luft aber die Entfernungen bekanntlich stets überschätzt werden.

Wäre der Dampfer, als er von 3 bis 6 Uhr nach Osten fuhr, 6 Seemeilen von der Küste entfernt gewesen, so wäre er in die Nähe der Hawes-Bank gekommen und es wären die Brecher dieser Bank gesehen. Diese sind aber nicht wahrgenommen. Da ferner der Dampfer sowohl von 3 bis 6 Uhr ostwärts als von 6 Uhr ab westwärts in ruhigem Wasser gefahren ist und die niedrige Insel Coll nicht bis 6 Seemeilen von der Küste die See gegen den starken SSO Sturm schützen konnte, so ist es völlig zweifellos, daß der Dampfer stets in bedeutend geringerer Entfernung als 6 Seemeilen von der Küste sich befunden hat. Wahrscheinlich war er nur 1 bis 2 Seemeilen von ihr entfernt. War dies der Fall, so mußte der um 6 Uhr genommene Kurs ihn geradezu auf die Klippen führen, an denen er gestrandet ist.

Der Dampfer ist nachmittags in drei Stunden von der Westspitze von Coll nach dessen Ostspitze, dagegen nach dem um 6 Uhr erfolgten Wenden in nur 2½ Stunden bis zur Strandungsstelle, die gegen 5 Seemeilen westlich von der Ostspitze von Tiree entfernt ist, gelangt. Dies ist nicht auffällig. Denn der um 6 Uhr noch schwach gesehene Berg auf Coll kann nur der Beinn Hogh gewesen sein, der in der Mitte der Nordküste sich befindet. Also hat der Dampfer nicht an der Ostspitze von Coll sondern schon etwa 6 Seemeilen westlich von ihr gewendet. Ferner ist er von 7 Uhr ab mit der Ebbe gefahren; daher wurde seine Fahrt beschleunigt.

Der Kapitän hätte, da er die Geschwindigkeit des Schiffes und die Entfernung von der Küste nicht wußte, nach zweistündiger Fahrt loggen und loten müssen. Durch Loggen würde er erkannt haben, daß das Schiff schneller gefahren war, als er glaubte. Hätte er von 8 Uhr ab loten lassen, so würde er abnehmende Wassertiefe erkannt und hieraus auf die Nähe der Küste von Tiree geschlossen haben. Dann hätte er umkehren und der Strandung entgehen können. Aber er hat weder loggen noch loten lassen und dieses Verfahren nicht zu entschuldigen vermocht.

Der Kapitän hat also vor der Strandung fahrlässig gehandelt. Dagegen ist sein Verhalten nach der Strandung angemessen gewesen.

7. Spruch des Seeamts zu Bremerhaven vom 12. März 1903, betreffend den Seeunfall des Schraubendampfers „Lahn" von Bremen.

Der Spruch des Seeamts lautet:

Die Strandung des Dampfers „Lahn" am Morgen des 18. Januar 1903 um 4 Uhr 42 Minuten auf der Ostseite des Gibraltarfelsens ist zurückzuführen auf Stromversetzung und unsichtiges Wetter.

Bei Annäherung des Landes wäre es vorsichtiger gewesen, die Fahrt zu mindern, umsomehr, als der Schiffsführer das angesteuerte Feuer von Europa Point nicht zu der von ihm berechneten Zeit in Sicht bekam.

Die nach der Strandung getroffenen Maßnahmen entsprachen der Sachlage.

Gründe. Der Schraubendampfer „Lahn" führt das Unterscheidungssignal QFCV, hat Bremen zum Heimatshafen und gehört zur Reederei des Norddeutschen Lloyd. Das im Jahre 1887 aus Stahl erbaute Schiff mißt brutto 15249,5 cbm = 5383,09 Registertons und netto 6937,5 cbm = 2448,93 Registertons. Es befinden sich zwei Chronometer an Bord. Der Dampfer ist 136,30 m lang, 14,74 m breit und 10,50 m tief; die Länge des Maschinenraums beträgt 36,14 m. Die im Schiffe befindliche dreifache Expansionsmaschine indiziert etwa 9000 Pferdestärken und wird von 6 Doppelendkesseln gespeist. Die Besatzung des Schiffes, einschließlich des Kapitäns E. Malchow besteht aus 196 Mann. Der Dampfer ist beim Germanischen Lloyd mit ✠ 100 A4 L klassifiziert.

Auf der Reise von Genua nach New York war die „Lahn" am 15. Januar 1902 abends 6 Uhr 15 Minuten von Neapel abgefahren und hatte die Reise bis zum 17. Januar 7 Uhr 30 Minuten abends mit einer Fahrtgeschwindigkeit von 16½ Knoten bei 60 Umgängen gut zurückgelegt.

Von da wurde mit 58 Umgängen und von 9 Uhr abends an diesem Tage mit 56 Umgängen gefahren.

Um 10 Uhr 51 Minuten wurde Sackratif-Feuer rechtweisend

Nord 11° West in 15½ Seemeilen Abstand passiert. Diese Abstandsbestimmung wurde durch eine Vierstrichpeilung ermittelt.

Der Kapitän hat von hierab den Kurs Süd 79° West rechtweisend gesteuert. Dieser Kurs führte etwas nördlich von Europa Point. Der Kapitän, der zum sechsten Male die Reise von Genua nach New York machte, hat nach seiner Angabe nicht direkt Europa Point angesteuert, sondern den vorgenannten Kurs gewählt, um den in die Straße von Gibraltar hereinsetzenden starken östlichen Strom zu vermeiden, der nach seiner Erfahrung fast keine Wirkuug mehr ausübt, wenn man die Spitze von Europa Point gedeckt hält.

Mit 56 Umdrehungen lief der Dampfer 15 Seemeilen. Unter Berechnung von 15½ Seemeilen konnte der gewählte Kurs bis zum 18. Januar 1903 4 Uhr 50 Minuten morgens gesteuert werden.

Als der Kapitän um 4 Uhr morgens am 18. Januar das Feuer von Europa Point nicht in Sicht bekam, nahm er an, daß das Schiff die Distanz noch nicht abgelaufen hatte und durch einen östlichen Strom zurückgehalten worden war.

Um 4 Uhr wurde das Wetter dick bei anhaltend starkem Regen.

Wegen Unsichtigkeit des Wetters änderte der Kapitän, als er um 4 Uhr 30 Minuten das auf 18 Seemeilen sichtige Feuer von Europa Point noch nicht in Sicht bekam, den Kurs um 6° südlicher, ohne indes die Fahrt zu verringern. Diesen Kurs Süd 73° West wollte er steuern, bis er sich nach seinem Besteck Europa Point auf 4 Seemeilen genähert hatte.

Nachdem dieser Kurs 10 Minuten gesteuert worden war, sichtete der Kapitän 2 Feuer voraus, eins an Backbord und eins an Steuerbord, gleichzeitig sah er einen weißen Streifen voraus. Er ließ sofort die Maschine volle Kraft rückwärts arbeiten, spürte im selben Augenblick einen leichten Stoß und fand das Schiff auf Strand gelaufen, von dem es ohne fremde Hilfe nicht mehr abkommen konnte.

In der Verhandlung ist noch festgestellt, daß in Gibraltar am 18. Januar 1903 um 6 Uhr 30 Minuten vormittags Hochwasser war, und daß dem Kapitän die an der Ostseite von Gibraltar vor und nach dem Hochwasser herrschenden Stromverhältnisse bekannt waren. Da die Strandung mehr als 1½ Stunden vor Hochwasser erfolgte, brauchte der Kapitän den 1½ Stunden vor Hochwasser an der Küste einsetzenden Nordstrom nicht in Berechnung zu ziehen. Er konnte vielmehr daselbst südlichen Strom als vorhanden annehmen.

Die nach dem Tagebuch und nach den Angaben des Schiffsführers gesteuerten Kurse, gefundenen Abstände und zurückgelegten Distanzen sind in der Verhandlung in der Karte abgesetzt und als stimmend befunden worden.

Die Strandungsstelle lag, wie festgestellt, etwa 3½ Seemeilen nördlich von Europa Point.

Die zu den Akten gebrachte Strandungstabelle von Gibraltar enthält über die Strandung und das Abkommen des Schiffes das Nachstehende:

„During a boisterous night with very heavy rain, ship stranded on the sandy shore to the North of the Rock. After discharging cargo into lighters was towed off by the joint efforts of the tugs „Hercules", „Newa", „Heracles" and „Energetic", an steamend into this port unassisted after being arground 49 hours and without sustaining any damage. The laying of a bow anchor with a 7 inches hawser, at which the crew worked with the windlass, also helped to float the vessel".

Die im Hafen von Gibraltar sofort erfolgte und die später nach Rückkehr des Dampfers in Genua vorgenommene Besichtigung hat eine Beschädigung des Dampfers an Schiff und Maschine nicht ergeben.

Die Reise von Gibraltar nach New York hat die „Lahn" am 21. Januar 1903 6½ Uhr abends fortgesetzt.

Der Reichskommissar hat ausgeführt:

„Wenngleich die Strandung glücklich abgelaufen ist und Beschädigungen nicht vorgekommen sind, sodaß es fraglich sein mußte, ob überhaupt eine Untersuchung erforderlich war, so liegt doch hier der Fall vor, daß es sich um einen Schnelldampfer handelte und daß es im allgemeinen öffentlichen Interesse lag, die Ursache der Strandung festzustellen. Ich trage keine Bedenken — in Uebereinstimmung mit dem Seeamte, — daß genügend Material vorliegt, um ein Urteil abgeben zu können.

Der Kapitän hat die fragliche Reise sechsmal gemacht und blickt auf Erfahrung zurück. Es kommt nun zunächst auf die Wahl der Kurse an. Die Kurse hat der Kapitän so gewählt, um nicht ganz auf das Feuer von Europa Point zuzufahren, sondern wegen des Stromes an Land zu halten und zwar in der Voraussicht, daß das Feuer rechtzeitig in Sicht kommen und dann noch genügend Zeit sein würde, den Kurs zu verbessern. Es hatte aber eine Stromversetzung stattgefunden und der starke Gegenstrom, wie ihn der Kapitän angenommen hatte, ist nicht vorhanden gewesen. Der Kapitän suchte selbst die

Ursache der Strandung auf die stattgehabte Stromversetzung zurückzuführen und ich trage kein Bedenken dem zuzustimmen. Ich bin der Ansicht, daß tatsächlich die Strandung des Dampfers „Lahn" nördlich von Gibraltar auf eine Stromversetzung zurückzuführen ist, die aber bei einer sorgfältigen Navigierung hätte erkannt werden müssen. Als um 4 Uhr nichts in Sicht gekommen war, hätte eine sehr gewissenhafte Navigierung sich überlegen müssen, woher das komme. Es ist nun zu erwägen, wie das Schiff nach dieser Stelle gekommen ist. Wenn man die Distanz vergleicht, so findet man, daß der Strom mit gewesen ist. Meiner Ansicht nach wäre es für eine sichere Navigierung das Richtige gewesen, nicht nördlich von Europa Point zu halten, sondern direkt auf Europa Point zu und noch sicherer etwas südlicher. In die Mitte der Straße wird man wegen des starken Stromes nicht halten und es ist daher meiner Ansicht nach das Richtigste, auf Europa Point zuzuhalten. Kam nun das Feuer nicht rechtzeitig in Sicht — und dieser Moment trat um 4 Uhr ein, — so mußte die Fahrt des Schiffes verringert werden. 4 Uhr 30 Minuten war aber der äußerste Moment, die Fahrt zu verringern, damit man das Schiff in der Gewalt gehabt hätte, um es jederzeit durch Rückwärtsgehen vom plötzlich in Sicht kommenden Strande abhalten zu können.

Ich komme daher zu dem Schlusse, daß die Strandung des Dampfers „Lahn" auf eine Stromversetzung zurückzuführen ist, die sich zunächst dem Urteile des Kapitäns entzog, bis um 4 Uhr morgens. Nach 4 Uhr hat der Kapitän den Kurs nach seinem Besteck auf Europa Point gesetzt. Daß er aber nicht gleichzeitig die Fahrt des Schiffes verringerte, das gereicht ihm meiner Ansicht nach zum Vorwurfe. Da nichts in Sicht gekommen war, hätte er langsamer fahren müssen. Das ist eine Vorsicht, die er unterlassen hat und die dazu beigetragen hat, die Strandung herbeizuführen. Mit Rücksicht darauf, daß sonst alle Erwägungen gemacht sind, habe ich einen weiteren Antrag nicht zu stellen."

Das Seeamt hat sich diesen Ausführungen angeschlossen und daher, wie geschehen erkannt.

8. Spruch des Seeamts zu Danzig vom 23. März 1903, betreffend die Seeunfälle des Schraubendampfers „Emma“ von Danzig.

Der Spruch des Seeamts lautet:

Von den beiden Unfällen, die im Dezember 1903 den Dampfer „Emma“ betroffen haben, ist der erste — das Auflaufen bei Terschelling — durch Stromversetzung und die Nachlässigkeit des Steuermanns Bradhering im Loten, der zweite — die Strandung an der Pommerschen Küste bei Rowe — durch die Schuld des Kapitäns Peter Bialke herbeigeführt.

In Rücksicht auf das tadellose Vorleben des Kapitäns Bialke ist indes dem auf Patententziehung gegen diesen gerichteten Antrage des Reichskommissars nicht stattzugeben.

Gründe. Der zur Reederei von F. G. Reinhold in Danzig gehörende, im Jahre 1883 aus Eisen erbaute Dampfer „Emma“, Unterscheidungssignal HFTG, war ein Schiff von 55,43 m Länge, 7,97 m Breite, 5,23 m Tiefe und 1862,5 cbm = 657,46 Registertons Brutto- und 1122,3 cbm = 396,18 Registertons Netto-Raumgehalt mit einer Maschine von 370 indizierten Pferdekräften und stand unter dem Befehle des Kapitäns Peter Bialke, der ein Patent als Schiffer auf großer Fahrt besitzt und seit 18 Jahren im Dienste der genannten Reederei steht. Steuermann war Eduard Bradhering, der ein Patent als Schiffer auf großer Fahrt besitzt und früher längere Jahre hindurch als selbständiger Kapitän gefahren war.

Der Dampfer war am 20. November 1902 in Yarmouth eingetroffen, um von dort eine Ladung Heringe nach Königsberg i. Pr. zu bringen, erhielt erst am 29. November eine Ladestelle angewiesen, war zwar am 3. Dezember vollständig beladen, konnte aber erst am 12. Dezember 5 Uhr morgens den Hafen verlassen, weil bis dahin bei dem niedrigen Wasserstande die „Emma“ mit einem Tiefgange von 15 Fuß 3 Zoll vorn und 15 Fuß 10 Zoll hinten nicht flott zu bekommen war.

Um 7 Uhr 15 Minuten morgens peilte man Corten-Feuerschiff in SzO, etwa eine Seemeile entfernt, und setzte den Kurs auf OzN mißw. Bei gutem Wetter hatte der Dampfer in diesem Kurse bis Abends 7 Uhr nach dem Logg 96 Seemeilen zurückgelegt. Um diese Zeit übergab der Kapitän die Wache dem Steuermanne; gleichzeitig wurde der Kurs auf ONO nach dem Kompaß mit ½ Strich östl. Deviation mißw. ONO ½ O gesetzt. Bevor er sich zur Ruhe begab, machte der Kapitän den Steuermann darauf aufmerksam, daß gegen 11 Uhr Terschelling-Feuerschiff in Sicht kommen müsse, und befahl, ihm dann Meldung zu machen.

Während der Wache des Steuermanns kam Nebel auf, doch blieb der Mond sichtbar und auch die Lichter verschiedener Fischerfahrzeuge konnten auf etwa eine Seemeile Entfernung gesehen werden. Die Maschine arbeitete mit voller Kraft, sodaß die „Emma" etwa 8 Seemeilen in der Stunde zurücklegte. Bradhering, der diesen Teil des Meeres sehr häufig befahren hatte, hielt es für völlig sicher, daß er mit dem angegebenen Kurse Terschelling-Feuerschiff an Steuerbordseite passieren werde und unterließ das Loten.

Etwa um 11 Uhr kam der Kapitän an Deck und erkundigte sich beim Steuermann, ob Terschelling-Feuerschiff noch immer nicht in Sicht sei. Auf dessen verneinende Antwort überzeugte er sich selbst, daß nirgends ein Licht zu sehen war und wandte sich dann dem Kartenhause zu, um dort den Kurs abzusetzen. Ehe dies geschehen konnte — es war 11 Uhr 20 Minuten — stand das Schiff plötzlich fest auf Grund. Versuche, mit rückwärts arbeitender Maschine wieder loszukommen, waren vergebens. Das Schiff ging zwar zeitweise etwas zurück, stand aber alsbald wieder fest. Um nun bei der steigenden Flut nicht höher aufs Land zu treiben, ließ der Kapitän den Backbordanker fallen und steckte 15 Faden Kette vor. Das Schiff schwoite auf und ab und die steigende Flut bewirkte, daß es um 1 Uhr 30 Minuten nach einigen kleinen Grundstößen auf freiem Wasser lag.

Morgens 6 Uhr 30 Minuten wurde der Anker eingehievt und mit WSW-Kurs frei zu kommen versucht. Die „Emma" bewegte sich auch eine Zeit lang etwas vorwärts, stand aber um 8 Uhr 30 Minuten morgens wieder fest. Erst nachmittags 3 Uhr 30 Minuten gelang es dem auf Notsignal zur Hilfe herbeigekommenen Bergungsdampfer „Neptunus" aus Amsterdam die „Emma" abzuschleppen und ihr Bewegungsfreiheit zurückzugeben. Die Untersuchung des Schiffes ergab, daß die „Emma“ durch die Strandung keinen Schaden erlitten hatte, vielmehr alles dicht und gut war. Die „Emma“ setzte deshalb ihre Reise fort; sie erreichte am 14. Dezember 2 Uhr nachmittags Brunsbüttel und ging am folgenden Tage 7 Uhr morgens aus der Holtenauer Schleuse hinaus in See.

Es war die Absicht des Kapitäns Bialke, zunächst Adlergrund-Feuerschiff anzulaufen, von dem er annahm, daß es schon ausliege, dann bei Rowe die Pommersche Küste zu erreichen und demnächst an dieser entlang seinen Weg fortzusetzen. Das genannte Feuerschiff war aber nicht zu entdecken. Darserort-Feuer wurde am Abend des 15. Dezember 8 Uhr 10 Minuten in SO, etwa 2 Seemeilen entfernt, gesehen. Von hier aus wurden bis Mitternacht 5 Seemeilen mit mißw. NO-Kurs und 28 Seemeilen mit mißw. ONO ½ O-Kurs zurückgelegt.

Während des 16. Dezember war die See ruhig und die Luft neblig. Zeitweise kam dichter Nebel auf, sodaß man die Dampfpfeife gebrauchen mußte. Gesteuert wurde während der ersten Stunde des Tages mißw. O ½ N, dann dauernd mißw. O ½ S. Bis Mittag waren nach dem Logg 102 Seemeilen zurückgelegt.

Um diese Zeit übernahm der Kapitän Bialke die Wache. Das um 2 Uhr 45 Minuten ausgeworfene Lot ergab 25 m Wassertiefe. Seit Mittag waren weitere 24 Seemeilen zurückgelegt. Die Aussicht war sehr verschleiert. Trotzdem wurde die volle Geschwindigkeit, mit der der Dampfer lief, nicht vermindert.

Eine Stunde später wurde es etwas sichtiger, und der Kapitän sah recht voraus Land durchschimmern. Er ließ sofort das Ruder hart links legen; das Schiff fiel auf langsam bis mißw. NO ab, stieß dann aber auf ein Steinriff und stand fest. Wie später festgestellt wurde, war der Dampfer auf derjenigen Untiefe aufgelaufen, die in den Seekarten eine Seemeile nördlich von Rowe an der Pommerschen Küste mit 4 bis 5 Meter Wassertiefe vermerkt ist.

Da das Schiff beim Auflaufen ein Leck im Vorraum bekommen hatte, und nicht imstande war, mit eigener Kraft abzukommen, wurde der Steuermann mit dem Schiffsboot an Land geschickt, um Hilfe herbeizuschaffen. Es kamen auch alsbald Fischer aus dem Dorfe Rowe heran, und begannen mit Bergung der Decksla st. Doch konnten im ganzen nur 70 Tonnen Heringe gelöscht und an Land geschafft werden, da der Seegang in bedenklichem Maße zunahm und selbst ein Verbleiben auf dem gestrandeten Schiffe gefährlich machte. Um 1 Uhr nachts verließ deshalb der Kapitän mit der ganzen Besatzung das Schiff und begab sich an Land.

Am Vormittage des 17. Dezember trafen der Regierungsdampfer „Pfeil" und der Bergungsdampfer „Rügen" an der Strandungsstelle ein. Der Seegang hatte sich etwas gelegt, sodaß der Kapitän an Bord der „Emma" zurückkehren konnte, wo er feststellte, daß Vorraum und Großraum voll Wasser waren und daß auch der Maschinenraum nicht mehr dicht war. Die beiden herangekommenen Dampfer konnten nicht eingreifen, da ihnen Prähme und besondere Pumpvorrichtungen fehlten und kehrten deshalb zurück. Im Laufe des Tages gestaltete sich das Wetter so bedrohlich, daß der Kapitän das gestrandete Schiff wieder verlassen mußte. Ein Fischerboot hatte ihn kaum an Land gebracht, als eine orkanartige Bö losbrach.

Am folgenden Tage, dem 18. Dezember, war von der „Emma" nur noch der Bug und der Mittelschiffs-Überbau zu sehen. Als der Dampfer „Rügen" zurückkehrte zeigte sich, daß das Deck der „Emma" 6 Fuß unter Wasser lag und daß die Luken aufgeschlagen waren. Es wurde deshalb von weiteren Bergungsversuchen abgesehen. Der mit 125 000 M. versicherte Dampfer ist demnächst von den Wellen völlig zerschlagen.

Dieser durch die eidlichen Aussagen des Kapitäns Bialke, des Steuermanns Bradhering, des Bootsmanns Höwner, des Matrosen Pahlke und des Heizers Lewinski festgestellte Tatbestand ergibt klar, daß bei genügender Aufmerksamkeit und Sorgfalt der wachehabenden Schiffsoffiziere beide Strandungen hätten vermieden werden können.

Der erste Unfall ist allein dem Steuermanne Bradhering beizumessen. Nach dem gesteuerten Kurse hätte die „Emma" zwar 2 bis 3 Seemeilen außerhalb von Terschelling-Feuerschiff passieren müssen, sie ist aber — offenbar durch starke Strömung — um etwa 10 Seemeilen versetzt und so in dem flachen Wasser zwischen dem Lande und dem Feuerschiffe festgelaufen, zu fern dem Lande, um dessen Marken zu sehen und nicht nahe genug dem Feuerschiff, um dies zu bemerken. Es ist bekannt, daß gerade in jenem Meeresteile häufig starke Strömungen laufen und die Schiffe manchmal geradezu in die Zuidersee hineingesogen werden. Damit mußte Bradhering rechnen und Vorsicht walten lassen. Hätte er um 11 Uhr gelotet, so würde er erkannt haben, daß er sich innerhalb des Feuerschiffs befand.

Auch das neblige Wetter und der Umstand, das um 11 Uhr abends bei Terschelling niedriges Wasser war, legten ihm die Pflicht zu loten nahe. Daß er unter solchen Umständen das Loten unterließ, muß ihm zum schweren Vorwurfe gemacht werden.

An dem Verhalten des Kapitäns Bialke bei diesem Unfalle ließe sich möglicherweise aussetzen, daß er nicht, bevor er sich zur Ruhe begab, den Steuermann auf die Notwendigkeit zu loten hingewiesen, und daß er nicht, als er um 11 Uhr auf Deck kam, sofort das Loten angeordnet hat. Allein in ersterer Beziehung ist zu bedenken, daß der Kapitän in Bradhering einen sehr ruhigen, nüchternen und zuverlässigen Steuermann besaß, der selbst lange Zeit Kapitän gewesen war, Bialke also annehmen durfte, sein Vertreter werde von selbst alles Erforderliche anordnen und in letzterer Hinsicht ist es nur als natürlich zu bezeichnen, daß der nächste Gedanke des Kapitäns war, sich auf der Karte über den möglichen Schiffsort zu orientieren.

Der zweite Unfall ist dagegen allein dem Kapitän und seiner fehlerhaften Navigation zuzuschreiben. Er konnte einen nördlicheren Kurs nehmen, bei dem er immer im tiefen Wasser blieb und erst bei Rixhoeft die Küste erreichte; er konnte aber auch, wenn er an der Küste entlang fahren wollte, in einem möglichst rechten Winkel auf das Land zufahren und sich in dessen Nähe langsam heranloten. Statt dessen Kurs auf Rowe zu setzen, also die Küste in einem langgestreckten spitzen Winkel anzuschneiden, war seemännisch unrichtig. Dazu kommt, daß der Kapitän sich der Küste ohne alle Vorsicht genähert hat. Obschon das Logg ihm sagen mußte, daß die Küste nahe sei, obschon er sah, daß Nebel die Aussicht trübte, und wußte, daß frisch gefallener Schnee die Küste schwer erkennbar machte, hat er in der letzten vollen Stunde vor der Strandung nicht loten lassen. Vergebens sucht er sich damit zu entschuldigen, daß die „Emma" auf mindestens 3000 Meter Entfernung von der Küste aufgelaufen sei, das Riff sich also doppelt so weit in die See hineinstrecke, als auf den Seekarten angegeben sei. Es ist anzunehmen, daß die Seekarten richtig sind und die Schätzung des Kapitäns auf einem Irrtume beruht; wäre sie aber auch richtig, so würde damit doch die Vernachlässigung jeder Vorsicht bei der Annäherung an die Küste nicht gerechtfertigt sein.

Der Reichskommissar hat gegen Bradhering keinen Antrag gestellt, aber beantragt, dem Kapitän Bialke die Befugnis zur Ausübung des Schiffergewerbes zu entziehen unter Belassung des Rechtes zur Ausübung des Steuermannsgewerbes. Das Seeamt hat aber erwogen, daß Bialke sich in langjähriger vorwurfsfreier Tätigkeit als ein tüchtiger und zuverlässiger Schiffsführer erwiesen hat und erachtet demgegenüber den von ihm im vorliegenden Falle begangenen Fehler nicht für schwerwiegend genug, um die Aberkennung des Schifferpatents zu rechtfertigen.

9. Spruch des Seeamts zu Hamburg vom 23. März 1903, betreffend die Todesfälle auf dem Dreimastschoner „Vigilant" von Hamburg.

Der Spruch des Seeamts lautet:

Von der Besatzung des Dreimastschoners „Vigilant" sind am 9. Juni 1901 in Jaluit der Kapitän Meinecke, am 6. Dezember 1901 auf hoher See der Koch Möller und am 11. Januar 1902 in Bahia der Bootsmann Göths verstorben.

Kapitän Meinecke hat anscheinend an Schwarzwasserfieber gelitten, die beiden anderen Todesfälle sind auf Skorbut zurückzuführen.

Die Skorbutfälle sind durch die außergewöhnlich lange Reisedauer sowie durch die wenig abwechslungsreiche und teilweise ungenügende Beköstigung verursacht.

Die Ausrüstung des Schiffes mit Zitronensaft scheint den Vorschriften nicht entsprochen zu haben.

Eine bessere Verproviantierung des Schiffes in Jaluit mag tatsächlich unmöglich gewesen sein. Die Untersuchung hat aber jedenfalls ergeben, das Kapitän Baumann sich nicht selbst genügend um die Ausrüstung seines Schiffes bekümmert hat.

Tatbestand. Der Dreimastschoner „Vigilant", Unterscheidungssignal LBCP, ist Eigentum der Firma Theodor & F. Eimbcke in Hamburg. Das im Jahre 1895 erbaute Schiff ist zu 1096,1 cbm = 386,92 Registertons brutto und 1024,8 cbm = 361,75 Registertons netto vermessen.

Dieses Schiff hat am 9. Juni 1901 in Jaluit den damaligen Kapitän Rudolf Meinecke aus Rostock, am 6. Dezember 1901 auf hoher See den Koch Carl Christian Möller, geboren am 10. Juni 1842 zu Kröplin, und am 11. Januar 1902 in Bahia den Bootsmann Johann Friedrich Christian Göths, geboren am 31. März 1839 zu Eggesin, durch den Tod verloren.

Über die Ursachen dieser Todesfälle hat als Zeuge vor dem Seeamte nur der in Jaluit neu eingesetzte Kapitän Baumann, früherer Steuermann des Schiffes, vernommen werden können, im übrigen ist der Spruch auf Grund der in Bahia und Libau vor den deutschen Konsulaten gemachten Aussagen der Mannschaft sowie auf Grund eines von dem hiesigen Hafenarzt Dr. Nocht ausgearbeiteten Gutachtens abgegeben worden.

Es ergibt sich aus diesem Beweismaterial, daß der Schoner „Vigilant" am 11. Mai 1900 in Stettin verproviantiert worden ist und von Stettin zunächst nach Cardiff ging, um dort Kohlen für Haoen in Norwegen einzunehmen. Von Haoen ging das Schiff nach Arendal, um dort Planken für Majunga auf Madagaskar zu laden. In Arendal wurde der Proviant sowie der Inhalt der Medizinkiste wieder ergänzt und zwar wurde damals das Schiff auf etwa 12 Monate verproviantiert, da man die Absicht hatte, das Schiff von Majunga über Australien nach Valparaiso zu schicken, wo es verkauft werden sollte. Am 19. August ging das Schiff mit einer aus insgesamt 11 Mann bestehenden Besatzung von Arendal aus in See und langte nach einer außergewöhnlich langsamen Reise am 6. Januar 1901 in Majunga an. Vor der Ankunft dort hatte man schon Mangel an Wasser gelitten, im übrigen hatte der Proviant aber bis dahin gereicht. Während des Löschens dort wurden einige Leute der Besatzung fieberkrank, blieben aber an Bord und konnten nach einigen Tagen wieder Dienst tun. Da sich die Verkaufsverhandlungen inzwischen zerschlagen hatten, erhielt Kapitän Meinecke in Majunga die Order, in Ballast nach Jaluit zu fahren, um dort Kopra für Libau zu laden. Auch diese Reise ging sehr langsam vonstatten und man langte erst am 6. Juni 1901 in Jaluit an. Der Proviant hatte bis dahin gereicht, nur war zeitweise Mangel an Wasser eingetreten, welchem durch Auffangen von Regenwasser abgeholfen werden mußte. Kapitän Meinecke hatte mehrfach an Fieber gelitten, seine Tätigkeit jedoch nicht auf längere Zeit unterbrochen. Steuermann Baumann und die Matrosen Hingst und Wilke hatten an Geschwüren am Rumpfe und den Extremitäten gelitten. Diese Geschwüre, welche teils von selbst aufbrachen, teils vom Kapitän aufgeschnitten wurden, heilten bald und machten die Leute nicht dienstunfähig. In Jaluit wurde Kapitän Meinecke seines kranken Aussehens wegen auf Veranlassung der Landeshauptmannschaft in die Privatklinik des Dr. Schnee übergeführt, wo er schon am 9. Juni morgens verstorben ist. Als Todesursache soll Dr. Schnee Schwarzwasserfieber angegeben haben. Nach dem Tode des Kapitäns wurde von der Landeshauptmannschaft, unter Zustimmung der Jaluit-Gesellschaft, der Befrachterin des Schiffes, der Steuermann des Schiffes Johann Friedrich Christian Baumann, geboren am 5. September 1846 zu Grambin, Inhaber eines Befähigungszeugnisses zum Schiffer auf großer Fahrt, de dato Stettin, 6. März 1878, als Kapitän eingesetzt und ein anderer Steuermann in der Person des Heinrich Waak angemustert. Kapitän Baumann hatte das Schiff dann in Jaluit neu verproviantiert und zwar hat er sich im wesentlichen dabei auf seine Abladerin bezw. die Landeshauptmannschaft verlassen, er vermag deshalb detailliertere Angaben über Menge und Qualiät des Proviants nicht zu machen. Eine Liste der dort gekauften Waren befindet sich unter act. 13 a bei den Akten. Er meint, daß man als Reisedauer nach Libau etwa 7 Monate angenommen habe und zwar rührt diese Schätzung auch nicht von ihm, sondern von der Landeshauptmannschaft her, und der Jaluit-Gesellschaft ist es dann von ihm überlassen worden, das Schiff für diese 7 Monate zu verproviantieren, nachdem er den noch an Bord vorhandenen Proviantbestand aufgenommen und der Landeshauptmannschaft eingereicht hatte. Kapitän Baumann meint, daß im allgemeinen wohl genügend Proviant an Bord gewesen sei, er hat aber nicht immer den Proviant bekommen, den er hat haben wollen, da nicht alles vorrätig gewesen sei. Es sei dann vielfach für den nicht vorrätigen Proviant eine andere Sorte geliefert worden. Während der Reise sei auch im allgemeinen genügend Proviant an Bord gewesen, nur habe es an frischem Proviant schon nach 3 Monaten angefangen zu fehlen. Aus eigener Initiative habe er in Jaluit noch 600—700 Kokosnüsse gekauft, welche ihm von einem anderen Kapitän als gutes Vorbeugungsmittel gegen Skorbut empfohlen worden seien. In Jaluit wurde eine Teilladung Kopra für Libau eingenommen und Stückgüter für Butaritari, woselbst die Kopraladung kompletiert werden sollte. Am 27. Juni wurde die Reise von Jaluit zunächst nach Butaritari angetreten und von dort nach Löschung der Stückgüter und Einnahme der Restladung Kopra am 3. August nach Libau fortgesetzt. Die Reise ging wieder infolge von flauen und konträren Winden, sowie davon, daß der Schiffsboden sehr stark bewachsen war, außerordentlich langsam vonstatten. Es waren schon zu Beginn der Reise der Matrose Schmidt sowie der

Steuermann Waak und Matrose Wilke erkrankt. Der Steuermann hatte eine „schlimme Hand", der Matrose Wilke ein „schlimmes Knie", wie das Journal es bezeichnet. Am 16. Oktober erkrankte der Koch Möller an geschwollenen Füßen und Magenschmerzen und mußte sich zur Koje legen. Nach einigen Tagen trat er wieder seinen Dienst an, erkrankte jedoch bald wieder und klagte über Druck und Schmerzen in der Herzgegend. Er wurde, so gut der Kapitän es vermochte, an Bord verpflegt. Sein Zustand verschlimmerte sich jedoch und er verstarb am 6. Dezember. Am 9. Dezember erkrankte der Bootsmann Göths unter denselben Krankheitserscheinungen, am 21. Dezember die Matrosen Hingst, Schmidt und Ehmke. Das Schiff befand sich zu der Zeit in der Höhe von Bahia. Es hatte schon nach dreimonatlicher Reisedauer an frischem Proviant zu fehlen begonnen und der Kapitän hatte die Rationen kürzen müssen. Als auch der Steuermann Waak begann sich krank zu fühlen, beschloß Kapitän Baumann, Bahia als Nothafen anzulaufen, woselbst er am 29. Dezember eintraf. Auf Anordnung des Hafenarztes wurden der Steuermann Waak, Bootsmann Göths und die Matrosen Schmidt und Hingst ins Lazarett geschickt. Waak und Hingst konnten schon nach etwa 8 Tagen entlassen werden, während Göths und Schmidt als gefährlich krank dort verblieben. Am 11. Januar verstarb im Hospital der Bootsmann Göths, während die Matrosen Schmidt und Hingst, welch letzterer einen Rückfall gehabt hatte und ins Lazarett zurückgebracht war, wieder gesund wurden. Der Arzt Dr. dos Santos in Bahia hat erklärt, daß die im Hospital „Santa Izabel" behandelten Kranken alle mehr oder weniger Symptome von Skorbut gezeigt hätten. Sie hätten alle die skorbutische Zahnfleischaffektion gehabt und das hervorstechende Symptom sei bei allen das Gefühl von Druck und Beklemmung der Brust und starkes Herzklopfen gewesen. In Bahia hat Kapitän Baumann sein Schiff neu verproviantiert und am 28. Januar die Reise nach Libau fortgesetzt, wo man ohne weitere Unfälle glücklich angelangt ist.

G r ü n d e. Die ersten Erkrankungen der Mannschaft, welche zum Anlaufen von Bahia als Nothafen führten, begannen im Oktober 1901. Es ist daher nicht wahrscheinlich, daß sie mit der Krankheit, welcher Kapiän Meinecke im Juni erlegen ist, im Zusammenhange gestanden haben. Kapitän Meinecke hat schon in Arendal vorübergehend an Fieberanfällen gelitten, ist in Majunga wieder an Fieber erkrankt und hat bis Jaluit gekränkelt, woselbst er nach zwei Tagen verstorben ist. Aus der Aussage des Kapitäns Baumann, welcher bezeugt, daß der behandelnde Arzt Dr. Schnee in Jaluit als Todesursache Schwarzwasserfieber bezeichnet hat, kann als erwiesen angesehen werden, daß Kapitän Meinecke an dieser Krankheit und nicht etwa auch an Skorbut gelitten hat. Die Krankheit, von welcher aber während der Reise von Jaluit nach Libau die Mannschaft zum größten Teile befallen ist und welcher der Koch Möller und Bootsmann Göths erlegen sind, ist nach dem Gutachten des Dr. dos Santos, welchem der Hafenarzt Dr. Nocht in Hamburg durchaus beistimmt, zweifellos Skorbut gewesen. Die Hauptsymptome der Krankheit waren: zunehmende Schwäche, Appetitlosigkeit, Schwellung, die an den Füßen begann und langsam nach oben ging, Herz- und Magenbeklemmungen, Luftmangel, geschwollenes, leicht blutendes Zahnfleisch. Diese Symptome geben mit Deutlichkeit das Bild der Skorbutkrankheit. Da auch der schon vor Bahia verstorbene Koch Möller an ähnlichen Erscheinungen gelitten hat, ist unbedingt anzunehmen, daß auch er an Skorbut gelitten hat und daran gestorben ist. Als Ursache der Skorbutkrankheit ist, wie dem Gutachten des Dr. Nocht zu entnehmen ist, ein bestimmter Krankheitsstoff in greifbarer Form bisher nicht bekannt. Es ist aber durch die Erfahrung bewiesen, daß diese Krankheit durch fehlerhafte Ernährung hervorgerufen wird. Das Trinkwasser hat mit der Entstehung des Skorbuts nichts zu tun und andere Einflüsse, wie kalte Witterung, Durchnässung, schlechte Wohnung, Überanstrengung, Heimweh und Langeweile &c. haben höchstens die Bedeutung von Hilfsursachen. Die feherhafte Ernährungsweise, welche den Skorbut hervorzurufen geeignet ist, besteht in einer zu langen und einförmigen Zufuhr gewisser Nahrungsmittel, namentlich von Dauerproviant, wie Salzfleisch, Hartbrot, Hülsenfrüchte und dergl., bei gleichzeitigem Mangel an frischen Nahrungsmitteln, namentlich an frischem Gemüse. Eine von der Wissenschaft noch nicht entschiedene Frage ist es, ob diese Art der Ernährung dadurch schädlich wird, daß dem Körper dabei notwendige Stoffe vorenthalten werden, oder dadurch, daß ihm direkt schädliche Stoffe in zu großer Menge und zu langer Zeit hindurch zugeführt werden. Im allgemeinen überwiegt die Ansicht, daß die Krankheit direkt durch Giftstoffe erzeugt wird, welche sich in gewissen Nahrungsmitteln, insbesondere im Dauerproviant, bei zu langer Aufbewahrung bilden. Zur Entstehung dieses noch unbekannten Giftes ist es aber nach Ansicht des Dr. Nocht nicht nötig, daß die Nahrungsmittel in grobsinnlich wahrnehmbarer Weise oder in einem Grade verdorben sind, daß dieses durch die übliche chemische Nahrungsmittel-Untersuchungsmethode erwiesen werden könnte. Es würde also dadurch, daß durch die auf Veranlassung des Seeamts von dem chemischen Staatslaboratorium vorgenommene Untersuchung von Proviantproben schädliche Bestandteile im Proviant nicht nachgewiesen sind, nicht etwa als ausgeschlossen gelten können, daß sich doch in dem Dauerproviant schädliche Giftstoffe entwickelt hatten, welche die Ursache der Krankheit geworden sind. Geht man hiervon aus, so ist ohne weiteres einzusehen, daß auf der hier in Frage stehenden Reise alle Vorbedingungen für die Entstehung von Skorbut gegeben waren. Die Reise des Schiffes hat eine ganz ungewöhnlich lange Dauer gehabt, indem seit dem Verlassen des letzten europäischen Hafens (Arendal) bis zu Anlaufen in Bahia 498 Tage verflossen sind. Während dieser Zeit war nur dreimal Gelegenheit geboten, der Seekost frischen Proviant hinzuzufügen, nämlich in Majunga, Jaluit und Butaritari. Diese Hafenzeiten haben im ganzen nur einige 60 Tage gedauert, sodaß anzunehmen ist, daß die Schiffsbesatzung mindestens an 440 Tagen und dabei in mehreren aufeinanderfolgenden bis zu vier Monaten dauernden, ununterbrochenen Perioden ausschließlich von Seekost gelebt hat. Während der letzten 6 Monate der Reise bis Bahia hat außerdem an Proviant Mangel geherrscht, welcher zu einer Verringerung der Fleischkost zwang. Es war hiernach während einer so langen Zeitperiode die Mannschaft auf eine wenig abwechslungsreiche und zum Teil nicht genügende Kost angewiesen und es erklärt sich hierdurch ohne weiteres der Ausbruch der Skorbutkrankheit. Über die Ursache des Proviantmangels hat bei der in sich unklaren und sich widersprechenden Aussage des Kapitäns Baumann eine bestimmte Feststellung nicht getroffen werden können. Wenn in Jaluit tatsächlich genügend Proviant an Bord gekommen ist, so erklärt sich die Tatsache, daß schon nach 3 Monaten Mangel eintrat, wohl dadurch, daß der frische Proviant zum Teil schlecht geworden ist und über Bord geworfen werden mußte. Den Kapitän Baumann würde hierfür eine Verantwortung nicht treffen können, wohl aber hat seine Vernehmung vor dem Seeamt ergeben, daß er sich überhaupt nicht selbst in genügender Weise um die Verproviantierung seines Schiffes gekümmert hat und dadurch auch nicht in der Lage ist, eine bestimmtere und präzisere Aussage zu machen. Er beruft sich darauf, daß er die Verproviantierung seines Schiffes der Jaluit-Gesellschaft, seiner Abladerin, überlassen habe, welche ihrerseits die Anordnungen der Landeshauptmannschaft befolgt hat. Es würde dieses Vorbringen aber keineswegs den Kapitän von der Verantwortlichkeit für die

Folgen einer mangelhaften Verproviantierung des Schiffes entlasten können, da es immer seine, des Kapitäns Sache blieb, das für die Reise notwendige Quantum Proviant zu bestimmen und für seine Anschaffung zu sorgen. Die Mitwirkung des Kapitäns war hier umsomehr geboten, als mit dem stark bewachsenen Schiffsboden und dem dadurch bedingten außerordentlich langsamen Segeln des Schiffes zu rechnen war, Faktoren, welche offenbar bei der Berechnung der einzunehmenden Proviantmenge nicht genügend berücksichtigt worden sind.

Ob sich der nach drei Monaten eingetretene Proviantmangel auch dadurch erklärt, daß in Jaluit nicht genügender Proviant zu haben war und inwieweit dieser Umstand hier mitgewirkt hat, ist bei den unpräzisen Aussagen des Kapitäns nicht klarzustellen gewesen. Es mag aber sein, daß tatsächlich eine Unmöglichkeit, das Schiff besser und reichlicher auszurüsten, vorgelegen hat, und es würde dies natürlich zu Gunsten des Kapitäns Baumann ins Gewicht fallen, wenn auch immer der Vorwurf gegen ihn bestehen bliebe, daß er sich diesen wichtigen Teil seiner Obliegenheiten, die Verproviantierung des Schiffes, ganz hat aus der Hand nehmen lassen.

Auf die vom Reichskommissar angeregte Frage, ob die Reederei unter den vorliegenden Umständen nicht imstande und eventuell verpflichtet gewesen wäre, für eine bessere Proviantzufuhr nach Jaluit Sorge zu tragen, ist das Seeamt nicht eingegangen, da es befürchtet, durch eine solche Einmischung in den inneren Reedereibetrieb die ihm durch das Gesetz gezogenen Grenzen zu überschreiten.

Die weitere Frage, ob der in der Anleitung zur Gesundheitspflege auf Kauffahrteischiffen als Vorbeugungsmittel empfohlene Zitronensaft in genügenden Mengen an Bord gewesen ist und in richtiger Weise verausgabt ist, hat gleichfalls nicht mit Sicherheit beantwortet werden können. Kapitän Baumann behauptet allerdings, daß während der Reise Zitronensaft nachgekauft sei und daß die Leute davon stets so viel bekommen hatten, als sie haben wollten. Aus den von der Reederei gegebenen Belegen läßt sich dagegen nur entnehmen, daß in Cardiff zwei Kisten lemon juice je 12 Flaschen à 1 ½ Liter enthaltend gekauft sind. Dieses Quantum genügte der im § 22 der Gesundheitslehre gegebenen Vorschrift bei weitem nicht und hätte kaum bis Madagaskar reichen können.

Die Liste des in Jaluit gekauften Proviants weist Zitronensaft nicht auf, es ist daher als sehr wahrscheinlich anzusehen, daß die in dieser Beziehung vorgeschriebenen Vorbeugungsmaßregeln vernachlässigt worden sind.

10. Spruch des Seeamts zu Flensburg vom 24. März 1903, betreffend den Seeunfall des Schraubendampfers „Senior" von Kiel.

Der Spruch des Seeamts lautet:

Die Strandung des Dampfers „Senior" auf Tangen-Bank im Kattegat am 30. Januar 1903 ist dadurch herbeigeführt, daß der Führer des Dampfers, Kapitän Huckfeldt aus Hamburg, den Kurs von Laesö Rende-Feuerschiff nach Tangen-Heulboje ohne triftigen Grund zu weit westlich gesetzt hat und daß er es einige Zeit vor der Strandung an der nötigen Vorsicht in der Feststellung seiner Bestecks mangeln ließ.

Gründe. Der der Reederei H. Diedrichsen gehörende Schraubendampfer „Senior", Heimatshafen Kiel, Unterscheidungssignal LCTB, vermessen zu 2764,8 cbm = 975,98 Registertons Brutto- und 1703,4 cbm = 601,31 Registertons Netto-Raumgehalt, befand sich am 30. Januar 1903 auf der Reise von Grangemouth mit Steinkohlen nach Kiel. Führer war der Kapitän Otto Huckfeldt aus Hamburg, Steuermann Emil Ahrens aus Dändorf in Mecklenburg-Schwerin.

Nachdem man in der Nacht vorher nordwestlich von Laesö Rende-Feuerschiff unter Land gelegen hatte, war man morgens aufs Feuerschiff zu gefahren. Um 7 Uhr 45 Minuten hatte man dieses erreicht. Auf der Fahrt nach dem Feuerschiffe hatte man bemerkt, daß der Strom so stark nach Norden setzte, daß der Kurs 1 1/2 Strich südlicher hatte genommen werden müssen, um das Feuerschiff zu erreichen. Angesichts dieses Umstandes wurden Kapitän und Steuermann sich dahin einig, vom Feuerschiff an nicht in dem gegebenen Kurse S1/4O auf Tangen-Heul- und Leuchtboje loszusteuern, sondern unter Annahme von 1 1/2 Strich Strom und Abtrift im Kurse SzW1/4W zu steuern. Dementsprechend wurde von Laesö Rende-Feuerschiff angesteuert. Nachdem der Kapitän um 12 Uhr mittags noch 6 Faden Wasser gelotet hatte, überließ er die Navigierung dem Steuermanne. Er selbst legte sich zum Schlafen ins Kartenhaus. Kurz vor 2 Uhr nachmittags kam rechts voraus Land in Sicht. Der Steuermann ließ sofort das Ruder hart Steuerbord legen. Gleich darauf stieß das Schiff auf und blieb in der Drehung stehen. Es war festgeraten auf Tangen-Bank in der Aalborger Bucht an einer Stelle, wo man Udbyköj-Feuer in m/w. West und Knudshoved in m/w. SO peilt.

Versuche, durch Rückwärtsarbeiten der Maschine und Werfen von Ladung wieder flott zu werden, waren ohne Erfolg. Erst am 2. Februar abends 10 Uhr 30 Minuten gelang es dem Svitzer'schen Bergungsdampfer „Kattegat" den „Senior" abzuschleppen. Der „Senior" dampfte zunächst unter Assistenz eines Lotsen nach Korsör. Nachdem er hier von einem Taucher untersucht und von Sachverständigen für seetüchtig erklärt war, wurde die Reise nach Kiel fortgesetzt. Am 4. Februar wurde der Bestimmungsort ohne weiteren Zwischenfall erreicht.

Die Beschädigungen, die der „Senior" durch die Strandung erhielt, waren nur unerheblich. Gleichwohl stellen sich die gesammten Havariekosten auf 30—40 000 ℳ.

Eine Viertelstunde, nachdem man Laesö Rende-Feuerschiff passiert war, entdeckte man, daß das Patentlogg weggerissen war. Ein fertiges Reservelogg war nicht an Bord. Wohl aber waren Loggläser und eine Loggleine für ein Handlogg an Bord. Der Kapitän fertigte dazu das Segment und stellte damit um 12 Uhr mittags ein brauchbares Handlogg her. Mittlerweile hatte man sich mit einem Regelinglogg, so gut es ging, geholfen. Danach hatte man sich auf der Fahrt von Laesö Rende-Feuerschiff ein Fahrgeschwindigkeit von 5—6½ Seemeilen in der Stunde herausgerechnet.

Zur Zeit des Unfalls war die Tangen-Heul- und Leuchtboje, auf die man zugesteuert hatte, nicht zur Stelle. Sie war Eises halber vor reichlich 8 Tagen eingezogen.

Die Stelle auf der Tangen-Bank, wo der Dampfer strandete, liegt 36 Seemeilen SzW¼W von Laesö Rende-Feuerschiff entfernt. Der Kurs, welcher vom Feuerschiff an gesteuert wurde, führte geradeswegs auf diese Stelle der Tangen-Bank zu. Daraus folgt, daß die Fahrgeschwindigkeit, die man rechnete, durchschnittlich 6 Seemeilen in der Stunde, den Tatsachen entsprach.

Die Tangen-Heul- und Leuchtboje hat nach der Karte ihre Lage etwa 9 Seemeilen östlich von der nördlichsten Spitze der Bank; sie liegt mit dieser ungefähr auf gleicher Höhe. Der Kurs vom Feuerschiff nach Tangen-Heul- und Leuchtboje ist S¼O. Danach ist klar, daß, wenn dieser Kurs gesteuert wäre, die Strandung nicht hätte erfolgen können.

Der Umstand, daß man auf der Strecke von Hirtsholm nach Laesö Rende-Feuerschiff von dem nördlich setzenden Strome nach NO versetzt wurde, berechtigte nicht zu der Annahme, daß dieses auch auf der Weiterfahrt der Fall sein würde. Denn ein nördlich laufender Strom faßte das Schiff auf der Fahrt nach dem Feuerschiff an der Steuerbordbreitseite, wogegen derselbe Strom auf der Weiterfahrt bei dem beinahe südlichen Kurse von vorn kam. Tatsächlich hatte man es auf der Weiterfahrt überall nicht mit einem nach Norden setzenden Strome mehr zu tun. Es war deshalb allemal ein durchaus unmotiviertes Unternehmen, den Kurs direkt auf die Bank zu setzen.

Hatte man aber einmal den Kurs so, wie geschehen, gesetzt, so mußte jedenfalls das Besteck dann gehörig kontrolliert werden, als man in die Nähe der Tangen-Bank gelangte. Mit Lotungen war bis kurz vor der Bank nichts zu machen, weil die Wassertiefen sich hier überall ziemlich gleich bleiben. Zwei bis drei Seemeilen nördlich von der Bank gehen die Tiefen indes von 14 m auf 6—7 m herunter.

Nach der berechneten Fahrgeschwindigkeit mußte man annehmen, daß man schon einige Zeit vor der Strandung diese Gegend erreicht haben werde. Hätte man da das Lot geworfen, so würde man sofort entdeckt haben, daß man viel weiter westlich stand, als man stehen durfte, wenn man nicht Gefahr laufen wollte, mit der Tangen-Bank in Berührung zu kommen.

Auch hätte man daran, daß das Wasser infolge der Nähe der jütischen Küste bei dem ablandigen Winde allmählich ruhiger geworden sein muß, den Schluß ziehen können, daß man westlicher gekommen war, als man wollte.

Nach § 69 der Unfallverhütungsvorschriften der Seeberufsgenossenschaft sollen 2 Loggs an Bord sein. Der Kapitän ist dafür verantwortlich zu machen, daß das zweite Logg nicht sofort zum Gebrauche fertig war.

11. Spruch des Seeamts zu Bremerhaven vom 1. April 1903, betreffend den Seeunfall des Dampfers „Hochheimer“ von Bremen.

Der Spruch des Seeamts lautet:

An Bord des deutschen Dampfers „Hochheimer“ ist auf der Reise von Hamburg nach Port Said zwei Tage nach

Abfahrt von Malta am 1. November 1902 im Unterladeraum Nr. 2 Feuer in dem in Hamburg eingenommenen Teile der Ladung ausgebrochen.

Das Einnehmen und das Verstauen der Ladung in Hamburg und Antwerpen ist vorschriftsmäßig und unter Beobachtung der erforderlichen Sicherheitsmaßregeln erfolgt.

Das Feuer ist entstanden in den vor dem Kesselraumschott liegenden Waren. Es ist anzunehmen, daß die Beschaffenheit der Waren unter dem Einfluß einer hohen Temperatur zum Inbrandgeraten der Ladung geführt hat; die nähere Ursache des Feuers konnte nicht festgestellt werden. An dem Unfalle trifft die Schiffsleitung kein Verschulden.

Die vom Schiffsführer zur Bewältigung des Feuers getroffenen Maßregeln waren zweckentsprechend, der Eifer und die Energie der Schiffsbesatzung war in vollem Umfang anzuerkennen.

Gründe. Der Schraubendampfer „Hochheimer" führt das Unterscheidungssignal QFJK, ist in Bremen beheimatet und gehört zur Reederei der deutschen Dampfschiffahrtsgesellschaft „Hansa". Das Schiff ist im Jahre 1889 aus Stahl erbaut worden und hat einen Brutto-Raumgehalt von 7991,0 cbm = 2820,81 Registertons, einen Netto-Raumgehalt von 5126,9 cbm = 1809,79 Registertons. Es befindet sich ein Chronometer an Bord. Der Dampfer ist 95,77 m lang, 12,50 m breit und 7,96 m tief, die Länge des Maschinenraums beträgt 15,24 m. Die im Schiffe befindliche dreifache Verbundmaschine indiziert 1300 Pferdestärken und wird von zwei Feuerbüchsenkesseln mit rückkehrenden Heizröhren gespeist. Die Besatzung einschließlich des Kapitäns Albert Fischbeck, besteht aus 42 Mann. Der Dampfer hat beim Lloyds-Register höchste Klasse.

Am 11. Oktober 1902 hat der Dampfer Hamburg verlassen in Order für Rangoon über Antwerpen.

Die für Rangoon bestimmte Ladung war in Hamburg vom 4. bis 11. Oktober eingenommen worden. Diese Arbeit war durch gewerbsmäßige Stauer unter Aufsicht der Schiffsoffiziere und der Stauervorleute ausgeführt.

Am 13. Oktober wurde Antwerpen erreicht und daselbst die Ladung und der Kohlenvorrat ergänzt bis zum 16. Oktober; an diesem Tage verließ das Schiff Antwerpen.

Am 29. Oktober wurde Malta erreicht und am 31. Oktober von hier die Reise nach Port Said fortgesetzt.

Zwei Tage nach Abfahrt von Malta, am 1. November 2 Uhr nachmittags, bemerkte der auf der Brücke die Wache habende dritte Offizier Rauch aus dem Backbordventilator Nr. 2 aufsteigen.

Er meldete dies sofort dem im Kartenhause beschäftigten ersten Offizier, der dem Kapitän in der Kajüte Meldung erstattete.

Die Luke Nr. 2 wurde sofort geöffnet. Ihr entströmte dicker Rauch, der aus dem Unterraume kam, an dessen Achterschottwand an Steuerbordseite zuerst Feuer festgestellt wurde, das sodann nach der Backbordseite übergesprungen ist. Die im Unterraum Nr. 2 verstaute Ladung bestand im hinteren Teile bis zur Luke aus in Hamburg geladenen Stückgütern, Nägelfässern, Woll- und Baumwollwaren, Wolldecken und Teppichen, Papierballen, Nähmaschinen, Lampenteilen, Porzellan-, Glas-, Blech- und Eisenwaren. Die äußere Umhüllung der Ballen mit den Decken bestand aus Rapper (Packleinen). Die Ballen waren mit eisernen Bändern zusammengepreßt. Unter der Rapperumhüllung war ölgetränktes Papier oder Leinen als Packmaterial verwandt.

Die Ladung war in der Nähe des Heizraumschotts querüber bis unter das Zwischendeck aufgestaut und ließ nach der Luke hin etwa 3 m freien Raum unter dem Zwischendeck.

Unter der Luke, an den Seiten unter der Luke und nach vorn war Antwerpener Ladung verstaut und zwar zu unterst Eisen, dann Nägelfässer, Ballen, Teppiche und Kisten verschiedenen Inhalts.

Dieser Teil des Raumes war ziemlich halb voll.

Nach Beendigung des Ladens waren die Zwischendeckslufen angelegt.

Im Zwischendeck lagen Briketts und lose Kohlen zum Schiffsgebrauche, die Luken blieben frei.

Bei der Abfahrt von Antwerpen sind auf die Zwischendeckslufen die Verholungsleinen geschossen, die Luke selbst ist alsdann angelegt, mit dreifachen Presenningen geschalkt und mit Tauen gelascht.

Gleichzeitig sind sämtliche Ventilatorenköpfe abgenommen und die Ventilatoren mit Deckeln und Segeltuchkappen versehen worden. Auf der Reise nach Malta sind bei zeitweiligem guten Wetter die Ventilatorendeckel zum Lüften der Ladung abgenommen, auch wurden die Luken, die seit Antwerpen geschlossen waren, in Malta geöffnet, um die Leinen herauszuholen.

Da sich hierbei zeigte, daß ein Teil der Brikettkohle übergegangen war und auf den Leinen lag, wurden die Kohlen auf Deck und in die Bunker geschafft. Sodann wurden die Luken wieder geschalkt.

Am 31. Oktober wurden bei schönem Wetter die Ventilatorenköpfe wieder aufgesetzt, am 1. November die Steuerbordventilatorenköpfe wegen der überkommenden schweren Seen indes wieder abgenommen und die Ventilatoren durch Deckel und Segeltuchkappen geschlossen.

Um 2 Uhr nachmittags an diesem Tage wurde, wie schon erwähnt, Rauch aus dem Backbordventilator Nr. 2 aufsteigend bemerkt und die Luke Nr. 2 sofort geöffnet.

Da beständig schwere Seen über Deck und Luken kamen, wurde das Schiff vor Wind und See gehalten und zur Erleichterung der sogleich unternommenen Löscharbeiten langsam auf Nordost-Kurs gedampft.

Nach sofortigem Anschrauben der Schläuche wurde Wasser in den Raum gespritzt, was indes nur kurze Zeit Erfolg hatte.

Mit zunehmendem Feuer und Rauch wurden die Luken gut gedichtet und anhaltend Dampf in den Raum eingelassen, wodurch eine gute Wirkung erzielt wurde.

Am 2. November hielt man das Feuer für gelöscht, überzeugte sich jedoch beim Öffnen der Luken vom Gegenteil. Es wurde deshalb fortgefahren, Dampf einströmen zu lassen.

Auch am folgenden Tage zeigte sich beim Öffnen der Luke, daß das Feuer noch nicht gelöscht war.

So kam das Schiff mit brennender Ladung in Port Said an, wo man des Feuers Herr wurde.

Nach Entdeckung des Feuers waren auf Befehl des Kapitäns die Boote klar gemacht worden, und nachdem man begonnen hatte, unter Schalkung der Luken, Dampf in den Raum zu lassen, ist mit voller Kraft Kurs auf Port Said gesteuert.

Die Ursache des Feuers hat nicht näher festgestellt werden können. Nach der übereinstimmenden Bekundung der Offiziere ist in Hamburg und Antwerpen beim Einnehmen der Ladung in jeder Hinsicht mit Feuer vorsichtig verfahren. Ausgeschlossen ist insbesondere nach des Kapitäns Aussage auch, daß Öl aus der Bilge an die Ladung gekommen ist. Die Bilgen sind täglich zweimal gepeilt und immer lenz befunden worden. Auch in Port Said angestellte Nachforschungen nach der Ursache des Feuers sind ergebnislos geblieben.

Festgestellt in der Verhandlung ist, daß vor dem den Laderaum Nr. 2 vom Kesselraum trennenden eisernen Schotte sich noch ein Holzschott befindet, und daß der Zwischenraum zwischen beiden Schotten

4 Zoll beträgt. Das eiserne Schott ist 1 1/2 Fuß von der Stirnwand des Kessels entfernt. Die Stirnwand des Kessels ist nicht bekleidet gewesen.

Die zur Bekämpfung des Feuers angeordneten Maßregeln sind in umsichtiger Weise vom Kapitän getroffen und von seinen untergebenen Offizieren und Leuten in höchst anerkennenswerter Weise durchgeführt worden. Ausgezeichnet haben sich der erste Offizier Walldorf und der Matrose Christensen.

Die Ausführungen des Reichskommissars gehen dahin:

„Die Ursache der Entstehung des Brandes an Bord des Dampfers „Hochheimer“ hat mit völliger Sicherheit nicht ermittelt werden können. Es dürfte durch die Verhandlung aber klargestellt sein, daß Unvorsichtigkeit oder Nachlässigkeit seitens der Schiffsführung oder der Mannschaft nicht vorliegt. Die Stauung der Ladung ist nach Seemannsgebrauch unter genügender Aufsicht erfolgt. Bei dem Vorhandensein der nötigen Aufsicht kann als sicher angenommen werden, daß eine äußere Veranlassung (durch Funken oder offenes Licht) nicht vorgelegen hat. Die größte Wahrscheinlichkeit hat die Annahme für sich, daß das Feuer durch Selbstentzündung entstanden ist. Von großem Einflusse hierfür war die Temperatur im Laderaume, der sich unmittelbar an den Heizraum anschließt. Wenn auch der Isolierung des Schottes genügend Rechnung getragen war, so war doch die Stirnwand des Kessels nicht bekleidet, und erklärt es sich so, daß in der unmittelbaren Nähe des Schottes eine hohe Temperatur entstehen konnte. Rechnet man hinzu, daß für mehrere Tage des schlechten Wetters wegen die Ventilation ganz abgestellt war, so ist es wohl erklärlich, wenn an dieser Stelle die dort lagernden Baumwollstoffe und Decken, deren Umhüllungen mit Öl getränkt waren, sich durch die sich allmählich steigernde Temperatur erhitzten. Als nachher die Ventilation wieder hergestellt wurde, fand plötzlich eine Zufuhr von Sauerstoff statt, was der Entzündung förderlich gewesen sein wird. Dies erklärt auch, daß noch ein zweiter Herd vorhanden war, wo gleichartige Stoffe untergebracht waren. Die Selbstentzündung wird auf die allmählich entstandene Steigerung der Temperatur und den Mangel an Ventilation zurückzuführen sein. Der Schiffsbesatzung ist in keiner Weise ein Vorwurf zu machen.

Die getroffenen Anordnungen zur Bekämpfung des Feuers waren zweckentsprechend und das umsichtige Verhalten des Kapitäns und des ersten Maschinisten sowie das energische Vorgehen des ersten Offiziers und des Matrosen Christensen lobend anzuerkennen.

Zu empfehlen ist, daß so große Laderäume, wie hier in Frage

stehende, statt mit 2 mit 4 Ventilatoren versehen würden, da dann die Möglichkeit vorhanden ist, beim Abnehmen der Luvventilatoren noch die Ventilatoren an der Leeseite zu gebrauchen.

Notwendig erscheint es auch, die Stirnwand von Kesseln, welche so nahe an einer Schottwand liegen, zu bekleiden."

Auf Grund des Vorstehenden und in Übereinstimmung mit dem Reichskommissar hat das Seeamt seinen Spruch abgegeben.

12. Spruch des Seeamts zu Hamburg vom 11. November 1902 und Entscheidung des Kaiserlichen Ober-Seeamts vom 1. April 1903, betreffend den Seeunfall des Fischdampfers „Platessa" von Hamburg.

Der Spruch des Seeamts lautet:

Die Strandung des Fischdampfers „Platessa" ist dadurch verursacht, daß der Steuermann Hermann Hinrich Struve anscheinend infolge eines Mißverständnisses während mehrerer Stunden einen Kurs hat steuern lassen, welcher um 1 Strich von dem vom Kapitän angegebenen Kurs abwich, und daß er unter Außerachtlassung jeder seemännischen Vorsichtsmaßregel navigiert hat.

Dem Steuermanne Struve wird die Befugnis zur Ausübung des Schiffergewerbes entzogen.

Der Kapitän Olbrich hätte sich mehr selbst um die Navigierung kümmern und sich nicht so sehr auf den ihm nur wenig bekannten Steuermann verlassen sollen.

Die Tagebuchführung an Bord war eine überaus mangelhafte und entsprach nicht den gesetzlichen Bestimmungen.

Tatbestand. Der Fischdampfer „Platessa", Unterscheidungssignal RJMP, ist Eigentum des Reeders Johann Hinrich Köser in Hamburg. Der im Jahre 1888 in Rostock aus Eisen erbaute Dampfer ist zu einem Brutto-Raumgehalt von 434,6 cbm = 153,40 Registertons und zu einem Netto-Raumgehalt von 121,3 cbm = 42,83 Registertons vermessen. Dieser Dampfer ist auf seiner letzten Fangreise am 21. Oktober 1902 an der Nordküste von Laesö gestrandet, erst nach 9 Tagen wieder abgebracht und in beschädigtem Zustande nach Frederikshavn eingeschleppt worden. Der Unfall hat sich unter folgenden Umständen ereignet.

Der Dampfer hatte am 16. Oktober den Hamburger Fischmarkt verlassen, um an der schwedisch-norwegischen Küste zu fischen. Die Besatzung bestand aus dem Kapitän Karl Wilhelm Olbrich, Inhaber eines Befähigungszeugnisses zum Schiffer auf kleiner Fahrt, ausgestellt in Hamburg unter dem 29. April 1899, dem Steuermann Hermann Hinrich Struve, Inhaber eines Befähigungszeugnisses zum Schiffer auf kleiner Fahrt, ausgestellt in Schleswig unter dem 22. Januar 1900, dem ersten Maschinisten Sorge, dem zweiten Maschinisten Grenz und 6 Mann.

In der Nacht vom 20. auf den 21. Oktober befand sich der Dampfer in der Höhe von Maseskär und fischte auf 80—100 Faden Wasser, in einer Entfernung von ungefähr 10 Seemeilen vom Lande. Am Morgen des 21. Oktober um 7 Uhr 50 Minuten begann plötzlich die Maschine sehr stark zu klopfen, worauf der Kapitän sofort die Maschine stoppte und nach der Maschine hinunterrief, was passiert sei. Die Maschinisten konnten darauf vorläufig keine Antwort geben, stellten aber nach etwa einer halben Stunde, während welcher das Netz eingezogen wurde, fest, daß aus dem Hochdruckzylinderkolben ein Stück herausgebrochen war, welches zwischen die Maschinenteile geraten war und dadurch das starke Geräusch verursachte. Es wurde jetzt sofort bei stillem, klaren Wetter die Reparatur der Maschine vorgenommen, welche bis gegen Mittag soweit bewerkstelligt war, daß man wieder mit etwas mehr als halber Kraft fahren konnte. Da diese Fahrt zum Fischen nicht genügte, es außerdem fraglich war, ob die reparierte Maschine nicht nochmals Schaden erleiden würde, beschloß der Kapitän, das Fischen aufzugeben und nach Hamburg zurückzukehren. Er setzte seinen Kurs auf Laesö-Rinne, um, wie er auch beim Mittagessen dem Steuermann und den Maschinisten erklärte, sich westlich unter Land entlang zu arbeiten, damit er im Falle eines erneuten Maschinenschadens jederzeit vor Anker gehen könne. Die Rückfahrt wurde um 1 Uhr 15 Minuten nachmittags angetreten. Maseskär wurde zu dieser Zeit in OSO¾O 9 Seemeilen entfernt, gepeilt. Ehe er zum Mittagessen ging, hat Kapitän Olbrich dem Rudersmann den zu steuernden Kurs mit SSW angegeben und auch dem Steuermanne, der nach dem Essen um 1 Uhr 30 Minuten auf die Brücke ging, zunächst diesen Kurs aufgegeben. Nach dem Essen hat er nochmals den Kurs auf der Karte abgesetzt und gefunden, daß dieser besser ½ Strich westlicher, also SSW½W zu nehmen sei.

Er ist darauf auf die Brücke gegangen und hat dieses dem Steuermanne mitgeteilt. Der am Ruder befindlich gewesene Matrose Schliephack bestätigt, daß um etwa 2 Uhr der Kapitän auf die Brücke gekommen ist und dem Steuermann gesagt hat, er solle westlicher als SSW steuern; daß er gerade gesagt hat, einen halben Strich westlicher oder einen halben Strich höher, hat Schliephack nicht gehört. Kapitän Olbrich hat sich dann zur Ruhe niedergelegt, ohne einen bestimmten Zeitpunkt anzugeben, wann er geweckt sein wolle, da er sich darauf verließ, daß der Koch ihn wohl zum Abendbrot wecken würde. Er gibt an, daß er seit der vorigen Nacht 12 Uhr auf den Beinen gewesen sei und auf der Fahrt durch den Belt stets selbst die Wache halte, er sei daher der Ruhe bedürftig gewesen. Um 7 Uhr abends stand der Kapitän wieder auf, aß Abendbrot und begab sich etwa um 7 Uhr 20 Minuten auf die Brücke. Es hatte inzwischen starker NNW-Wind mit Regen eingesetzt. Der Kapitän sah, als er auf die Brücke kam, ein rot und weißes Blinkfeuer an Steuerbord voraus und erhielt vom Steuermann auf seine Frage, was das für ein Feuer sei, die Antwort, es sei Skagen-Feuerschiff. Er erkannte sofort, daß der Steuermann sich geirrt haben mußte, da das Skagen-Feuerschiff rot blinkt. Er ließ das Schiff nach Süd abfallen und sprang nach der Kajüte hinunter, um nach der Karte zu sehen. Als er in der Kajüte angekommen war, kehrte er, ohne die Karte angesehen zu haben, zurück, um die Maschine stoppen zu lassen. Er befand sich aber noch auf der Treppe, als der Dampfer auf Grund kam. Der Kapitän ließ sofort die Maschine auf volle Kraft rückwärts setzen und den großen Anker achteraus bringen, um mit der Winsch den Dampfer abzuhieven. Dieses Manöver gelang aber nicht, der Dampfer wurde vielmehr von der See immer mehr nach Land zu geworfen. Die Maschine mußte schließlich, da sie durch eindringenden Sand in Unordnung geriet, um 8 Uhr 35 Minuten gestoppt werden. Da der Dampfer dicht geblieben war, blieb die Besatzung an Bord, trotzdem vom Lande aus Hilfe angeboten wurde. Der Dampfer war um 7 Uhr 28 Minuten nach der Schiffsuhr in einer Entfernung von kaum 30 Metern vom Lande aufgelaufen. Es erschien bereits am nächsten Tage der Bergungsdampfer „Öresund", mit dem der Kapitän einen Bergungsvertrag abschloß, und es gelang diesem Dampfer, die „Platessa" am 30. Oktober abzubringen und nach Frederikshavn einzuschleppen.

Der Steuermann Struve, welcher etwa um 1 Uhr 30 Minuten auf die Brücke kam, hat dort zunächst SSW-Kurs, den der auf der

Brücke befindliche Rudersmann schon steuerte, weiter steuern lassen. Er behauptet, daß der Kapitän, als er um 2 Uhr auf die Brücke gekommen sei, nicht gesagt habe, er könne einen halben Strich höher oder westlicher, sondern er könne einen halben Strich südlicher steuern. Er hat dann bis 3 Uhr 30 Minuten, zu welcher Zeit der Matrose Schliephack am Ruder stand, den SSW-Kurs steuern lassen. Um 3 Uhr 30 Minuten wurde Schliephack von dem Matrosen Voß abgelöst und diesem hat gleich darauf der Steuermann Struve aufgegeben, SzW½W zu steuern. Dieser Kurs ist nach Meinung des Voß wohl zwei Stunden, nach Angabe des Struve bis 20 Minuten vor 7 gesteuert und dann wieder auf Anordnung des Struve auf SSW geändert worden. Das Wetter war während dieser Zeit unsichtig geworden, da es regnete. Etwa 20 Minuten vor 7 Uhr, als es wieder etwas sichtiger wurde, erschien an Steuerbord voraus ein rot und weißes Blinklicht. Steuermann Struve, welcher die Entfernung vom Abfahrtsort am Mittag bis Skagen-Feuerschiff auf 30 Meilen und die Fahrt seines Dampfers auf etwa 5 Meilen schätzte, hielt dieses Blinkfeuer für das Feuer des Skagen-Feuerschiffs. Da er sich aber nicht sicher fühlte, ging er in die Kajüte, um in dem Leuchtfeuerbuche nachzusehen. Er fand das Leuchtfeuerbuch nicht, begab sich wieder auf die Brücke und ließ den Kurs mit voller Kraft weiter steuern. Auf diesem Kurse ist das Schiff dann um 7 Uhr 28 Minuten auf Grund gelaufen. Es ist an Bord weder geloggt worden, trotzdem sich ein Patentlogg an Bord befand, noch hat der Steuermann Struve gelotet, auch hat er sich nicht vor Antritt seiner Wache auf der Karte orientiert und auch nicht das Leuchtfeuerbuch eingesehen, sodaß er keine Ahnung davon hatte, wo sich das Schiff befand und wo die gesteuerten Kurse das Schiff hinführten.

Der Reichskommissar hat die Ursache der Strandung hauptsächlich darin gesehen, daß der Steuermann den ihm vom Kapitän aufgegebenen Kurs nicht gesteuert hat, daß er über den Schiffsort nicht orientiert gewesen ist, nicht geloggt und gelotet hat, und wegen dieser außerordentlich nachlässigen Navigierung den Antrag gestellt, dem Steuermanne Struve die Befugnis zur Ausübung des Schiffergewerbes zu entziehen. Es treffe aber auch den Kapitän Olbrich der Vorwurf, daß er sich zuviel auf den Steuermann verlassen und ihn nicht genügend über die Navigation instruiert hat. Die Kontrolle der Deviation und die Tagebuchführung seien sehr mangelhaft gewesen.

Gründe. Der vom Kapitän Olbrich am Nachmittag des

21. Oktober um 1 Uhr 30 Minuten aufgegebene SSW-Kurs, der nach dem Mittagessen von ihm auf SSW 1/2 W geändert wurde, war vom Abgangsort (Maseskär OSO 3/4 O 9 Seemeilen) den Wind- und Witterungsverhältnissen gemäß gut gewählt, falls der Kompaß auf diesem Kurse keine örtliche Ablenkung hatte. Nach der Schätzung des Kapitäns soll die Fahrt des Schiffes 6 Seemeilen betragen haben, man hätte danach etwa 7 Stunden bis zum Eingang in die Läsö-Rinne nötig gehabt. Mit Rücksicht darauf aber, daß im Kattegat in der tiefen Rinne unter den damals herrschenden Windverhältnissen der Strom gewöhnlich südlich setzt (s. Segelhandbuch der Ostsee Teil 1, Heft 1 Seite 98), würde dieser Zeitraum noch kürzer werden, und es wird dieses auch dadurch bestätigt, daß die 46 Seemeilen betragende Entfernung bis zur Strandungsstelle in 6 Stunden durchlaufen ist. In erster Linie ist die Strandung ersichtlich dadurch herbeigeführt, daß das Schiff nicht auf dem vom Kapitän angegebenen Kurse gehalten worden ist, daß vielmehr der Steuermann während mehr als zwei Stunden einen vollen Strich südlicher, nämlich SzW 1/2 W hat steuern lassen. Wenn der Steuermann behauptet, daß er die Kursaufgabe des Kapitäns falsch verstanden habe, so läßt sich dieses nicht widerlegen, es bleibt aber trotzdem gegen den Steuermann der Vorwurf bestehen, daß er die Strandung durch eine Summe grober Nachlässigkeiten verursacht hat. Es ist unbedingt von einem Steuermanne, zumal von einem solchen, der im Besitz eines Schifferpatents ist, zu verlangen, daß er sich selbst einigermaßen über die zu steuernden Kurse orientiert. Hätte der Steuermann in diesem Falle die Karte eingesehen, so wäre das Mißverständnis über die Kurse nicht möglich gewesen. Er hat es ferner unterlassen, die Geschwindigkeit des Schiffes zu kontrollieren, trotzdem er ein Logg an Bord hatte. Er hat sich nicht über die in Sicht kommenden Leuchtfeuer und die bis zu diesen Leuchtfeuern zurückzulegenden Entfernungen orientiert und er hat es dadurch möglich gemacht, das Skagen-Feuerschiff, welches rot blinkt, mit dem um 6 Uhr 40 Minuten in Sicht gekommenen Nord-Rönner-Feuerschiff, welches rot und weiß blinkt und 25 Meilen südlicher liegt, mit dem Skagen-Feuerschiffe zu verwechseln. Trotzdem er sich nicht ganz sicher fühlte, ließ er es bei dem vergeblichen Versuche, das Leuchtfeuerbuch zu finden, bewenden, und setzte dann ruhig seinen Kurs weiter fort, ohne daran zu denken, den Kapitän zu wecken. Trotz der jetzt vorhandenen Unsicherheit fühlte er sich noch nicht veranlaßt, das Lot zu werfen. Hätte er zu dieser Zeit auch nur einmal gelotet, so hätte die dort vorhandene weit geringere Wassertiefe ihm sofort klar machen

müssen, daß er vom Kurse abgewichen war. Es ist hiernach festgestellt, daß der Steuermann Struve alle und jede seemännische Vorsicht außer acht gelassen und dadurch die Strandung verschuldet hat. Durch diese geradezu als unerhört zu bezeichnende Navigierung hat er bewiesen, daß es ihm an Eigenschaften mangelt, welche auch von einem Schiffer auf kleiner Fahrt unbedingt zu verlangen sind, und es ist ihm daher, dem Antrage des Reichskommissars gemäß, die Befugnis zur Ausübung des Schiffergewerbes entzogen worden.

Dem Kapitän Olbrich ist zugute zu rechnen, daß der von ihm abgesetzte und aufgegebene Kurs an sich richtig war, und daß er deshalb, weil er von dem Steuermanne nicht rechtzeitigt geweckt wurde, nicht mehr in der Lage war, die Strandung zu verhindern, als er schließlich die Abirrung des Schiffes vom Kurse bemerkte. Trotzdem trifft ihn nach mehrfacher Richtung hin eine Mitschuld an der Strandung. Er ist als Kapitän mit dafür verantwortlich, daß sein Steuermann nur dann die selbständige Führung des Schiffes übernimmt, wenn er gehörig über die Navigierung des Schiffes instruiert ist. Er hätte sich also entweder selbst um die Instruierung des Steuermanns bekümmern sollen, wodurch der vorgekommene Irrtum über die Kurse unmöglich geworden wäre, oder er hätte dem Steuermanne nicht in der Weise, wie er es getan hat, auf Stunden die Wache allein überlassen dürfen. Es war dieses hier um so weniger zulässig, als der Steuermann Struve seine erste Reise auf dem Dampfer machte, dem Kapitän daher noch nicht als zuverlässig bekannt war. Dem Kapitän fällt ferner zur Last, daß die Deviationsbestimmung an Bord offenbar in höchst mangelhafter, nachlässiger Weise vorgenommen wurde und daß der Gebrauch des Loggs anscheinend völlig außer Übung gekommen war. Schließlich trifft ihn auch der Vorwurf, daß die Tagebuchführung durchaus mangelhaft und den gesetzlichen Bestimmungen nicht entsprechend war. Nach dem hamburgischen Einführungsgesetze zum alten Handelsgesetzbuch, § 47, ist nur auf kleineren Fahrzeugen für kurze Küstenfahrt die Führung eines Tagebuchs nicht erforderlich, und diese Gesetzesbestimmung ist durch den § 6 des Gesetzes, betreffend Ausführung des neuen Handelsgesetzbuchs bestätigt worden. Nach diesen Bestimmungen in Verbindung mit den §§ 1 und 2 der Bekanntmachung vom 6. August 1887 steht es außer Zweifel, daß auf Fischdampfern ein Schiffstagebuch zu führen ist, und es gelten für die Führung desselben die Bestimmungen, die vom hamburgischen Senat unter dem 13. Dezember 1898 erlassen sind. Diese Bestimmungen sind durchweg bei der Tagebuchführung der „Platessa" vernachlässigt worden, indem das Tagebuch lediglich eine kurze historische Darstellung der Reise gibt, aus welcher sich die zurückgelegten Entfernungen und genauen Kurse, die Deviation des Kompasses usw. in keiner Weise ersehen lassen. Auch ist das Tagebuch nicht nach dem vorgeschriebenen Schema, welches den Zeitraum eines Tages umfaßt, geführt.

Das Seeamt hat schon gelegentlich der Strandung des Fischdampfers „Elbe" in dem Spruche vom 6. Juni 1900 Gelegenheit genommen, auf die bei den Fischdampfern eingerissene nachlässige Navigierung warnend hinzuweisen.

Der vorliegende Fall bietet einen weiteren Beleg für die Richtigkeit der damals ausgesprochenen Ansicht, wie er überzeugender nicht gedacht werden kann.

Die Entscheidung des Ober-Seeamts lautet:

Auf die Beschwerde des Schiffers auf kleiner Fahrt Hermann Hinrich Struve gegen den Spruch des Seeamts zu Hamburg vom 11. November 1902 über den Seeunfall des Fischdampfers „Platessa" von Hamburg hat das Kaiserliche Ober-Seeamt in seiner zu Berlin am 1. April 1903 abgehaltenen öffentlichen Sitzung nach mündlicher Verhandlung der Sache entschieden,

> daß die Beschwerde zurückzuweisen und die baren Auslagen des Beschwerdeverfahrens dem Beschwerdeführer zur Last zu legen.

Gründe. Der Hamburger Fischdampfer „Platessa" hat auf seiner am 16. Oktober 1902 angetretenen Fangreise zwei Seeunfälle erlitten, einmal am Morgen des 21. Oktober eine Havarie der Maschine und dann am Abend desselben Tages die Strandung an der Küste der Insel Läsö. Führer des Schiffes war der Schiffer auf kleiner Fahrt Wilhelm Olbrich, die Stelle eines Steuermanns nahm der am 16. Oktober 1902 als Bestmann angemusterte Schiffer auf kleiner Fahrt Hermann Struve ein.

Den ersten Seeunfall, die Havarie der Maschine, hat das Seeamt zu Hamburg nicht untersucht. Da gemäß § 3 Abs. 2 des Seeunfallgesetzes vom 27. Juli 1877 die Vornahme der Untersuchung — abgesehen von den hier nicht zutreffenden Fällen des § 3 Abs. 1 — dem Ermessen des Seeamts überlassen bleibt, so ist das Ober-Seeamt nicht in der Lage, in eine Erörterung der Frage zu treten, ob eine Untersuchung dieses Seeunfalls sich empfohlen hätte.

Die wegen der Strandung der „Platessa" eingeleitete Untersuchung hat dem Reichskommissar Anlaß zu dem Antrage gegeben, dem Struve die Befugnis zur Ausübung des Schiffergewerbes zu entziehen. Das Seeamt ist diesem Antrage nachgekommen, hat sich aber weiter dahin ausgesprochen, daß der Kapitän Olbrich sich mehr selbst um die Navigierung hätte kümmern und sich nicht so sehr auf den ihm nur wenig bekannten Steuermann hätte verlassen sollen. In letzterer Beziehung ist das Ober=Seeamt zu der Überzeugung gelangt, daß den Kapitän Olbrich in erster Linie die Verantwortung für die Strandung trifft. Wenn der Reichskommissar den ursächlichen Zusammenhang zwischen dem auch von ihm anerkannten Verschulden des Kapitäns Olbrich und der Strandung der „Platessa" vermißt, so übersieht er, daß der Unfall so, wie er sich ereignet hat, nur dadurch möglich geworden ist, daß Olbrich dem Struve die selbständige Führung des Schiffes auf mehrere Stunden überlassen hat, ohne ihn ausreichend über die Navigierung des Schiffes zu instruieren. Wie mehrfach in seeamtlichen und oberseeamtlichen Entscheidungen, u. a. in der Entscheidung des Ober=Seeamts vom 8. November 1894 (Bd. 11, S. 353 der Entscheidungen) ausgesprochen ist, ist die Leitung der Navigierung bis in die kleinsten Einzelheiten hinein unter allen Umständen Sache des Kapitäns; ein Kapitän, der die Navigierung ohne zwingende Veranlassung aus der Hand gibt, verletzt eine seiner hauptsächlichsten Pflichten und bleibt für die von seinem Vertreter getroffenen Maßnahmen voll verantwortlich. Das Seeamt zu Hamburg hat auch, wie aus der Begründung seines Spruches klar hervorgeht, diese Verantwortlichkeit des Kapitäns Olbrich nicht verkannt; in Ermangelung eines Antrags des Reichskommissars war es jedoch nicht in der Lage darüber zu befinden, ob dem Olbrich die Befugnis zur Ausübung des Schiffergewerbes zu entziehen sei.

Der Umstand, daß der Kapitän Olbrich trotz seines Verschuldens im Besitze des Befähigungszeugnisses geblieben ist, kann nun aber in Ermangelung anderer, für eine milde Beurteilung sprechenden Gründe nicht dazu führen, den gegen Struve ergangenen Spruch des Seeamts abzuändern. Die Frage, ob Olbrich in gleichem oder gar noch höherem Maße als Struve die Schuld an dem Seeunfalle trägt und ob deshalb der Reichskommissar Anlaß gehabt hätte, seinen Antrag gegen beide zu richten, hat außer Betracht zu bleiben (zu vergl. Entscheidung des Ober=Seeamts vom 24. Februar 1883, Bd. 4, S. 455). Es bleibt lediglich zu prüfen, ob das Verhalten des Struve — gleichviel ob allein oder unter Mitschuld eines anderen — die Strandung herbeigeführt hat und ob sein Verschulden die Patententziehung rechtfertigt. In dieser Beziehung hat weder Struve, der ungeachtet gehöriger Ladung vor dem Ober-Seeamte nicht erschienen ist, etwas geltend gemacht, noch hat die Würdigung des in erster Instanz erschöpfend festgestellten Sachverhalts etwas ergeben, was zu seiner Entlastung dienen oder sein Verhalten in milderem Lichte hätte erscheinen lassen. Auf Grund dieses Sachverhalts ist das Ober-Seeamt zu der Überzeugung gelangt, daß die Schuld des Beschwerdeführers an der Strandung der „Platessa“ auf dem Mangel solcher Eigenschaften beruht, welche zur Ausübung seines Gewerbes als Schiffer erforderlich sind.

Giebt sonach die materielle Entscheidung des Seeamts zu Bedenken keinen Anlaß, so bleibt hinsichtlich des Verfahrens zu rügen, daß Struve nicht ebenso wie der Kapitän Olbrich zu der Hauptverhandlung vor dem Seeamte von Anbeginn an zugezogen worden ist, worauf er nach der wiederholt zum Ausdruck gelangten Rechtsauffassung des Ober-Seeamts einen aus § 22 des Seeunfallgesetzes sich ergebenden Anspruch hatte. Auf die Feststellung des Tatbestandes durch das Seeamt hat dieser formelle Mangel im vorliegenden Falle einen nachteiligen Einfluß nicht ausgeübt.

13. Spruch des Seeamts zu Hamburg vom 20. Dezember 1901 und Entscheidung des Kaiserlichen Ober-Seeamts vom 2. April 1903, betreffend den Seeunfall des Schraubendampfers „Oceana“ von Hamburg.

Der Spruch des Seeamts lautet:

Die Strandung des Hamburger Dampfers „Oceana“ am 15. Dezember 1900 bei der Ausfahrt aus dem Hafen von Albany in Australien ist durch die nachlässige Navigierung des Kapitäns Paul Delfs verursacht.

Das Seeamt hat die Überzeugung gewonnen, daß Kapitän Delfs während der Reise zu wiederholten Malen und auch zur Zeit des Unfalls in Albany betrunken gewesen ist und entzieht ihm deshalb die Befugnis zur Ausübung des Schiffergewerbes.

Tatbestand. Der Schraubendampfer „Oceana", Unterscheidungssignal RLTK, ist Eigentum der Jaluit-Gesellschaft in Hamburg. Der Dampfer, im Jahre 1891 zu Ayr aus Stahl erbaut, ist zu 2015,1 cbm = 711,34 Registertons brutto und 1179,8 cbm = 416,47 Registertons netto vermessen.

Gegenstand der vorliegenden Untersuchung ist ein Unfall, welcher dem Dampfer unter der Führung des damaligen Kapitäns Paul August Delfs, Inhabers eines Befähigungszeugnisses zum Schiffer auf großer Fahrt, ausgestellt zu Schleswig unter dem 2. August 1889, am 15. Dezember 1900 bei der Ausfahrt aus dem Hafen von Albany in Australien zustieß und welcher dazu geführt hat, daß das deutsche Generalkonsulat in Sydney den Kapitän als Führer des Schiffes absetzte und an seiner Stelle den bisherigen ersten Offizier Franz Janke zum Führer der „Oceana" bestellte.

Dem Seeamt lagen als hauptsächliches Beweismaterial über den Unfall die vor dem deutschen Generalkonsulat in Sydney aufgenommenen Protokolle der Vernehmung der Besatzung der „Oceana" vor. Der ordnungsmäßig vor das Seeamt geladene Kapitän Delfs war zu der Verhandlung nicht erschienen.

Aus den Akten des Generalkonsulats ergibt sich folgender Tatbestand:

Die „Oceana" hatte auf der Reise von Hamburg nach Sydney am 15. Dezember 1900 morgens den Hafen von Albany angelaufen, um Kohlen zu nehmen, und hatte zu diesem Zwecke an der dort liegenden Kohlenhulk festgemacht. Nachdem am Nachmittag 70 Tons Kohlen eingenommen waren, wurde die Reise fortgesetzt. Kapitän Delfs behauptet, daß er, bevor er losgeworfen habe, nach dem Lotsen gepfiffen habe. Bevor dieser, welcher auf sich habe warten lassen, erschienen sei, habe der erste Maschinist ihn gebeten, doch möglichst bald loszuwerfen, da der Kessel sonst wieder anfangen würde zu lecken. Kapitän Delfs will deshalb losgeworfen haben, ohne das Erscheinen des Lotsen abzuwarten und räumt des weiteren ein, daß er bei der Fahrt durch das an beiden Seiten durch Baken gekennzeichnete Fahrwasser die erste Bake, welche an Backbord hätte liegen bleiben sollen, an Steuerbord gelassen habe. Unmittelbar darauf sei das Schiff aufgelaufen. Es gelang erst am Mittag des folgenden Tages bei steigendem Wasser das Schiff, welches keine Beschädigungen erlitten hatte, wieder abzubringen.

Dieser an sich unbedeutende Unfall hat dem Generalkonsulat zu Sydney Anlaß gegeben, dem Kapitän die Führung des Schiffes zu nehmen, weil aus der vor ihm stattgehabten Verhandlung entnommen wurde, daß der Kapitän den Unfall durch Trunkenheit verschuldet habe. Der Beschluß des Generalkonsulats lautet, wie folgt:

Es wurde den Erschienenen (dem Kapitän, ersten Steuermann Janke und Herrn Rudolph Schneider, Mitinhaber der Firma Justus Scharff, welcher die Reederei vertrat) das Ergebnis der aus Anlaß des Seeunfalls der „Oceana" in Albany aufgenommenen Verhandlungen mitgeteilt und dem Kapitän eröffnet, daß nach den übereinstimmenden Aussagen der vernommenen Mitglieder der Schiffsbesatzung, mit denen nur die Aussage des ersten Maschinisten Lojewsky in Widerspruch steht, als festgestellt angenommen werden müsse, daß Kapitän Delfs den Unfall dadurch verschuldet habe, daß er infolge von Trunkenheit zur richtigen Navigierung des Schiffes nicht imstande war. Deshalb, sowie mit Rücksicht darauf, daß es nach den Verhandlungen im höchsten Grade wahrscheinlich geworden sei, daß der Kapitän Delfs sich auch bei anderen Gelegenheiten während der Reise betrunken habe, müsse angenommen werden, daß die Sicherheit des Schiffes und der Mannschaft in dem schwierigen Fahrwasser der Südsee gefährdet sei, falls Kapitän Delfs noch länger die Führung des Schiffes behielt. Das Seemannsamt sei deshalb genötigt, den Kapitän Delfs seiner Stellung als Führer des Dampfers „Oceana" zu entsetzen. Im Einverständnis mit dem Reeder wurde der bisherige erste Steuermann der „Oceana", der sich damit einverstanden erklärte, als Kapitän dieses Schiffes eingesetzt.

Die vor dem Generalkonsulat aufgenommene Verhandlung ergibt das Folgende:

Kapitän Delfs bestreitet entschieden, zur Zeit des Unfalls betrunken gewesen zu sein.

Der erste Steuermann Janke bekundet, daß der Kapitän, als man eben mit Einnehmen der Kohlen fertig gewesen sei, mit den Kapitänen der im Hafen liegenden Bark „Triton" und des Vollschiffs „Etha Rickmers" an Bord gekommen sei. Daß der Kapitän damals schon betrunken gewesen sei, habe er nicht bemerkt. Der Kapitän sei aber dann mit seinen Gästen in sein Zimmer gegangen und habe dort mit ihnen getrunken. Auf seine Frage, ob er nach dem Lotsen pfeifen solle, habe der Kapitän geantwortet: „Nein, tut nicht nötig." Es sei deshalb nicht gepfiffen, auch keine Lotsenflagge gesetzt worden. Etwa 10 Minuten später habe der Kapitän loswerfen und die Maschine angehen lassen. Als das Schiff dann nach kurzer Zeit aufgelaufen war, lief der erste Steuermann auf die Brücke und will jetzt bemerkt haben, daß der Kapitän stark angetrunken war. Unmittelbar nach dem Auflaufen ist der Lotse und der Hafenmeister an Bord gekommen, mit denen der Kapitän dann verhandelt hat.

Der zweite Steuermann Kuntze hat den Kapitän nur flüchtig gesehen. Nach seiner Meinung ist der Kapitän zwar etwas erregt, aber nicht angetrunken gewesen.

Der erste Maschinist Lojewsky hat den Kapitän im Kartenzimmer mit dem Kohlenlieferanten und anderen ihm unbekannten Herren sitzen gesehen, hat aber nicht bemerkt, daß er betrunken gewesen sei. Auch nach dem Auflaufen hat er, als er auf die Brücke kam, hiervon nichts bemerkt.

Koch Böteführ bekundet, daß der Kapitän schon in angetrunkenem Zustand an Bord gekommen sei und sich dann nach der Kajüte eine Flasche Champagner und zwei Flaschen Bier habe bringen lassen.

Dies wird von dem Steward Schiefe bestätigt, welcher aussagt, daß der Sekt und das Bier gemischt von den drei Kapitänen zusammen ausgetrunken sei. Der Kapitän sei schon in angeheitertem Zustand an Bord gekommen und sei später mehr betrunken gewesen.

Matrose Erich Salomon, welcher zur Zeit der Abfahrt am Ruder gewesen ist, behauptet, daß der Kapitän total betrunken gewesen sei und seine Kommandos nur mit lallender Stimme abgegeben hat. Er habe einen kurzen Blick auf die Seekarte geworfen, diese dann beiseite geschleudert und mit dem Fuße in die Ecke gestoßen. Nach dem Loswerfen von der Hulk sei zuerst langsam, dann mit Volldampf gefahren. Anstatt aber die beiden roten Bojen an Backbord zu lassen, habe man die eine an Steuerbord bekommen und sei gleich darauf festgefahren.

Der etwa zehn Minuten später an Bord gekommene Lotse habe dem Kapitän auf dessen Frage, warum er nicht gekommen sei, geantwortet: „Why did you not call me, captain, that is the reason. If you dont call me, I do not come.“

Ähnlich bekundet Matrose Lund, daß der Kapitän angeheitert vom Lande zurückgekommen und nach dem Trinken in der Kajüte vollkommen betrunken gewesen sei. Er habe nur noch lallen können.

Lund fügt hinzu, daß der Kapitän sich auch sonst auf der Reise verschiedentlich und zwar zusammen mit dem ersten Maschinisten betrunken habe.

Assistent Schmidt hat am Tage des Unfalls den Eindruck gehabt, als ob der Kapitän betrunken war. Auch Schmidt hat wiederholt während der Reise bemerkt, daß der Kapitän und der erste Maschinist betrunken gewesen sind.

Matrosen Stüber und Pretzel bestätigen, daß der Kapitän während der Reise wiederholt betrunken gewesen ist. Insbesondere haben beide bemerkt, daß der Kapitän, als auf der Ausreise Capstadt und später Portland angelaufen wurden, angetrunken gewesen ist. Stüber hat ferner gesehen, daß der Kapitän am Tage der Strandung angetrunken vom Lande an Bord gekommen ist und daß er, als er kurz vor 4 Uhr auf die Brücke ging, vollständig betrunken gewesen ist. Pretzel behauptet, daß der Kapitän, als er das Schiff loswerfen ließ, nicht mehr sicher habe gehen können.

Die Aussagen der Heizer Bollmann und Schmidt, des Schmierers Rosenberg, der Trimmer Köhler und Tech bestätigen übereinstimmend, daß der Kapitän am Tage des Unfalls schwer betrunken gewesen sei und daß er sich auch sonst auf der Reise wiederholt zusammen mit dem ersten Maschinisten betrunken habe.

Zu diesen Aussagen kommt noch der von dem Generalkonsulat gleichfalls eingesandte Bericht des Hafenmeisters Winzar von Albany, welcher kurz nach der Strandung an Bord gekommen ist. Der Hafenmeister sagt in diesem Bericht: „In my opini on the master of the „Oceana“ was under the influence of drink at the time of the mishap.“

Das Seeamt hat schließlich eine Vernehmung der beiden Segelschiffskapitäne, welche am Unfallstage mit Kapitän Delfs an Bord gekommen sind, durch das deutsche Generalkonsulat in London erwirkt. Es sind die Kapitäne Schroeder vom Segelschiff „Etha Rickmers“ und Schoon vom Segelschiff „Triton“, welche beide bekundet haben, daß sie dem Kapitän Delfs weder vor noch kurz nach der Strandung irgend etwas von Trunkenheit angemerkt haben.

Der Reichskommissar hat sich dahin geäußert, daß Kapitän Delfs die Strandung seines Schiffes durch nachlässige Navigierung verschuldet habe. Kapitän Delfs sei offenbar ein dem Trunke so sehr ergebener Mann, daß ihm die Führung eines Schiffes nicht weiter anvertraut werden dürfe. Es werde daher der Antrag gestellt, dem Kapitän Delfs die Befugnis zur Ausübung des Schiffergewerbes zu entziehen.

Gründe. Das Aufgrundgeraten des Schiffes ist nach den eigenen Angaben des Kapitäns dadurch verursacht, daß dieser, als er ohne Lotsen aus dem Hafen von Albany auszufahren unternahm, die eine der die Fahrrinne markierenden Bojen, welche an Backbord gelassen werden mußte, an Steuerbord passiert hat. Irgend eine Entschuldigung für dieses grobe Versehen hat Kapitän Delfs nicht vorgebracht, sodaß ohne weiteres der Schluß gerechtfertigt ist, daß hier eine im hohen Grade nachlässige Navigierung vorgelegen hat.

Das Seeamt ist aber auf Grund der vor dem Generalkonsulat in Sydney stattgehabten eingehenden Beweisaufnahme zu der Überzeugung gelangt, daß Kapitän Delfs zur Zeit des Unfalls betrunken gewesen ist und daß hierin die wahre Ursache der nachlässigen Navigierung zu suchen ist.

Von der gesamten Mannschaft, mit Ausnahme des selbst schwer belasteten ersten Maschinisten Lojewsky und des zweiten Steuermanns Kuntze, welcher den Kapitän nur flüchtig gesehen hat, sowie des zweiten Maschinisten Schleßmann, welcher in der Maschine gewesen ist, wird übereinstimmend und trotz wiederholter ernster Verwarnung vor den Folgen des Meineids, bekundet, daß der Kapitän schon angetrunken von Land gekommen und nach dem weiteren Trinken in der Kajüte stark betrunken gewesen sei.

Die Annahme, daß es sich hier vielleicht um ein Komplott der mit der Behandlung durch den Kapitän unzufriedenen Mannschaft handeln könne, ist schon aus dem Grunde von der Hand zu weisen, daß die Aussagen der Matrosen und Heizer von dem ersten Steuermanne, dem Maschinenassistenten Schmidt sowie dem Hafenmeister von Albany bestätigt werden.

Es kann hiernach nicht daran gezweifelt werden, daß der Kapitän schon etwas angetrunken an Bord zurückgekommen ist, und daß die dann in der Kajüte genossene Mischung von Bier und Champagner ihn vollends betrunken gemacht hat. In betrunkenem Zustande hat er dann loswerfen lassen, ohne dem Lotsen zu signalisieren, und ist direkt aus dem Fahrwasser heraus an Grund gefahren.

Die Überzeugung des Seeamts, daß dies der Verlauf des Unfalls gewesen ist, kann auch nicht durch die Aussage der beiden Kapitäne, welche den Kapitän an Bord zurückbegleitet haben, erschüttert werden. Es ist zu berücksichtigen, daß beide hier insofern beteiligt sind, als sie mit Kapitän Delfs aller Wahrscheinlichkeit nach schon am Lande, sicher aber an Bord der „Oceana", zusammen getrunken haben. Wenn man annimmt, daß auch diese beiden Kapitäne etwas mehr getrunken hatten, als gewöhnlich, so kann ihnen wohl der Zustand des Kapitäns Delfs, welcher auch erst, als er aus der Kajüte auf die Brücke kam, schwerer betrunken wurde, entgangen sein, sodaß sie in bestem Glauben beschwören konnten, dem Kapitän nichts angemerkt zu haben.

Die Aussage beider Kapitäne erweist sich auch noch in einem anderen, nicht unwesentlichen Punkte ungenau. Beide behaupten nämlich, in der Kajüte der „Oceana" nur ein Glas Bier genossen zu haben, während nach der Aussage des Stewards dort Bier und Champagner gemischt getrunken ist.

Den hiernach glaubwürdigen Aussagen der Leute der „Oceana" ist weiter zu entnehmen, daß Kapitän Delfs schon wiederholt während der Reise und insbesondere auch, als die Häfen von Capstadt und Portland angesteuert wurden, betrunken gewesen ist, und zwar hat er sich gewöhnlich mit dem ersten Maschinisten Lojewsky zusammen betrunken. Lojewsky hat zugegeben, einmal so betrunken gewesen zu sein, daß der erste Steuermann ihn in seine Kammer gebracht hat, bestreitet aber, je bemerkt zu haben, daß der Kapitän betrunken gewesen sei.

Es ist hiernach als erwiesen anzusehen, daß Kapitän Delfs sich nicht nur eine einmalige Verfehlung am Tage des Unfalls hat zu Schulden kommen lassen, sondern daß es sich bei ihm um eine solche Neigung zum Trunke handelt, daß es zur Zeit unzulässig erscheinen muß, ihm die weitere Führung von Schiffen anzuvertrauen (vergl. Spruch des Ober-Seeamts in Sachen des Vollschiffs „Georg", Band VI S. 699). Das Seeamt hat ihm daher, dem Antrage des Reichskommissars entsprechend, die Befugnis zur Ausübung des Schiffergewerbes entzogen.

Kapitän Delfs ist laut Zustellungsurkunde des deutschen Konsulats zu Singapore vom 26. Juli 1901 ordnungsmäßig zu dem auf den 20. Dezember 1901 anberaumten Termin geladen und ist zur Sache vernommen worden. Es war daher zulässig, auch in seiner Abwesenheit gegen ihn auf Entziehung der Gewerbebefugnis zu erkennen.

Die Entscheidung des Ober-Seeamts lautet:

Auf die Beschwerde des Kapitäns Paul Delfs gegen den Spruch des Seeamts in Hamburg vom 20. Dezember 1901 über den Seeunfall des Dampfers „Oceana" von Hamburg hat das Kaiserliche Ober-Seeamt in seiner zu Berlin am 2. April 1903 abgehaltenen öffentlichen Sitzung, nach mündlicher Verhandlung der Sache entschieden,

daß die Beschwerde zurückzuweisen und die baren Auslagen des Beschwerdeverfahrens dem Beschwerdeführer zur Last zu legen.

Gründe. Das Seeamt hat seinen dem Kapitän Delfs ungünstigen Spruch auf die belastenden Aussagen des ersten Steuermanns Janke und der Mannschaft der „Oceana" sowie auf den schriftlichen Bericht des Hafenmeisters Winzar von Albany gegründet. In formeller Beziehung rügt der Beschwerdeführer, daß das Seeamt der vor dem Generalkonsulat (Seemannsamt) in Sydney uneidlich abgegebenen und auch nachträglich nicht beeideten Aussage des Steuermanns Janke sowie dem schriftlichen Berichte des Hafenmeisters Winzar, ohne daß dieser über seine Wissenschaft als Zeuge eidlich vernommen worden ist, Beweiskraft beigemessen hat.

Beide Angriffe gehen fehl.

Was die Beweiserhebung durch Vernehmung von Zeugen anlangt, so übersieht der Beschwerdeführer den Unterschied zwischen dem regelmäßigen Verfahren vor dem Seeamte, wie es in den §§ 16 bis 26 des Gesetzes, betreffend die Untersuchung von Seeunfällen, vom 27. Juli 1877 geordnet ist, und dem im § 15 dieses Gesetzes vorgesehenen besonderen Verfahren vor einem deutschen Seemannsamt im Auslande. Wäre der Steuermann Janke vor dem Seeamt in Hamburg vernommen worden, so hätte allerdings gemäß § 22 des Gesetzes nach vorläufiger Aussetzung der Beeidigung ein Beschluß des Seeamts ergehen müssen, welcher nach Lage der Sache zweifellos zu seiner Beeidigung als Zeuge geführt haben würde. Anders bei Vernehmungen vor einem deutschen Seemannsamt im Auslande (Konsulate), für welche die Bekanntmachung des Reichskanzlers vom 23. November 1878 (Reichs-Zentralblatt S. 634) unter Nr. 2 Abs. 2 vorschreibt, daß der Kapitän und der Steuermann des Schiffes, dessen Unfall den Gegenstand der konsularischen Ermittelung bildet, nicht vereidigt werden dürfen. Bei diesen unter den Voraussetzungen des § 15 erfolgten konsularischen Vernehmungen handelt es sich um ein in sich abgeschlossenes, besonderen Formvorschriften unterliegendes Verfahren zur vorläufigen Feststellung des Tatbestandes, durch welches den seeamtlichen Behörden ein Beweismittel für die endgültige Feststellung des Tatbestandes beschafft und die nochmalige Vernehmung der konsularisch vernommenen Personen, die zumeist auf erhebliche und zeitraubende Schwierigkeiten stoßen würde, tunlichst entbehrlich gemacht werden soll. Selbstverständlich können die seeamtlichen Behörden die Ergänzung oder Beeidigung der vor dem Konsulat abgegebenen uneidlichen Aussage eines Schiffsoffiziers beschließen, sofern dies angezeigt erscheint; eine Verpflichtung zu einer solchen, in der Regel eine Verzögerung des Verfahrens bedingenden Anordnung besteht nicht.

Mit Recht hat ferner das Seeamt den schriftlichen Bericht des Hafenmeisters von Albany als Beweismittel herangezogen. In der Wahl der Beweismittel haben die seeamtlichen Behörden ihrem eigenen pflichtmäßigen Ermessen zu folgen, ohne im allgemeinen durch gesetzliche Vorschriften beschränkt zu sein (zu vergl. die Ausführungen in der Entscheidung des Ober-Seeamts vom 1. September 1893, Bd. 10 S. 622). Soweit Wahrnehmungen von Personen für die Erforschung der Wahrheit in Frage kommen, hat allerdings in der Regel die Vernehmung dieser Personen, und zwar wenn gesetzliche Hindernisse nicht entgegen stehen, ihre eidliche Vernehmung zu erfolgen. Ausnahmen von dieser Regel sind jedoch, sofern sie sich durch die Verhältnisse des besonderen Falles rechtfertigen lassen, keineswegs ausgeschlossen. Der hier in Rede stehende Bericht ist von dem Hafenmeister von Albany seiner vorgesetzten Behörde erstattet worden und durch Vermittelung des Schatzsekretärs des Staates Westaustralien an die zuständigen deutschen Behörden gelangt. Diesen amtlichen Bericht als Beweismittel heranzuziehen war das Seeamt, insbesondere im Hinblick auf die Schwierigkeit der Beschaffung einer Zeugenaussage des Hafenmeisters Winzar über die in seinem Bericht angeführten Tatsachen, durchaus berechtigt; inwieweit es diesem Beweismittel Beweiskraft beimessen wollte, unterlag lediglich seinem pflichtmäßigen Ermessen.

Ebenso, wie den das Verfahren vor dem Seeamte betreffenden Rügen, war auch den gegen die Würdigung des Beweisergebnisses gerichteten Angriffen des Beschwerdeführers der Erfolg zu versagen. Dem Seeamt ist zunächst darin beizutreten, daß der Unfall, den die „Oceana" am 15. Dezember 1900 bei der Ausfahrt aus dem Hafen von Albany durch Auflaufen erlitten hat, durch die nachlässige Navigierung des Kapitäns Delfs verschuldet worden ist. Dieser selbst hat bei seiner Vernehmung vor dem Generalkonsulate (Seemannsamt) in Sydney in bezug auf den Unfall angegeben: „In der Hafeneinfahrt, in welcher das Fahrwasser zu beiden Seiten durch Baken gekennzeichnet ist, habe ich die erste Bake, die backbord hätte liegen bleiben müssen, an Steuerbord liegen lassen. Unmittelbar darauf lief ich auf." Irgend eine Erklärung für das Verlassen des Fahrwassers hat Kapitän Delfs damals nicht abgegeben. Erst in der Beschwerdeinstanz ist er mit der Behauptung hervorgetreten, daß backbord von der Bake ein bei weitem größeres und tiefer gehendes Segelschiff an der Pier lag und er deshalb angenommen habe, daß genug Wasser an der Backbordseite der Bake vorhanden sei, um passieren zu können. Wenn diese Behauptung der Wahrheit entspräche, so bleibt es unverständlich, weshalb Kapitän Delfs sie nicht schon bei seiner ersten Vernehmung unter dem noch frischen Eindrucke der Vorgänge vorgebracht hat. Auch steht ihr die Bekundung des ersten Steuermanns Janke über die unmittelbar nach dem Auflaufen zwischen ihm und dem Kapitän stattgehabte Erörterung entgegen: „Ich fragte, wie wir hierherkämen; er sagte, er wüßte es selber nicht, die rote Boje läge ja noch voraus, worauf ich ihn auf die bereits passierte rote Boje aufmerksam machte. Hierauf erwiderte der Kapitän nichts." Selbst wenn man aber der Angabe des Beschwerdeführers folgen wollte, so kann darin eine Entschuldigung für das Verlassen der Fahrstraße nicht gefunden werden. Kapitän Delfs hatte sich entschlossen, den ihm unbekannten Hafen zu verlassen, ohne den Lotsen abzuwarten; daraus erwuchs ihm die Pflicht, die größte Vorsicht in der Navigierung zu beobachten, insbesondere die durch Bojen deutlich bezeichnete Fahrstraße nicht ohne zwingenden Grund und noch dazu, während das Schiff volle Fahrt voraus machte, zu verlassen. Wich er, wie ein Torkelnder auf dem Lande, ohne sich Rechenschaft darüber geben zu können, von der rechten Straße ab, so führt schon diese Tatsache allein auf die Vermutung, daß er zur Zeit der Ausfahrt nicht im Vollbesitze seiner geistigen Kräfte gewesen ist. Diese Vermutung findet ihre Unterstützung durch die oben wiedergegebene Bekundung des ersten Steuermanns, nach welcher dem Kapitän das Passieren der ersten roten Boje völlig entgangen war. Auch der Umstand, daß er den von ihm angenommenen und bereits bezahlten Lotsen nicht abgewartet hat, deutet darauf hin, daß ihm die ruhige Überlegung abhanden gekommen war; denn selbst wenn man ihm glauben will, daß der erste Maschinist, wovon dieser bei seiner Vernehmung nichts bekundet hat, aus Furcht vor einem Leckspringen des Kessels ihn gebeten habe bald loszuwerfen, so ist doch darin eine annehmbare Erklärung für den Verzicht auf die Lotsendienste nicht zu finden, zumal seine Behauptung, daß der Lotse durch die Schiffspfeife gerufen worden sei, aber auf sich habe warten lassen, nach dem Ergebnisse der Beweisaufnahme der Glaubwürdigkeit entbehrt.

Das auffällige Verhalten des Kapitäns Delfs bei den geschilderten Gelegenheiten bedarf keiner weiteren Erklärung, wenn man annimmt, daß er zur Zeit der Ausfahrt aus dem Hafen von Albany und des Auflaufens der „Oceana" sich im Zustande der Trunkenheit befunden hat.

Von der Richtigkeit dieser Annahme hat sich zunächst das Seemannsamt (Generalkonsulat) in Sydney überzeugt gehalten, vor welchem die gesamte Besatzung der „Oceana" wenige Wochen nach dem Unfalle vernommen worden ist. Das bei dieser Gelegenheit von dem Kapitän beobachtete Verfahren erscheint gleichfalls in einem eigentümlichen Lichte und mag dazu beigetragen haben, die aus den belastenden Aussagen des größten Teiles der Besatzung gewonnene Überzeugung, welche dazu führte, ihn seiner Stellung als Führer der „Oceana" zu entsetzen, noch zu verstärken. Vor dem Seemannsamt in Sydney war ihm Gelegenheit gegeben, der Vernehmung sämtlicher Zeugen beizuwohnen, irrigen Angaben und böswilligen Unwahrheiten entgegenzutreten sowie alle diejenigen Einwendungen gegen die Glaubwürdigkeit der Belastungszeugen vorzubringen, mit denen er jetzt in der Beschwerdeinstanz gegen die abwesenden Zeugen hervorgetreten ist. Statt dessen verläßt er — nachdem der erste Belastungszeuge unter anderem bekundet hat, daß der Kapitän angetrunken an Bord gekommen sei und daß der nach dem Unfall an Bord gekommene Lotse geäußert habe, mit dem Kapitän sei nicht zu verhandeln, man könne von ihm keine vernünftige Antwort erhalten, — die Verhandlungen mit der Erklärung, daß er es im Interesse einer rein sachlichen und unparteiischen Vorbereitung des Verfahrens liegend halte, wenn er bei der Vernehmung der Zeugen nicht anwesend wäre, sowie daß er auf Vorhaltungen an die Zeugen im Vorverfahren verzichte. Es ist unverständlich, wie ein Mann, dessen Beruf an ihn die Anforderung stellt, mit aller Energie gegen Gefahren anzukämpfen, widerstandslos den Kampf gegen schwere, seinen Leumund und seine Stellung gefährdende Beschuldigungen aufgeben konnte, wenn ihm das Bewußtsein von der Unwahrheit dieser Beschuldigungen zur Seite stand. Das ist nicht Seemannsart! Dieses Verhalten rechtfertigt die Annahme, daß Kapitän Delfs jede Verteidigung als aussichtslos und deshalb zwecklos aufgegeben und es vorgezogen hat, sich den begreiflich ihm peinlichen Schilderungen seines trunkenen Zustandes, die er im Laufe der weiteren Vernehmungen gewärtigen mußte, zu entziehen. An der

Glaubwürdigkeit dieser Bekundungen hat das Seemannsamt, die einzige der an der Untersuchung beteiligten Behörden, welche Gelegenheit gehabt hat, unmittelbare Auskunft von den Zeugen zu erhalten und deren persönlichen Eindruck auf sich wirken zu lassen, keinen Zweifel gehabt, da es anderenfalls den Kapitän Delfs nicht seiner Stellung entsetzt haben würde.

Das Seeamt in Hamburg hat seinen Spruch in Abwesenheit des Kapitäns Delfs lediglich auf Grund schriftlichen Beweismaterials gefällt. Daß der Kapitän, den die Ladung zur Hauptverhandlung in Singapore erreichte, von dem Erscheinen vor dem Seeamte sich entbinden ließ, ist begreiflich; unverständlich ist dagegen, daß er, wenn ihn der Vorwurf der Trunkenheit zu Unrecht traf, trotz der in Sydney gemachten üblen Erfahrungen mit seinen Behauptungen, welche die Glaubwürdigkeit der Belastungszeugen erschüttern sollten, noch immer nicht hervortrat, sondern wiederum ohne Gegenwehr es darauf ankommen ließ, daß ihm auf Grund der ihm ungünstigen Beweiserhebungen des Seemannsamts in Sydney die Befugnis zur Ausübung seines Gewerbes entzogen wurde. Mit Recht hat unter diesen Umständen das Seeamt in Hamburg, wennschon ihm der persönliche Eindruck des Kapitäns Delfs und der Zeugen fehlte und ihm damit ein nicht zu unterschätzendes Moment für die Beweiswürdigung entging, kein Bedenken getragen, sich die Überzeugung des Seemannsamts in Sydney anzueignen.

Erst nachdem ihm durch den Spruch des Seeamts die Befugnis zur Ausübung des Schiffergewerbes entzogen war, ist Delfs aus seiner Passivität herausgetreten. Vor dem Seemannsamt in Sydney hatte er sich darauf beschränkt, zu bestreiten, daß er auch nur angetrunken gewesen sei. Irgend welche Angaben darüber, wie er die Zeit während des Aufenthalts der „Oceana" in Albany verbracht und welche geistigen Getränke er in dieser Zeit genossen hat, hatte er nicht gemacht. In der Beschwerdeinstanz hat er dies nachgeholt. Nach seiner Darstellung hatte er sich am Vormittage zu geschäftlichen Besorgungen an Land begeben. In einer Wirtschaft, in der Kapitäne zu verkehren pflegen, hatte er den Hafenmeister von Albany, der zugleich als Lotse fungirt, sowie die Führer zweier deutschen Segelschiffe, Schroeder und Schoon, angetroffen. Nachdem er auch noch Einkäufe bei einem Schiffshändler besorgt hatte, ist er zusammen mit dem Kapitän Schoon einer Einladung des Kapitäns Schroeder zum Essen an Bord des von diesem geführten Vollschiffs „Etha Rickmers" gefolgt. Von hier aus begab er sich — wie er angibt etwa gegen 3 Uhr in Begleitung der beiden Kapitäne an Bord der „Oceana". Während dieser ganzen Zeit der Abwesenheit von Bord seines Schiffes will er nur ein Glas Bier in der erwähnten Wirtschaft, im übrigen aber weder bei dem Schiffshändler noch sonst an Land noch auch an Bord der „Etha Rickmers", wo es keinerlei geistige Getränke gegeben habe, irgend etwas getrunken haben. Bei einer derartigen, an Enthaltsamkeit streifenden Mäßigkeit konnte allerdings ein Mann, wie der Beschwerdeführer, unmöglich in einen Zustand der Angetrunkenheit geraten, wie ihn mehrere Leute von der Besatzung der „Oceana" an ihrem Kapitän, als er mit seinen Gästen an Bord kam, wahrgenommen haben wollen. An Bord der „Oceana" hat Kapitän Delfs eine Flasche Champagner und zwei Flaschen Münchener Bier in das Kartenzimmer bringen lassen und diese gemischt zusammen mit seinen Gästen getrunken; nach seiner Angabe vor dem Ober-Seeamte will er von der Mischung noch je ein Glas dem ersten Steuermann und dem ersten Maschinisten, als sie ihn aus dienstlichem Anlaß aufsuchten, abgegeben haben. Beide Schiffsoffiziere haben hiervon nichts bekundet; der erste Maschinist will, als er den Kapitän mit seinen Gästen im Kartenzimmer antraf, nicht einmal bemerkt haben, das dort getrunken wurde oder war. Gleichviel aber, ob die Mischung von den drei Kapitänen allein getrunken worden ist oder nicht, in dem einen wie in dem anderen Falle würde der auf Kapitän Delfs entfallene Teil nicht ausgereicht haben, ihn betrunken zu machen, wenn er in den vorhergehenden Stunden an geistigen Getränken nur ein Glas Bier zu sich genommen hätte. Wohl aber konnte das genossene Quantum jener Mischung durchaus genügen, einen bereits vorhandenen Zustand von Angetrunkenheit in den völliger Trunkenheit zu verwandeln.

Diese Entwickelung hat nach der aus den Aussagen der Besatzung gewonnenen Überzeugung des Ober-Seeamts in der Tat der Zustand des Beschwerdeführers in der Zeit von seiner Rückkehr an Bord der „Oceana" bis zu deren Auflaufen durchgemacht. Nicht in Betracht kommt dabei das Zeugnis des zweiten Maschinisten Schleßmann und des Assistenten Kuhlmann, die während der in Rede stehenden Zeit den Beschwerdeführer nicht gesehen haben. Faßt man die übrigen Aussagen, unter vorläufiger Ausscheidung der Bekundung des ersten Maschinisten Lojewsky, zusammen, so ergeben sich daraus folgende wesentliche Momente:

Bei seiner Rückkehr an Bord in Begleitung der beiden Segelschiffsführer haben den Kapitän Delfs gesehen der erste Steuermann Janke, der zweite Steuermann Kuntze, der Koch Böteführ, der Steward

Sckiefe, die Matrosen Lund und Stüber, der Heizer Wilhelm Schmidt und der Schmierer Rosenberg. Nach Sckiefe und Lund war der Kapitän zu dieser Zeit „angeheitert", nach Böteführ, Stüber, Schmidt und Rosenberg „angetrunken". Der erste und der zweite Steuermann haben, wie sie betonen, den Kapitän bei seinem Eintreffen an Bord nur flüchtig gesehen; Janke hat nicht bemerkt, daß er damals schon betrunken war, Kuntze hat ihn wohl für etwas erregt, jedoch nicht für angetrunken erachtet. Nach dem Genusse der Mischung von Champagner und Bier war der Kapitän nach der Schätzung des Stewards Sckiefe angetrunken, aber nicht total betrunken. Kurz vor dem Loswerfen von der Kohlenhulk (vor 4 Uhr) hat der Assistent Carl Schmidt den Kapitän an Deck gesehen und den Eindruck gehabt, als wenn er betrunken sei. Als der Kapitän sich dann auf die Brücke begab, haben ihn der Matrose Stüber und der Schmierer Rosenberg, demnächst auf der Brücke teils vor teils während und nach dem Loswerfen die Matrosen Salomon und Pretzel sowie die Heizer Kräft und Wilhelm Schmidt gesehen. Nach Schmidt's Bekundung stand der Kapitän in einer Ecke auf der Kommandobrücke und schwankte hin und her, während er sich festhielt; er war noch stärker betrunken, als bei seiner Rückkehr an Bord. Die übrigen Zeugen bezeichnen ihn als „vollständig", „schwer", „total", „stark", „offenbar" betrunken; Rosenberg gibt noch an, daß er die Mütze tief im Genick sitzen gehabt und schwankend am Geländer sich habe festhalten müssen, und Salomon, daß er seine Kommandos nur mit lallender Stimme habe geben können und daß er die ihm gebrachte Seekarte, nachdem er einen kurzen Blick hineingeworfen, bei Seite geschleudert und mit dem Fuße in die Ecke gestoßen habe. Endlich haben über seinen Zustand unmittelbar nach dem Auflaufen der „Oceana" bis zu dem kurze Zeit darauf erfolgten Anbordkommen der Lotsen sich geäußert: der Matrose Lund, daß er beim Eintreffen der Lotsen vollkommen betrunken gewesen sei und nur noch habe lallen können; der Steward Sckiefe, daß er zu dieser Zeit anscheinend mehr betrunken gewesen sei als vorher; der Heizer Bollmann, daß er aus seinen Bemerkungen und seinem ganzen Benehmen bei der Verhandlung mit den Lotsen zu schließen, nicht nüchtern gewesen sei; der Trimmer Kähler, daß er sich habe am Geländer festhalten müssen und, in Übereinstimmung mit dem Trimmer Tech, daß er betrunken gewesen sei; außer diesen Schiffsleuten aber auch der erste Steuermann Janke, daß er den Kapitän nach dem Auflaufen stark angetrunken auf der Brücke vorgefunden habe.

Diese mit den Ausdrücken der einzelnen Zeugen wiedergegebenen

Aussagen weichen nun keineswegs, wie der Beschwerdeführer meint, irgendwie wesentlich von einander ab. Allerdings durchlaufen die für seinen Zustand gewählten Bezeichnungen die ganze Stufenleiter vom Angeheitertsein bis zur totalen Trunkenheit, jedoch genau in der zeitlichen Reihenfolge, in der sich der körperliche und geistige Zustand eines Menschen unter dem Einflusse des Alkohols verändert. Wo aber der Zustand des Kapitäns Delfs für den gleichen Zeitpunkt von dem einen Zeugen etwas schärfer, von dem anderen etwas gelinder gekennzeichnet ist — z. B. als „angeheitert" (von Sckiefe) oder „angetrunken" (von Böteführ) bei der Rückkehr an Bord, als „stark angetrunken" (von Janke) oder „vollkommen betrunken" (von Lund) nach dem Auflaufen, — handelt es sich nicht um unvereinbare Widersprüche, wie sie etwa zwischen „angeheitert" und „vollkommen betrunken" bestehen würden, sondern um unwesentliche, aus der Verschiedenheit der persönlichen Auffassung naturgemäß sich ergebende Abtönungen in der Wiedergabe desselben an mehrere Personen gleichzeitig herangetretenen Eindrucks. Keine der bemängelten Aussagen erscheint mit dem Tatbestand unvereinbar, wenn dieser aus der Gesamtheit der Aussagen unter Hinzunahme der Angaben des Beschwerdeführers, soweit diese glaubhaft erscheinen, dahin festgestellt wird: Nach dem Genuß einer nicht ermittelten, jedenfalls aber mehr als ein Glas Bier betragenden Menge geistiger Getränke ist Kapitän Delfs in angeheitertem Zustande gegen 3 Uhr nachmittags mit den beiden Kapitänen Schroeder und Schoon an Bord der „Oceana" gekommen; der erste Steuermann Janke und der zweite Steuermann Kuntze haben, da sie beschäftigt waren, den Kapitän nur flüchtig gesehen und deshalb seinen Zustand, der immerhin dem Steuermann Kuntze als „erregt" erschien, nicht erkannt. Darauf hat Kapitän Delfs Champagner und Bier in das Kartenzimmer bringen lassen und davon mit seinen Gästen getrunken. Bis zu deren Verabschiedung hat er sich noch nach Möglichkeit zusammengenommen, dann aber hat sich, namentlich unter dem Einflusse der frischen Luft auf Deck und demnächst auf der Kommandobrücke, die Wirkung der genossenen Getränke auf Körper und Geist um so heftiger geltend gemacht. Daher das Zurückschieben der Mütze in das Genick, das Sprechen mit lallender Zunge, das Hin- und Herschwanken und das Bedürfnis, sich festzuhalten; daher das Wegwerfen der Seekarte, das Übersehen der ersten roten Boje, das planlose Verlassen der Fahrstraße und endlich die Unfähigkeit zu vernünftiger Aussprache nach dem Auflaufen. So konnte Kapitän Delfs dem Steward Sckiefe zunächst nach dem Genusse der Mischung noch angetrunken, nicht betrunken erscheinen, während er nachher auf der Kommandobrücke sowohl beim Loswerfen wie auch nach dem Auflaufen den Eindruck eines betrunkenen, oder wie der erste Steuermann sich etwas milder ausdrückte, stark angetrunkenen Menschen machte.

Der Beschwerdeführer hat nun freilich die ihn belastenden Aussagen der Schiffsmannschaft auf Rachsucht zurückzuführen versucht. Die Leute hätten Vorschüsse von ihm verlangt, die er nicht hätte bewilligen können, auch habe er wegen eines auf der Reise von Albany nach Sydney von einigen Schiffsleuten ausgeführten Diebstahls der Mannschaft zu Weihnachten kein Freibier gegeben; ihre Aussagen gegen ihn seien deshalb im höchsten Grade gehässig und übertrieben gewesen. In einem Briefe vom 14. Januar 1901 berichtet der Sydneyer Vertreter der Jaluitgesellschaft in der Tat an diese, daß man bei den sehr belastenden Aussagen nicht beurteilen könne, wie weit sie der Wahrheit entsprächen und ob einige Leute, die beim Bestehlen der Ladung ertappt worden wären und ihre Bestrafung hierfür in Jaluit zu erwarten hätten, sich hierdurch in ihren Aussagen hätten beeinflussen lassen; aus demselben Briefe geht hervor, daß der an Stelle des Kapitäns Delfs als Führer der „Oceana" eingesetzte erste Steuermann Janke es für ratsam erachtet habe, sofort beim Generalkonsulat in Sydney Strafantrag gegen einige seiner Leute wegen Bestehlens der Ladung zu stellen. — Es mag dem Beschwerdeführer geglaubt werden, daß unter der Schiffsmannschaft eine gehässige Stimmung gegen ihn herrschte, und es mag auch zugegeben werden, daß unter dem Einflusse dieser Stimmung deren Aussagen durch besondere Hervorkehrung der dem Kapitän nachteiligen Momente eine ungünstige Färbung erhalten haben. Aber zwischen der gehässigen Darstellung einer wirklichen Begebenheit und der Erdichtung einer Beschuldigung aus Rachsucht ist ein gewaltiger Unterschied. Erfahrungsgemäß verwickeln sich Personen, die nach Verabredung unwahre Angaben bei ihrer Vernehmung machen, sehr bald in Widersprüche, sobald sie veranlaßt werden, sich über Einzelheiten zu äußern, die sie bei ihrer Verabredung nicht in Betracht gezogen haben. Hier sind 13 Zeugen getrennt von einander vernommen und zu ausführlichen, auf Einzelheiten sich erstreckenden Aussagen veranlaßt worden, ohne sich in Widersprüche zu verwickeln, die die Annahme rechtfertigen könnten, daß ihre Angaben auf Erfindung beruhten. Die Unterstellung eines gegen den Kapitän gerichteten Komplotts — denn darauf würde die Verabredung zu erdichteten Beschuldigungen hinaus kommen — ist aber auch aus dem Grunde von der Hand zu weisen, weil eine solche Unterstellung davon ausgehen müßte, das der erste Steuermann Janke, der ja die Aussagen der Mannschaft über den Zustand des Kapitäns zur Zeit des Auflaufens bestätigt hat, sich an diesem Komplotte beteiligt habe. Es kann ganz dahingestellt bleiben, wieweit der von dem Beschwerdeführer gegen Janke erhobene Vorwurf zutrifft, daß er gegen ihn agitiert und dahin gestrebt habe, an seiner Stelle die Führung der „Oceana" zu erhalten. Jedenfalls würde ein Schiffsoffizier, der zur Erreichung dieses Zieles sich derart in die Hände seiner Leute gegeben hat, daß er mit ihnen gemeinsame Sache gegen den Kapitän macht, es sorglich vermieden haben, unmittelbar nach dem Gelingen seines Anschlags mit Strafanträgen gegen einen Teil seiner Helfershelfer vorzugehen. Kapitän Janke ist, wie der Beschwerdeführer bestätigt hat, noch jetzt Kapitän der „Oceana"; dies spricht dafür, daß er sich als solcher bewährt und sich wohl auch seine Stellung der Schiffsmannschaft gegenüber zu wahren gewußt hat. Was aber seine Aussage vor dem Seemannsamt angeht, so gewinnt man aus ihr den Eindruck, daß er auch ohne Eideszwang darauf bedacht gewesen ist, nicht mehr zu sagen, als er wirklich verantworten konnte. Das Ober-Seeamt hat deshalb gleich dem Seeamte keine Veranlassung gefunden, die Ergänzung der Vernehmung des damaligen Steuermanns Janke durch seine nachträgliche Beeidigung zu beschließen.

Ebenso erschien eine nachträgliche Beeidigung des ersten Maschinisten Lojewsky entbehrlich, da dessen Aussage, selbst wenn sie durch den Zeugeneid bekräftigt würde, doch nicht ausreichen könnte, die Tatsache der Trunkenheit des Kapitäns Delfs in Zweifel zu stellen. Lojewsky hat den Kapitän sowohl bei seiner Rückkehr an Bord als auch etwa eine halbe Stunde später mit seinen Gästen im Kartenzimmer, endlich auch nach dem Auflaufen der „Oceana" gesehen und gesprochen. Bei keiner dieser Gelegenheiten will er bemerkt haben, daß der Kapitän betrunken oder auch nur angetrunken war. Allerdings hat er seiner Aussage die Bemerkung hinzugefügt: „Wenn der erste Offizier das Gegenteil aussagt, so kann ich mir dies nur dadurch erklären, daß er länger mit dem Kapitän zusammen gewesen ist und deshalb Wahrnehmungen gemacht hat, die ich in der Kürze der Zeit nicht machen konnte." Immerhin muß es auffallen, daß ihm der Zustand des Kapitäns entgehen konnte. Das Ober-Seeamt neigt zu der Annahme, daß der Zeuge mit der Wahrheit zurückgehalten hat. Allem Anscheine nach bestanden zwischen ihm und dem Kapitän Delfs besonders freundschaftliche Beziehungen, die insbesondere in dem gemeinschaftlichen Genusse geistiger Getränke, wie er von den Zeugen Salomon, Lund, Kräft, Bollmann und Wilhelm Schmidt bekundet worden ist, mehrfach in die Erscheinung getreten sind und auch aus der uneingeschränkt rühmenden Beurteilung des ersten Maschinisten in einem zur Verlesung gelangten Berichte des Kapitäns an seine Reederei vom 26. Dezember 1900 sich entnehmen lassen. So erklärt es sich, daß der Maschinist Lojewsky, der nach der Bekundung der genannten Zeugen verschiedentlich in der Gesellschaft des Kapitäns sich betrunken hat und selbst wenigstens einen Fall schwerer Betrunkenheit zugegeben hat, sich gescheut haben mag, den ihm befreundeten Kapitän desselben Fehlers zu bezichtigen, den dieser an ihm selbst wahrzunehmen Gelegenheit gehabt hatte.

Außer der Besatzung der „Oceana" haben sich noch über den Zustand des Beschwerdeführers am Unfallstage geäußert der Hafenmeister Winzar von Albany in seinem früher erwähnten Bericht und die beiden Kapitäne Schroeder und Schoon, die sich selbst als Zeugen gemeldet hatten, gelegentlich ihrer im Juli 1901 vor dem Deutschen Generalkonsulat in London erfolgten Vernehmung. Die Bemerkung in Winzar's Bericht, daß nach seiner Ansicht Kapitän Delfs zur Zeit des Unfalls unter dem Einflusse von Trunkenheit stand, unterstützt als die Bekundung eines unbeteiligten Zeugen, der aus dem Verhalten des Kapitäns bei seinem, des Hafenmeisters Eintreffen an Bord kurze Zeit nach dem Unfall einen Rückschluß auf dessen Zustand zur Zeit des Unfalls selbst ziehen konnte, durchaus die Aussagen des ersten Steuermanns und des größten Teiles der Schiffsmannschaft. Bleiben noch die eidlichen Aussagen der Kapitäne Schroeder und Schoon, die allerdings dahin gehen, daß Kapitän Delfs, als sie sich am Nachmittage von ihm trennten, vollständig nüchtern gewesen sei. Mit Recht hat das Seeamt dieser Bekundung eine ausschlaggebende Bedeutung nicht beigemessen. Allerdings soll nicht bezweifelt werden, daß beide Zeugen nach bestem Wissen das, was sie für wahr hielten, bekundet haben. Wenn sie, wie in der Begründung des Seeamtsspruchs hervorgehoben ist, nur von dem Genuß eines Glases Bier an Bord der „Oceana" gesprochen haben und wenn sie ferner über die Einzelheiten ihres Zusammenseins mit Kapitän Delfs nicht ganz mit den seinigen übereinstimmende Angaben gemacht, insbesondere das gemeinschaftliche Essen an Bord der „Etha Rickmers" nicht erwähnt haben, so ist hierin ein bewußtes Abweichen von der Wahrheit schon um deswillen nicht zu finden, weil bei den Zeugen in der Zeit bis zu ihrer Vernehmung die Erinnerung an

Einzelheiten naturgemäß sich verwischt haben mag. Wohl aber ist bei der Würdigung ihrer Aussagen in Betracht zu ziehen, daß sie sich stundenlang in der Gesellschaft des Kapitäns Delfs befunden haben; und wenn sie selbst bei den verschiedenen gemeinsamen Unternehmungen bis zum Eintreffen an Bord der „Oceana" sich ihre Nüchternheit bewahrt haben sollten, so liegt es doch nahe, daß ihnen gerade infolge des ununterbrochenen Zusammenseins allmähliche Veränderungen in dem Zustand ihres Gesellschafters entgangen sind. Jedenfalls erscheinen sie weniger geeignet, den Zustand des Kapitäns Delfs richtig zu beurteilen, als die Besatzung der „Oceana", die ihren Kapitän erst nach mehrstündiger Abwesenheit zu Gesicht bekam. Auch daß sie nach dem Auflaufen der „Oceana" nichts von Trunkenheit bei dem Kapitän Delfs gemerkt haben, ist unerheblich; denn sie kamen erst gegen Abend (nach Schroeder's Bekundung gegen 6 Uhr) an Bord, während die „Oceana" gegen 4 Uhr aufgelaufen war, so daß Kapitän Delfs in der Zwischenzeit, namentlich unter dem Drucke seiner Verantwortlichkeit für das Auflaufen seines Schiffes, sich völlig ernüchtert haben konnte.

Das Seeamt hat mit Recht weiterhin für erwiesen erachtet, daß Kapitän Delfs nicht nur einmal am Unfallstage, sondern öfter während der Reise der „Oceana" sich betrunken hat. Die dahin gehenden Bekundungen eines großen Teiles der Schiffsmannschaft finden eine wesentliche Bestätigung durch die Aussage des Assistenten Kuhlmann, die erkennen läßt, daß man es mit einem zuverlässigen, seine Angaben gewissenhaft abwägenden Zeugen zu tun hat. Kuhlmann hat sich nicht erinnern können, den Kapitän an dem Unfallstage gesehen zu haben, wohl aber hat er sonst verschiedentlich wahrgenommen, daß der Kapitän und der erste Maschinist angetrunken waren.

Der Beschwerdeführer hat sonach während der Führung der „Oceana" einen Hang zum Trunke gezeigt und damit einen Mangel solcher Eigenschaften erkennen lassen, welche zur Ausübung seines Gewerbes erforderlich sind. Sein Verhalten verdient um so schwereren Tadel, als er die für einen Schiffsführer auch dem Schiffsoffizier gegenüber unentbehrliche Autorität dadurch leichtfertig aufs Spiel setzte, daß er zusammen mit dem ersten Maschinisten sich dem übermäßigen Genusse geistiger Getränke hingab. Die Entziehung der Befugnis zur Ausübung des Schiffergewerbes war deshalb geboten. Vergeblich hat der Beschwerdeführer eine ihm nachteilige Entscheidung durch den Hinweis darauf abzuwenden gesucht, daß er niemals vordem zu einem Tadel Anlaß gegeben habe und auch über seine spätere

Führung zunächst noch als Kapitän, dann — nach der Entziehung der Befugnis — als Steuermann die besten Zeugnisse besitze, die insbesondere seine Zuverlässigkeit und seine Nüchternheit betonten. Ob Kapitän Delfs vor seiner Reise mit der „Oceana" keine Neigung zum Trunke gezeigt hat, kann dahingestellt bleiben, da die mit seiner späteren Neigung zum Trunke verknüpften Gefahren für ein ihm anvertrautes Schiff durch ein früheres pflichtgemäßes Verhalten nicht beseitigt werden. Umgekehrt kann allerdings eine fortgesetzt tadellose Führung das Vertrauen rechtfertigen, daß ein Rückfall in die frühere Neigung und deshalb die mit ihr verknüpften Gefahren nicht mehr zu befürchten seien. Ob unter dieser Voraussetzung dem Beschwerdeführer die Befugnis zur Ausübung des Schiffergewerbes wieder eingeräumt werden kann, darüber steht gemäß § 34 des Seeunfallgesetzes die Entscheidung allein dem Reichskanzler zu. Die seeamtlichen Behörden haben ihren Spruch zu finden ohne Rücksicht auf das Verhalten des Kapitäns bei einer späteren Gelegenheit, die mit dem den Gegenstand der Untersuchung bildenden Seeunfall in keinem Zusammenhange steht.

Die baren Auslagen des Verfahrens fallen dem Beschwerdeführer zur Last, da er das Rechtsmittel erfolglos eingelegt hat.

14. Spruch des Seeamts zu Flensburg vom 6. April 1903, betreffend den Seeunfall des Schraubendampfers „Hilda Horn" von Schleswig.

Der Spruch des Seeamts lautet:

> Die Strandung des Schleswiger Dampfers „Hilda Horn" auf der Chico-Bank bei Buenos Ayres am 22. Januar 1901 ist von dem Lotsen Juan Maslach aus Montevideo dadurch herbeigeführt, daß er in ungenügender Kenntnis des Fahrwassers es unternahm, die Fahrt von India Point nach Chico-Bank-Feuerschiff fortzusetzen.

Gründe. Der Schleswiger Dampfer „Hilda Horn", Unterscheidungssignal LRKF, vermessen zu 4000,4 cbm = 1412,13 Registertons Brutto- und 2476,6 cbm = 874,25 Registertons Netto-Raumgehalt, befand sich auf der Reise von Cardiff mit Kohlen nach dem La Plata. Führer war der Kapitän Hermann Otto Stender aus Sonderburg.

Am 22. Januar 1901 hatte man die Mündung des La Plata erreicht. Vormittags 11 Uhr 40 Minuten stand das Schiff bei Floris Island, östlich von Montevideo. Hier wurde der Küstenlotse Juan Maslach aus Montevideo an Bord genommen.

Mit Kurs mißweisend WSW steuerte man von hier auf India Point-Feuerschiff zu. Unterwegs bemerkte man, daß sich die Deviation des Kompasses auf diesem Kurse von 1/4 Strich Ost auf 1/4 Strich West verändert hatte. Abends 7 Uhr 50 Minuten hatte man India Point-Feuerschiff erreicht.

Der Kapitän sagte dem Lotsen, wie sich die Deviation des Kompasses auf dem letzten Kurse verändert hatte, sowie daß man seinetwegen gerne die Nacht über beim Feuerschiff ankern könne, wenn der Lotse nicht durchzufinden vermöge. Nachdem der Lotse erwidert hatte, daß er das Fahrwasser genau kenne und sich mit Loten zu helfen vermöge, ging der Kapitän zur Koje und überließ dem ersten Steuermann und dem Lotsen die Navigierung.

Diese steuerten mit Kurs NW auf das Chico-Feuerschiff zu. Auf der Weiterfahrt wurde die Luft dick. Infolgedessen kam das Feuerschiff von India Point alsbald aus Sicht, während das Chico-Feuerschiff ganz ausblieb.

Während man unter beständigem Loten dahin fuhr, stieß das Schiff um 11 Uhr abends plötzlich auf den Grund und blieb festsitzen. Als es nach etwa einer Stunde aufklarte, konnte man feststellen, daß man auf der Chico-Bank saß und zwar an einer Stelle, von wo man das Chico-Feuerschiff in mißweisend NNW 1/4 W peilte.

Versuche, mit voller Kraft rückwärts und vorwärts arbeitender Maschine flott zu werden, blieben erfolglos. Erst nachdem ein Teil der Ladung in Leichtern gelöscht war, wurde der Dampfer am 3. Februar nachmittags zwischen 1 und 2 Uhr von einem Schleppdampfer abgeschleppt.

Die Reise wurde dann fortgesetzt und der Bestimmungsort glücklich erreicht.

Obgleich der Dampfer etwa 12 Tage festgesessen hatte, waren nur verschiedene Platten verbeult. Das Schiff war dicht geblieben.

Zur Zeit, wo der Dampfer strandete, ging er 18 Fuß tief. Da, wo er festkam, zeigen die Seekarten nur 2 1/2 Faden Wasser.

Am 23. November 1901 strandete in derselben Gegend auf der Ortiz-Bank der Flensburger Dampfer „Hermann". In der in diesem Anlaß hier geführten seeamtlichen Untersuchung wurde durch Spruch vom 18. April 1902 festgestellt, daß die Strandung von dem an Bord befindlichen Lotsen aus Montevideo dadurch herbeigeführt sei, daß er in Unkenntnis des Fahrwassers den Kurs von WzS auf West veränderte.

Der Lotse auf dem „Hermann" führte den Namen Juan Maslach, war mithin unzweifelhaft derselbe Lotse, unter dessen Mitwirknng der Dampfer „Hilda Horn" am 22. Januar 1901 festgekommen war.

Nach dem, was vorliegt, ist es nicht zweifelhaft, daß die vorliegende Strandung der „Hilda Horn" dadurch herbeigeführt wurde, daß der Lotse Juan Maslach in ungenügender Kenntnis des Fahrwassers es unternahm, die Fahrt von India Point-Feuerschiff nach Chico-Bank-Feuerschiff fortzusetzen.

15. Spruch des Seeamts zu Bremerhaven vom 9. April 1903, betreffend den Zusammenstoß des Schraubendampfers „Helgoland" von Bremen mit dem mit einer Hilfsmaschine versehenen Dreimastschoner „Eversand" von Nordenham auf der Unterweser.

Der Spruch des Seeamts lautet:

Am 2. April 1903 um 9 Uhr abends ist auf der Unterweser in der Nähe von Meyers Legde ein Zusammenstoß zwischen dem Lloyddampfer „Helgoland" und dem Dampfschoner „Eversand" erfolgt, wobei letzterer gesunken ist.

Der unter Leitung eines Seelotsen befindliche Dampfer „Helgoland" war im Dwarsgat und stand im Begriff, in die Eversand-Leitfeuerlinie überzugehen, während der Dampfschoner „Eversand" ungefähr in der Linie der Eversand-Leitfeuer weserabwärts fuhr. Da der Dampfer „Helgoland" das grüne Licht des Dampfschoners „Eversand" gesehen zu haben glaubte und annahm, daß dieser an seiner Steuerbordseite passieren wolle, behielt er seinen Kurs und seine Fahrt bei. Auch als Dampfer „Helgoland" nachdem wieder das rote Licht des Dampfschoners „Eversand" erblickte, glaubte er noch, den Dampfschoner östlich passieren zu können, und blieb daher bei seinem Kurse. Der Dampfschoner „Eversand", welcher sich in der Eversand-Leitfeuerlinie befunden zu haben glaubte, hatte jedoch sein Ruder hart rechts gelegt, um den Dampfer „Helgoland“ an Backbordseite passieren zu lassen, und kam so schräg in das Fahrwasser zu liegen, sodaß er vom Dampfer "Helgoland“ an seiner Backbordseite vor dem Fockmast angerannt wurde.

Es wäre vorsichtiger gewesen, wenn Dampfer „Helgoland“ nach dem Wechsel der Seitenlichter des Dampfschoners seine Fahrt gemäßigt und wenn der Dampfschoner „Eversand“ sich von Anfang an östlich von der Leitfeuerlinie gehalten hätte.

Ein sonstiges Verschulden ist den beiden Schiffsleitungen nicht nachgewiesen.

Die Besatzung des Dampfschoners „Eversand“ rettete sich in ihr Boot und wurde vom Dampfer „Helgoland“ nach Bremerhaven gebracht.

Gründe. I. Der deutsche Schraubendampfer „Helgoland“ führt das Unterscheidungssignal QGDC, hat Bremen zum Heimatshafen und ist Eigentum des Norddeutschen Lloyd in Bremen. Er ist im Jahre 1896 aus Stahl erbaut und zu 16052,3 cbm = 5666,45 Registertons Brutto- und 10368,9 cbm = 3660,22 Registentons Netto-Raumgehalt vermessen. Das Schiff ist 122,46 m lang, 15,38 m breit und 8,30 m tief. Die Länge des Maschinenraums beträgt 20,40 m. Die dreifache Expansionsmaschine mit Oberflächenkondensation indiziert 2000 Pferdestärken und wird durch vier Zylinderkessel gespeist. Die Besatzung mit Einschluß des Kapitäns beträgt 55 Mann. Das Schiff ist beim Germanischen Lloyd klassifiziert und führt die Klasse ✠ 100 A4 L. Es befinden sich zwei Chronometer an Bord.

II. Der Dampfschoner (Dreimastschoner mit Hilfsmaschine) „Eversand“ führte das Unterscheidungssignal NJGB, hatte Nordenham zum Heimatshafen und gehörte zur Reederei J. D. Stürken. Er ist im Jahre 1901 aus Stahl erbaut und war zu 957,5 cbm = 337,98 Registertons Brutto- und 563,4 cbm = 198,88 Registertons Netto-Raumgehalt vermessen. Das Schiff war 44,74 m lang, 7,28 m breit und 3,24 m tief. Die Länge des Maschinenraums betrug 11,32 m.

Die dreifache Expansionsmaschine indizierte 300 Pferdestärken und wurde durch einen Zylinderkessel gespeist. Die Besatzung mit Einschluß des Kapitäns betrug 8 Mann. Das Schiff hatte beim Lloyds-Register höchste Klasse.

Auf der Rückreise von Buenos Ayres nach Bremerhaven passierte der Lloyddampfer „Helgoland“ am 2. April 1903 abends 6 Uhr 18 Minuten das Feuerschiff „Weser“ und um 6 Uhr 39 Minuten die Außentonne der Weser. Unter Führung des Seelotsen Barnstorf aus Geestemünde, neben dem sich der Kapitän Troitzsch auf der Kommandobrücke befand, ging die Fahrt weseraufwärts weiter, 8 Uhr 20 Minuten am Hoheweg-Leuchtturm vorüber im weißen Sektor auf Meyers-Legde zu im OSO-Kurse. Es war dunkel, aber sichtiges Wetter. Bei der Spieren-Tonne O wurden an Steuerbordseite in großer Entfernung zwei rote Seitenlaternen entgegenkommender Schiffe gesehen. Von der Tonne Q an hielt man SO-Kurs, um die beiden Eversandfeuer in Linie zu bringen. Gleich nach der Kursänderung wurde vom Dampfer „Helgoland" aus, 2 bis 2½ Strich an Steuerbord voraus, das grüne Licht des ersten der entgegenkommenden Schiffe gesehen, und zwar während eines Zeitraums von mindestens 5 Minuten. An dieser Tatsache ist nicht zu zweifeln, da sie sowohl vom Kapitän Troitzsch, als vom Lotsen Barnstorf, zweiten Offizier Hurtzig, der auch auf der Brücke war, Steurer Weber und Matrosen Müller, der sich auf Ausguck befand, in glaubhafter Weise bekundet ist. Barnstorf und Weber sowie Müller sind auf ihre Aussagen beeidigt. Wenn auch Müllers Bekundungen unsicher sind und er nicht genau weiß, welches der beiden entgegenkommenden Schiffe das grüne Licht gezeigt hat, so ist die Tatsache, daß dies der Dampfschoner „Eversand", das erste der entgegenkommenden Schiffe, war, nicht zu bezweifeln, da die übrigen genannten Personen — teilweise eidlich — solches auf das bestimmteste und in glaubhafter Weise versichern. Sowohl der Kapitän Troitzsch, als der Lotse Barnstorf nahmen, als sie das grüne Licht erblickt hatten, an, daß das entgegenkommende Schiff ein kleiner Dampfer sei, der sie an Steuerbordseite passieren und über die geringen Tiefen an der Robbenplate fahren wolle. Dampfer „Helgoland" behielt daher seine Fahrt und seinen SO-Kurs bei und gelangte so in den roten Sektor von Meyers-Legde. Da der Kurs des Dampfers „Helgoland" SO, der Kurs des entgegenkommenden Dampfers aber ungefähr die Richtungslinie der Eversandfeuer NzW½W war, gewann man auch auf dem Dampfer „Helgoland" den Eindruck, daß das entgegenkommende Schiff immer weiter nach Westen rücke und an Steuerbordseite passieren wolle. Als Dampfer „Helgoland" in den roten Sektor von Meyers-Legde einfuhr, zeigte der entgegenkommende Dampfschoner „Eversand" plötzlich sein rotes Licht wieder andauernd. Der Kapitän Troitzsch und der Lotse Barnstorf hielten es nicht mehr für möglich, rechts auszuweichen, da das Fahrwasser daselbst zu flach ist, glaubten vielmehr, noch vor dem entgegenkommenden Dampfer vorbeifahren und ihn an Steuerbordseite passieren zu können. In dieser Meinung behielten sie ihren Kurs sowie ihre volle Fahrt von etwa 8 Seemeilen bei und gaben zwei kurze Töne mit der Dampfpfeife, um den Schoner zum Ausweichen nach links zu veranlassen. Dieser beantwortete das Signal bald darauf mit einem kurzen Pfiff, da ein Ausweichen nach Westen nicht mehr möglich war. Auf Dampfer „Helgoland" wurden sofort die Maschinenbefehle „Halt!" und gleich darauf: „Volle Kraft rückwärts!" gegeben, die auch mit Erfolg ausgeführt wurden, aber nicht mehr verhindern konnten, daß gleich darauf, etwa um 9 Uhr, der Dampfschoner „Eversand" vom Bug des Dampfers „Helgoland" an der Backbordseite vor dem Fockmaste getroffen wurde, so daß er nach etwa 30 Minuten sank. Die Mannschaft rettete sich nach Schließung der Schotten, von denen sich aber eins wieder öffnete, in ihr Boot und wurde vom Dampfer „Helgoland" aufgenommen und nach Bremerhaven gebracht.

Der Lotse Barnstorf und der zweite Offizier Hurtzig vom Dampfer „Helgoland" behaupten auf das bestimmteste, daß der Unfall sich ereignet hat, ehe der Dampfer „Helgoland" vollständig in die Leitfeuerlinie der Eversandfeuer gelangt war, als er sich also noch östlich davon befunden habe, denn sie hätten das untere Eversandfeuer rechts von dem oberen gesehen. Diese Aussage wird besonders durch den Umstand unterstützt, daß das Wrack des Dampfschoners „Eversand" an der Westseite des Fahrwassers bei der roten Spierentonne R gefunden ist.

Die Darstellung der Besatzung des Dampfschoners „Eversand" weicht in einigen wesentlichen Punkten von den Angaben der „Helgoland"-Besatzung ab. Folgendes ist davon hervorzuheben:

Der allein mit Dampf fahrende Schoner „Eversand" befand sich nicht unter Führung eines Lotsen, sondern seines Kapitäns, als er am 2. April 1903 von Brake nach Gronin abfuhr. Als Bremerhaven und darauf Salzhörnfeuer passiert waren, und die Fahrt mit 3½ Seemeilen in der Leitfeuerlinie der Eversandfeuer weserabwärts ging, sichtete man an Backbord 3 bis 4 Strich voraus das Toplicht und grüne Seitenlicht des Dampfers „Helgoland". Hinter dem Dampfschoner „Eversand" befand sich noch ein anderes Schiff, dessen Name unbekannt geblieben ist, da es zur Zeit der Kollision westlich am Dampfer „Helgoland" vorbeifuhr, ohne sich weiter bemerkbar zu machen. Der Kapitän de Boer und Steuermann de Wall befanden sich auf der Kommandobrücke des Dampfschoners und der Matrose Noeken an dem hinten auf Deck befindlichen Ruder. Der Kapitän ließ NzW½W steuern und will genau die Linie der Eversandleitfeuer gehalten haben. Dies wird von dem ersten Steuermann und dem Matrosen Noeken bestätigt. Alle machen einen glaubhaften und überzeugten Eindruck. Dennoch glaubt das Seeamt nach der Aussage der Besatzung des Dampfers „Helgoland" nicht daran zweifeln zu können, daß der Dampfschoner „Eversand" längere Zeit von seinem Kurse abgewichen ist. Da keine große Abweichung dazu nötig war, um dem Dampfer „Helgoland" das grüne Licht zu zeigen, hält es das Seeamt für möglich, daß die Schiffsoffiziere auf der Brücke des Dampfschoners die durch eine Unachtsamkeit des Steurers bewirkte Abweichung für kurze Zeit vielleicht garnicht bemerkt haben.

Bei Annäherung des Dampfers „Helgoland" hielt der Dampfschoner scharf rechts. Als Dampfer „Helgoland" zwei kurze Pfeifentöne gab, konnte der Kurs des Dampfschoners wegen der Nähe des Dampfers „Helgoland" nicht mehr geändert werden, weshalb „Eversand" mit einem kurzen Pfiff antwortete. Gleich darauf erfolgte der Zusammenstoß, wobei der Dampfschoner vor dem Fockmaste getroffen und fast bis zur Mitte durchschnitten wurde. Um den Zusammenstoß zu mildern, hatte Kapitän de Boer kurz vor dem Zusammenstoße das Maschinenkommando: „Volldampf rückwärts!" gegeben, das aber nicht mehr zur vollen Ausführung kam. Das Schiff neigte sich alsbald stark nach Backbord über und begann, da eins der geschlossenen Schotte wieder aufgegangen war, zu sinken, sodaß die Mannschaft gezwungen war, das Rettungsboot zu besteigen. Die Angaben über die Zeit des Treibens des Wracks schwanken von 20 Minuten bis ¾ Stunden. Schließlich hat der Kapitän de Boer an dem aus dem Wasser ragenden Besahnmast eine Laterne als Warnungszeichen aufgehängt und ist dann vom Dampfer „Helgoland" mit seiner Mannschaft aufgenommen und nach Bremerhaven gebracht worden.

Der dunkelste und ungeklärteste Punkt ist die Feststellung, wo der Zusammenstoß erfolgt ist. Es ist unvereinbar mit den Aussagen der „Helgoland"-Besatzung, daß Kapitän und Steuermann vom Dampfschoner „Eversand" unmittelbar vor dem Zusammenstoße das untere Eversandfeuer eine Handspakenlänge weit links von dem oberen gesehen und sich an der östlichsten Grenze des Fahrwassers befunden haben wollen. Gegen diese Aussage und zu Gunsten derjenigen der „Helgoland"-Besatzung, daß der Zusammenstoß westlich der Eversandfeuerlinie geschehen sei, spricht die Lage des Wracks. Das Seeamt hält es nicht für wahrscheinlich, daß dasselbe, selbst wenn es ½ Stunde getrieben hätte, so weit von dem Platze des Zusammenstoßes und auf die andere Seite desselben versetzt sein könnte, zumal der Bug des Schiffes, da sich ein an Steuerbordseite befindliches Schott wieder geöffnet hatte, sehr schnell versank und bald Grund gehabt haben wird. Aus diesem Grunde ist auch die Wahrnehmung des Kochs Focke und des Matrosen Noeken vom Dampfschoner „Eversand" nicht sehr wahrscheinlich. Ersterer will kurz vor dem Zusammenstoß und letzterer nach demselben beim Einsteigen in das Rettungsboot an Steuerbord eine schwarze runde Tonne gesehen haben. Die Farbe der Tonnen des Fahrwassers war naturgemäß in dunkler Nacht nicht zu erkennen, die Aufregung des Augenblicks ließ eine ruhige Betrachtung überhaupt nicht zu. Jedenfalls sprechen die weite Entfernung der Lage des Wracks von der schwarzen Tonne, sowie der natürliche Weg des Dampfers „Helgoland" dagegen, daß bei der schwarzen Tonne, also an der östlichen Grenze des Fahrwassers, der Zusammenstoß erfolgt ist.

An dem Verhalten der Schiffsleitung des Dampfschoners „Eversand" hat das Seeamt zu tadeln, daß das Schiff in dem verhältnismäßig schmalen Fahrwasser sich nicht östlich, also rechts von der Leitfeuerlinie der Eversandfeuer, gehalten hat, wodurch er der Vorschrift des § 55 der Schiffahrtsvorschriften für die Unterweser vom 22. Mai 1901, soweit das nachts möglich ist, entsprochen haben würde. Es erscheint wahrscheinlich, ist aber nicht mit Sicherheit festzustellen, daß der Dampfschoner, trotzdem er beim Herannahen des Dampfers „Helgoland" schließlich Ruder rechts gab, doch noch an der westlichen Seite des Fahrwassers angerannt ist.

Der Leitung des Dampfers „Helgoland" ist zum Vorwurf zu machen, daß sie volle Fahrt beibehielt, trotzdem ihr die Sachlage bedenklich erscheinen und sie gemäß § 47 der Vorschriften auf Ausweichen bedacht sein mußte, als der Dampfschoner statt seines grünen Lichtes in großer Nähe plötzlich sein rotes Licht zeigte und somit feststand, daß er an Backbordseite passieren wollte. Wenn Dampfer „Helgoland" wegen des Fahrwassers nicht rechts passieren zu können und den Dampfschoner östlich passieren zu müssen glaubte, so wäre es ein Gebot der Vorsicht gewesen und hätte der gesetzlichen Vorschrift, § 52 der Schiffahrtsvorschriften für die Unterweser vom 22. Mai 1901, entsprochen, die Fahrt zu mäßigen. In diesem Falle wäre voraussichtlich der Unfall vermieden worden. Auch das Verhalten des Dampfers „Helgoland", zwei kurze Dampfpfeifentöne zu geben, nur um den entgegenkommenden Dampfer zu einem Ausweichen nach links zu veranlassen, selbst aber den alten Kurs unverändert beizubehalten, kann das Seeamt nicht für richtig halten, da es nicht den gesetzlichen Vorschriften des § 58 l. c. entspricht, wenn auch im vorliegenden Falle ein Zusammenhang zwischen dem Unfall und diesem Verfahren nicht bestehen dürfte. Der Dampfschoner hielt schon einige Zeit scharf rechts, als diese Pfiffe ertönten, und konnte bei der Nähe des Dampfers „Helgoland“ nicht mehr an ein Ausweichen nach links denken. Er behielt daher seinen Kurs unverändert bei und zeigte diesen kurz vor dem Augenblicke des Zusammenstoßes durch einen kurzen Pfeifenton an. Diese Signale dürften also in keinem ursächlichen Zusammenhange mit dem Unfall stehen, da sie auf die Schiffsführung ohne Einfluß geblieben sind.

Die Fehler der beiden Schiffsleitungen erscheinen wegen der Schwierigkeit der Befahrung des Fahrwassers zur Nachtzeit in mildem Lichte, sodaß von Maßregeln gegen sie abzusehen war.

16. Spruch des Seeamts zu Hamburg vom 21. April 1903, betreffend den Zusammenstoß des Schraubendampfers „Gustav Fischer“ von Rostock mit dem Besanewer „Maria“ von Ostendorf und dem englischen Dampfer „Moto“ auf der Elbe.

Der Spruch des Seeamts lautet:

Am 25. März 1903 hat auf der Elbe bei dem Krautsand-Feuerschiff ein Zusammenstoß zwischen dem Dampfer „Gustav Fischer“ und dem Ewer „Maria“ stattgefunden, durch welchen der Ewer zum Sinken gebracht wurde.

Als nach diesem Zusammenstoße der „Gustav Fischer“ Anker geworfen hatte, ist er von dem elbaufwärts fahrenden englischen Dampfer „Moto“ angerannt und schwer beschädigt worden.

Der erste Zusammenstoß ist von dem Lotsen Meyer des „Gustav Fischer“ dadurch verschuldet, daß dieser dem den Kurs kreuzenden Ewer zu spät ausgewichen ist, und weil er sich von vornherein an der unrichtigen Fahrwasserseite gehalten hat.

Es war auch fehlerhaft, daß auf dem „Gustav Fischer“ kein besonderer Ausguck gehalten wurde.

Der Führung des Ewers „Maria", welche durch den Fehler des Dampfers veranlaßt wurde, über Stag zu gehen um dem anscheinend drohend gewordenen Zusammenstoße zu entgehen, wird eine Mitschuld nicht beigemessen.

Der zweite Zusammenstoß ist durch Verkettung unglücklicher Umstände verursacht, ohne daß die Führung der beteiligten Schiffe eine Schuld trifft.

Tatbestand. Der in Rostock beheimatete Dampfer „Gustav Fischer", Unterscheidungssignal MDRN, 1881 in Göteborg erbaut, vermessen zu 748,8 cbm = 264,32 Registertons Brutto- und 428,6 cbm = 153,30 Registertons Netto-Raumgehalt, hat am 25. März 1903 beim Krautsand-Feuerschiffe den Ewer „Maria" angerannt und zum Sinken gebracht.

Dieser Zusammenstoß hat sich unter folgenden Umständen ereignet:

Der „Gustav Fischer" hatte unter Führung des Kapitäns Heinrich Nicolaus Jörck, der ein Befähigungszeugnis zum Schiffer auf großer Fahrt, ausgestellt in Wustrow im Jahre 1880 besitzt, um 7 Uhr nachmittags den Hafen von Hamburg mit der Bestimmung nach Rostock verlassen. Der Dampfer machte mit voller Kraft etwa 6½ Knoten Fahrt. Der Kapitän hatte sich um 9 Uhr schlafen gelegt, da er um 12 Uhr wieder die Wache übernehmen wollte. Es befand sich seitdem auf der Kommandobrücke der Steuermann Dade und der Lotse Henry Meyer sowie der Rudersmann. Ein besonderer Ausguck wurde nicht gehalten. Es wehte eine frische SSO-Brise in Stärke 4. Das Wetter war klar und sichtig. Die Flut hatte eingesetzt, als der Dampfer Juels-Sand passierte und man begegnete dann einer größeren Anzahl von Ewern, welche mit der Flut aufkreuzten.

Lotse Meyer nahm seinen Kurs dicht an Krautsand-Feuerschiff vorbei. In der mündlichen Verhandlung hat er die Entfernung, in welcher er das Feuerschiff nördlich passierte, auf 70 Meter geschätzt, während er diese Entfernung in seinem dem Seeamt eingereichten schriftlichen Bericht mit 10 Meter angibt. Als man eben das Feuerschiff passiert hatte, sah man einen Ewer, der vorher sein rotes Licht gezeigt hatte, an der Südseite des Fahrwassers über Stag gehen, sodaß er jetzt sein grünes Licht zeigend vor dem Bug des Dampfers vorüber nach Nord anlag. Lotse Meyer hat zunächst unter Beibehaltung der vollen Fahrt Kurs gehalten, bis er sich dem noch etwas an Backbord befindlichen Ewer auf eine sehr geringe Entfernung genähert hatte, hat dann unter Abgabe zweier Pfiffe Steuerbordruder gegeben, um hinter dem Ewer herumzugehen. Als der Dampfer soweit nach Backbord abgefallen war, daß der Ewer recht voraus war, bemerkte man auf dem Dampfer, daß der Ewer über Stag ging und wieder sein rotes Licht zeigte. Nunmehr ließ der Lotse das Ruder hartbackbord legen und die Maschine auf volle Kraft rückwärts setzen. Gleich darauf traf der Dampfer den Ewer an Backbordbug in einem spitzen Winkel von vorn und beschädigte ihn so schwer, daß er nach kurzer Zeit sank. Der Ewer ist nach dem Zusammenstoße noch eine kurze Strecke stromaufwärts getrieben und dann 20 Meter östlich vom Krautsand-Feuerschiff gesunken.

Der in Ostendorf beheimatete Besanewer „Maria", Unterscheidungssignal KMWH, vermessen zu 75,2 cbm = 26,53 Registertons Brutto- und 52,0 cbm = 18,37 Registertons Netto-Raumgehalt, befand sich unter Führung seines Eigentümers, Kapitäns Hinrich Buck, der ein Befähigungszeugnis zum Schiffer auf Küstenfahrt, ausgestellt zu Stade unterm 25. Juli 1880 besitzt, auf der Fahrt von Oberndorf nach Harburg mit einer Ladung von 25000 Steinen und hatte am 25. März bei Hochwasser bei Krautsand-Feuerturm geankert. Abends 8½ Uhr wurde bei Eintritt der Flut wieder unter Segel gegangen und bei SSO-Wind aufgekreuzt. Unterhalb Krautsand-Feuerschiff wurde an der Südseite über Stag gegangen und der Kurs in geringer Entfernung vor dem Steven des über Flut liegenden Feuerschiffs vorbei nach der Nordseite genommen. Der „Gustav Fischer", welcher schon oberhalb des Feuerschiffs gesichtet worden war, kam jetzt, sein rotes Licht zeigend, immer näher. Als er nur noch etwa eine seiner Schiffslängen entfernt war und noch immer keine Anstalten machte, auszuweichen, entschloß sich Kapitän Buck, über Stag zu gehen, um dem Dampfer nicht vor den Bug zu kommen. Als aber der Ewer eben in den Wind gedreht und die Stagfock schon back geschlagen war, hörte man die zwei Töne des Dampfers und bemerkte, daß er nach Backbord abdrehte. Kapitän Buck erkannte die Kollisionsgefahr und rief seinem Bestmann Garms zu, nach hinten zu laufen und das Boot klar zu machen. Garms hatte eben Zeit gehabt, das Boot aufzuholen und loszumachen, als der Zusammenstoß schon erfolgte. Garms ist erst nach dem Stoße ins Boot gestiegen, Kapitän Buck ist durch den Stoß bei dem Versuch, ins Boot zu steigen, ins Wasser gefallen, aber von dem Bestmann ins Boot gezogen worden. Beide haben sich dann auf das Feuerschiff gerettet.

Nach dem Zusammenstoße kommandierte der Lotse Meyer sofort „Fallen Anker" und „Boot klar". Der klar vor der Klüse hängende Anker fiel sofort, faßte aber nicht gleich, sodaß der Dampfer bis etwas oberhalb des Feuerschiffs trieb, bis er festlag. Sobald der Anker gefallen war, nahm der Lotse die Seitenlichter weg und stellte sie hinter den Ruderschutz auf die Brücke, auch ließ er die Toplaterne wegnehmen und die Ankerlaterne aufheißen. Das Boot kam schnell zu Wasser und stieß, mit dem Steuermann und zwei Mann besetzt, von der Steuerbordseite des Dampfers ab. Die Leute ruderten um das Heck des Dampfers herum, um nach dem etwas unterhalb des Feuerschiffs gesunkenen Ewer, dessen Masten an Backbordseite des Dampfers aus dem Wasser ragten, zu gelangen. Der Dampfer „Gustav Fischer" lag nicht ganz stromrecht, sondern mit dem Steven etwas südlich. Die Entfernung zwischen ihm und dem Feuerschiffe schätzt der Lotse auf 50 Meter.

Der Lotse sowie der nach dem Zusammenstoß auf die Brücke geeilte Kapitän hielten ihre volle Aufmerksamkeit auf das Boot und die Rettungsversuche gerichtet, als plötzlich der Lotse aufblickend das Toplicht und rote Licht eines aufwärts kommenden Dampfers in unmittelbarer Nähe sichtete. Er rief noch „Es geht nicht klar!" dann erfolgte der Zusammenstoß. Der anrennende Dampfer — der englische Dampfer „Moto" — traf den „Gustav Fischer" an Steuerbordbug von vorn, zertrümmerte ihm den Bug, drehte ihn herum und streifte dann an seiner Steuerbordseite entlang. Die Ankerkette des „Gustav Fischer" hielt, der Anker streifte aber etwas nach. Kapitän Jörck ließ jetzt schnell das zweite Boot aussetzen und stellte fest, daß die Vorpiek sofort vollgelaufen war. Da inzwischen die Meldung vom Feuerschiffe kam, daß die Leute des Ewers sich gerettet hatten, und man befürchtete, daß der Dampfer durch Nachgeben des Kollisionsschotts sinken könne, wurde das Boot zurückgerufen und der Dampfer südlich vom Feuerschiff auf Grund gesetzt. Um Mitternacht kamen der Pumpendampfer „Michel" und der Schleppdampfer „Habicht" heran, mit deren Hilfe der „Gustav Fischer" wieder flott gemacht und nach Hamburg gebracht wurde. Der zwischen beiden Zusammenstößen liegende Zeitraum wird von den Zeugen auf 8—10 Minuten geschätzt.

Der in Newcastle beheimatete Dampfer „Moto", Unterscheidungssignal KPNL, ist zu 1397 Registertons Brutto- und 873 Registertons Netto-Raumgehalt vermessen. Er befand sich unter Führung des Kapitäns Hutchean auf der Reise von Jarrow nach Hamburg. Um 9 Uhr nachmittags passierte der Dampfer Brunsbüttel und nahm dort den Lotsen Timmermann an Bord. Bei der weiteren Fahrt elbaufwärts befanden sich der Lotse, der erste Steuermann Storm und der Mann am Ruder auf der Brücke, der Ausguck war besetzt. Der Kapitän befand sich in der Kajüte.

Etwa 6—7 Minuten vor dem Zusammenstoße haben der Lotse und der Steuermann das Toplicht und abwechselnd das rote und grüne Licht eines Dampfers voraus gesehen. Dann verschwanden die farbigen Lichter und es blieb nur ein weißes Licht in Sicht. Der Lotse entnahm hieraus, daß dort ein Dampfer vor Anker gegangen sei. Er meinte, daß es sich wohl um einen Schlepper handle, und behielt seinen Kurs mit voller Kraft bei in der Absicht, das ankernde Schiff nördlich zu passieren. Als er im Begriffe war, das hierzu nötige Steuerbordruder zu kommandieren, erblickte er nördlich von dem ankernden Dampfer ein kleines Licht anscheinend dicht über dem Wasser, welches zeitweise verschwand und wieder erschien. In dieser Lage entschloß er sich, zwischen dem ankernden Schiffe und dem Feuerschiffe zu passieren, und ließ deshalb Backbordruder geben. Nach seiner Behauptung steuerte das Schiff nicht besonders. Es fiel daher mehr ab, als er beabsichtigt hatte, sodaß er, um einen Zusammenstoß mit dem Feuerschiffe zu verhüten, wieder Steuerbordruder kommandieren mußte. Gleich darauf erfolgte der Zusammenstoß. Kurz vorher hatte der Steuermann die Maschine stoppen und der durch das Arbeiten des Dampfsteuers aufmerksam gewordene, auf die Brücke geeilte Kapitän die Maschine auf volle Kraft rückwärts setzen lassen. Der Lotse meint, daß diese Maschinenmanöver kaum noch Einfluß auf die Fahrt des Schiffes gehabt haben können. Er hat die Fahrt mit voller Kraft vorwärts beibehalten, weil das Schiff mit dieser Fahrt am besten steuert, und weil er befürchtete, daß durch Stoppen und Rückwärtsarbeitenlassen der Maschine das Schiff dwars schlagen würde und dadurch mit Sicherheit die vielleicht sonst noch zu vermeidende Kollision herbeigeführt werden würde.

Nach dem Zusammenstoße wurde der „Moto" gedreht, um eventuell dem angerannten Schiffe Beistand leisten zu können. Dieses war aber, als die Unfallstelle wieder erreicht wurde, bereits an der Südseite auf Grund gesetzt, sodaß der „Moto" nicht in seine Nähe kommen konnte. Der „Moto" hatte nur unbedeutenden Schaden erlitten und setzte seine Reise nach Hamburg fort.

Der Reichskommissar hat an dem ersten Zusammenstoße dem „Gustav Fischer" die Schuld beigemessen, weil dieser mit seinem Ausweichmanöver zu lange gezögert und auch seine Fahrt nicht rechtzeitig gemindert hat. Ferner ist getadelt worden, daß der Kapitän sich nicht an Deck befunden hat und daß kein Ausguck gehalten ist.

Der zweite Zusammenstoß sei auf ein Zusammentreffen ungünstiger Umstände zurückzuführen, immerhin hätte man aber auf dem „Moto" Veranlassung gehabt, die Fahrt des Schiffes zu mäßigen. Dadurch hätte man jedenfalls die Folgen des Zusammenstoßes abgeschwächt.

Gründe. Der Zusammenstoß zwischen dem „Gustav Fischer" und dem Ewer „Maria" wäre vielleicht vermieden worden, wenn der Ewer nicht im letzten Augenblick über Stag gegangen wäre. Es kann aber trotzdem nach Sachlage dem Kapitän Buck aus diesem an sich nach Artikel 21 der Kaiserlichen Verordnung unrichtigen Manöver ein Vorwurf nicht gemacht werden, weil als erwiesen anzusehen ist, daß der „Gustav Fischer" mit seinem Ausweichmanöver so lange gezögert hat, bis der Führer des Ewers annehmen konnte und durfte, daß zur Abwendung des drohenden Zusammenstoßes ein Ausweichmanöver des Ewers nötig sei.

Die Behauptung des Lotsen Meyer, daß zwischen seinem Steuerbordrudersignal und dem Zusammenstoß etwa 3 Minuten vergangen seien, ist ersichtlich unrichtig. Es ist im Gegenteil aus den Aussagen der Ewerbesatzung, welche durch die Aussagen der Matrosen des „Gustav Fischer" und des völlig unbeteiligten Führers des Leuchtschiffs durchaus bestätigt werden, zu entnehmen, das es sich hier nur um den Bruchteil einer Minute handeln kann, und daß die Schiffe nur noch etwa um eine Länge des „Gustav Fischer", also etwa 30 Meter, von einander entfernt gewesen sein können.

Nach Aussage des Kapitäns Wiek vom Leuchtschiff ist der Ewer „Maria" etwa 100 Meter unterhalb des Feuerschiffs an der Südseite über Stag gegangen, anderseits hatte der „Gustav Fischer", als der Ewer über Stag ging, schon eben das Feuerschiff passiert. Die Kollision hat dann unweit des Feuerschiffs stattgefunden. Wenn auch Entfernungsschätzungen bei Nacht ein allzugroßer Wert nicht beigemessen werden kann, so ergibt sich doch mit Sicherheit aus diesen Angaben, daß der „Gustav Fischer" nach dem Erscheinen des grünen Lichtes des Ewers, wie der Lotse zugibt, noch einige Zeit mit voller Kraft Kurs gehalten hat, sowie daß zur Zeit der auf beiden Schiffen gemachten Ausweichmanöver diese schon sehr nahe bei einander gewesen sind.

Es ergibt sich hieraus das Verschulden des Lotsen Meyer, denn es war seine Pflicht, dem Ewer auszuweichen, und zwar wenn er es konnte, so rechtzeitig, daß auf dem Ewer Irrtümer und Zweifel über die Dampfermanöver vermieden wurden. Daß dies aber möglich gewesen wäre, daß also nichts ihn gehindert hat, sein Ausweichmanöver eher zu machen und zu signalisieren, hat er selbst unumwunden zugegeben. Wer aber ohne Not den Führer eines anderen Schiffes vor die schwierige Frage stellt, ob er nach Artikel 21 der Kaiserlichen Verordnung verfahren soll, oder ob schon der Moment gekommen ist, in welchem er verpflichtet ist, gegen die Regel zu handeln, der verstößt schuldhafter Weise gegen die Gebote nautischer Vorsicht (Art. 29 der Kaiserlichen Verordnung).

Dieser vom Lotsen Meyer gemachte Fehler hängt offenbar damit zusammen, daß er sich schon auf seinem Kurse, ehe er das Feuerschiff erreicht hatte, an der falschen Fahrwasserseite befunden und sich daher gescheut hat, durch ein allerdings wohl ausführbares, aber vielleicht nicht nötiges Ausweichmanöver sein Schiff noch südlicher zu bringen. Er selbst schätzt die Entfernung, in welcher er das Feuerschiff passierte, einmal auf 70 Meter, einmal auf 10 Meter, Kapitän Wiek nennt hier 30 Meter und es ist hiernach völlig erwiesen, daß der Dampfer sich in der südlichen Hälfte des Fahrwassers befunden hat. Es liegt hierin ein für die Kollision mit ursächlicher Verstoß gegen die Vorschrift des Artikel 25 der Kaiserlichen Verordnung, für welchen Lotse Meyer irgendwelche Entschuldigung oder Erklärung nicht hat vorbringen können.

Hätte der Dampfer sich an der Nordseite des Fahrwassers gehalten, so wäre er in seinem Ausweichmanöver, wenn dieses überhaupt nötig geworden wäre, jedenfalls ganz unbehindert gewesen und hätte gar keine Veranlassung gehabt, solange damit zu warten, wie er getan hat.

Dem Reichskommissar war ferner darin zuzustimmen, daß auf dem „Gustav Fischer" ein besonderer Ausguck hätte gehalten werden müssen, wenn auch diese Unterlassung anscheinend mit dem Unfall nicht in ursächlichen Zusammenhang zu bringen ist. In dem belebten und schwierigen Fahrwasser der Elbe ist bei Nacht unter allen Umständen ein besonderer Ausgucksmann zu bestellen.

Nach diesem Zusammenstoß ist auf dem „Gustav Fischer" besonnen und richtig gehandelt worden. Insbesondere sind auch die Seitenlichter alsbald nach Fallen des Ankers weggenommen worden. An dem darauf folgenden Zusammenstoße mit dem Dampfer „Moto" trifft daher den „Gustav Fischer" keine Schuld.

Die Ursache dieses Zusammenstoßes liegt darin, daß der „Moto" durch ein Zusammentreffen unglücklicher Umstände seine Durchfahrt bei dem Krautsand-Feuerschiffe versperrt fand.

Einmal hatte der „Gustav Fischer" so nahe dem Feuerschiff Anker geworfen, daß es dem „Moto" nicht gelang, in der Dunkelheit die an sich wohl genügende Durchfahrt zu finden, anderseits war ihm das vorher beabsichtigte Ausweichmanöver nach der Nordseite durch das Erscheinen des niedrigen Lichtes nördlich des „Gustav Fischer", welches zweifellos das von dem Schiffsboote des „Gustav Fischer" geführte Licht gewesen ist, unmöglich gemacht.

Es steht hier aber zur Frage, ob nicht der „Moto" Veranlassung gehabt hätte, eher als geschehen, die Fahrt zu mäßigen, wobei davon auszugehen ist, daß die von dem Steuermann und Kapitän gegebenen Maschinenkommandos keinen Einfluß mehr gehabt haben. Das Seeamt hat diese vom Reichskommissar bejahte Frage nicht in demselben Sinne entscheiden können. Es ist davon auszugehen, daß der „Moto" vor dem Erscheinen des kleinen Bootslichts jedenfalls keine Veranlassung hatte, die Fahrt zu mindern, da die Tatsache, daß im Fahrwasser ein Dampfer ankerte, an sich bei dem gut feuersichtigen Wetter keinerlei Bedenken zu erregen geeignet und nördlich des Dampfers genügender Platz für das beabsichtigte Ausweichmanöver vorhanden war. Als aber dieses Ausweichmanöver durch das Erscheinen des Bootslichts unausführbar geworden war, stand der Lotse vor der Frage, ob er den Versuch wagen solle, zwischen dem ankernden Dampfer und dem Feuerschiffe durchzufahren, oder ob er, um einen Zusammenstoß zu vermeiden, seine Maschine auf volle Kraft rückwärts setzen solle. Es war ihm aber darin zuzustimmen, daß er durch letzteres Manöver sicherlich sein Schiff im Strome quer gelegt und damit bei der geringen Entfernung einen Zusammenstoß mit dem ankernden Schiffe oder dem Feuerschiff unvermeidlich gemacht hätte. Anderseits bot der Versuch, durch den anscheinend genügenden Zwischenraum zwischen dem Feuerschiff und dem ankernden Schiffe hindurchzufahren, noch die Möglichkeit, einen Zusammenstoß zu vermeiden. Wenn der Lotse in dieser Zwangslage sich für den letzteren Versuch entschieden hat und dabei in der Erwägung, daß er für das beabsichtigte Manöver die volle Steuerfähigkeit des Schiffes benötige, die Fahrt mit voller Kraft beibehalten hat, so kann ihm daraus ein Vorwurf schuldhafter Navigierung nicht gemacht werden.

17. Spruch des Seeamts zu Hamburg vom 27. April 1903, betreffend die Seeunfälle des Schraubendampfers „Fürst Bismarck" von Hamburg.

Der Spruch des Seeamts lautet:

Der Schnelldampfer „Fürst Bismarck" hat am 22. August 1902 einen Bruch des Druckschafts und am 19. Oktober 1902 einen Bruch der Niederdruckkurbelwelle der Steuerbordmaschine erlitten.

Die Brüche sind darauf zurückzuführen, daß die Lage der Kurbelwellenleitung nicht mit der Lage der übrigen Wellenleitung übereingestimmt hat.

Der letzte Bruch der Kurbelwelle kann zum Teil auch auf den Bruch des Druckschafts zurückgeführt werden.

Bei so stark beanspruchten Maschinen, wie denjenigen der Schnelldampfer, ist eine periodisch genau einzuhaltende und in kürzeren Zwischenräumen vorzunehmende genaue Kontrollierung der Lage der gesamten Wellenleitung durchaus erforderlich.

Die Beschaffenheit des Materials entsprach zur Zeit der Unfälle den Anforderungen, welche der Germanische Lloyd an neue Wellen stellt, die Abmessungen waren die vorschriftsmäßigen.

Tatbestand und Gründe. Der der Hamburg Amerikanischen Packetfahrt Aktien-Gesellschaft gehörige Schnelldampfer „Fürst Bismarck", Unterscheidungssignal RJGV, vermessen zu 23881,3 cbm = 8430,08 Registertons Brutto- und 9138,7 cbm = 3225,97 Registertons Netto-Raumgehalt, hat im Jahre 1896 einen und im Jahre 1901 zwei Wellenbrüche in der Steuerbordmaschine erlitten, von denen die beiden letzteren bereits Gegenstand einer seeamtlichen Untersuchung gewesen sind. Während in dem einen Falle — zu vergl. den Spruch vom 15. März 1901 — ältere Einbrüche als die Ursache des Bruches angesehen wurden, wurde im zweiten Untersuchungsfalle — zu vergl. den Spruch vom 8. Oktober 1901 — die Ursache des Bruches entweder auf die Fabrikationsweise der Welle oder auf zu große Inanspruchnahme der Welle, veranlaßt durch Bewegung der Schiffsverbände unter der

Maschine bei gewissen Umdrehungszahlen, oder auf beide Ursachen zusammen zurückgeführt. Jetzt handelt es sich wieder um zwei Wellenbrüche, welche der Dampfer im Jahre 1902 erlitten hat, und zwar ist am 22. August die Druckwelle und am 19. Oktober der Niederdruckkurbelschaft gebrochen. In beiden Fällen hat die Reise mit der anderen Maschine fortgesetzt und vollendet werden können.

Uber den ersten Unfall hat die Beweisaufnahme ergeben, daß das Schiff erst am Tage vorher den Hafen von New York verlassen hatte und daß bei gutem Wetter die bis dahin gut arbeitende Maschine keinerlei besonderen Anstrengungen ausgesetzt gewesen ist. Am 22. August um 3 Uhr 30 Minuten morgens bemerkte der wachehabende Maschinist, daß die Grundlager 3 und 5 sich an der hinteren Kante stark erhitzten. Die Maschine wurde gestoppt und bei Untersuchung festgestellt, daß der Druckschaft dicht hinter der vorderen Kuppelung gebrochen war, sodaß dadurch ein Verschieben der Wellen nach vorn stattgefunden hatte. Der hier gebrochene Druckschaft hat seit der Erbauung des Schiffes im Jahre 1891 im Schiffe gearbeitet, war aus Siemens Martin-Stahl gefertigt und ist von dem Bochumer Verein für Gußstahlfabrikation geliefert worden. Eine Besichtigung dieses Schaftes durch das Seeamt hat ergeben, daß die Bruchstelle sich dicht hinter der Kuppelungsflansche befand, welche den Druckschaft mit dem der Kurbelwelle verbindet. Die Bruchfläche war zackig und zeigte mehrfach Erhöhungen und Vertiefungen, welch letztere von muschelförmiger Gestalt waren. Der Bruch schien, seinem Aussehen nach zu urteilen, allenthalben in der Hohlkehle seinen Anfang genommen zu haben und etwa radial nach innen verlaufen zu sein. Parallel zur Bruchstelle und in einer Ausdehnung von etwa 500 mm und 230 mm zeigten sich, soweit ersichtlich, zwei Risse, welche mit etwa 3 mm Weite beginnend, allmählich verschwanden. Schlechte oder schadhafte Stellen waren an den Bruchstellen nicht vorhanden und der Bruch schien vollständig neu zu sein. Auf Anregung der sachverständigen Beisitzer des Seeamts sind zur Prüfung des Materials Zerreiß- und Biegeproben mit bei der Bruchstelle herausgeschnittenen Probestücken angestellt worden. Diese Proben haben ergeben, daß die Bruchfestigkeit 45—46 kg pro Quadratmillimeter Dehnung 24—27,5% auf 200 mm Probierlänge betrug; die Biegeproben ergaben 180 Grad in zwei quadratischen Stäben. Diese Resultate sind fast identisch mit denen, welche im November 1889 bezw. Februar 1890 Probestücke derselben Welle ergeben haben. Die Beschaffenheit des Materials entsprach demnach zur Zeit des Bruches den Anforderungen, welche der Germanische Lloyd an neue Wellen stellt. Ebenso waren die Abmessungen die vorschriftsmäßigen.

Der zweite Unfall ereignete sich am 19. Oktober abends auf der Reise von New York nach Hamburg bei leichtem Winde und mäßig bewegter See. Auch in diesem Falle ist die Maschine in keiner Weise besonders angestrengt gewesen. Am Nachmittage des 19. Oktober lief das 6. Wellenlager der Steuerbordmaschine warm und wurde wohl unter vorsichtiger äußerer Kühlung kälter, erhitzte sich jedoch, sobald die Kühlung ausgesetzt wurde, sofort wieder. Um die Ursache dieser Erscheinung zu ergründen, wurde die Maschine um 5 Uhr 45 Minuten nachmittags gestoppt und dann, nachdem Deckel und Schale aufgenommen waren, ein Bruch der Welle dicht am hinteren Kurbelarme gefunden. Die hier gebrochene Welle arbeitete seit dem 5. Januar 1902 mit neuen Wellenzapfen im Schiffe. Vor zwei Reisen nach dem Bruche des Druckschafts ist diese später gebrochene Welle, im Schiffe liegend, gründlich durch die Maschinisten untersucht und dabei gut befunden worden. Nach Ansicht der Reederei, welcher das Seeamt zustimmt, hängt dieser Bruch der Kurbelwelle mit dem zwei Reisen vorher erfolgten Bruche der Druckwelle zum Teil zusammen. Der Bruch der Druckwelle war nämlich nicht in gerader, sondern in schräger Richtung erfolgt, auch hat die Unebenheit in dem Bruche den Mitnehmer für die hintere Wellenleitung gebildet. Dadurch, daß die unebenen Bruchflächen gegeneinander gelegen haben, scheint das jetzt gebrochene Ende der Kurbelwelle eine besondere Beanspruchung erfahren zu haben, welche mit eine Ursache des jetzt erfolgten Bruches bildet.

Nach diesen 5 Wellenbrüchen der Steuerbordmaschine hat die Reederei das Schiff aus dem Fahrplane herausgenommen und die Maschine in allen Teilen einer gründlichen Untersuchung unterworfen. Es wurde dabei zunächst festgestellt, daß das Fundament der Maschine in der Verbindung mit dem Doppelboden sowie der Doppelboden selbst sich in einem tadellosen Zustande befanden. In der Verbindung der Fundament-Oberteile wurden einige lose Nieten vorgefunden, welche erneuert wurden und die Veranlassung gaben, an verschiedenen Stellen des Fundaments Verstärkungen anzubringen. Diese geringen Defekte werden von den Sachverständigen mit dem Wellenbruche nicht in Zusammenhang gebracht. Die Wellenleitung wurde vollständig aus dem Schiffe entfernt, die Sternrohre mit neuen Pockholzlagern versehen und darauf die Wellenleitung, von hinten beginnend, nach vorn genau ausgerichtet. Nachdem die genauen Zentren dieser Wellen durch Wasserwagen gesichert und durch eigens dazu angefertigte

Instrumente die Rechtlage der Wellenachsen nach dem Vorderende der Grundplatte übertragen war, wurde herausgefunden, daß die unteren Grundlagerschalen der Kurbelwelle um 20 mm zu tief lagen. Die Auflageflächen dieser Lager zeigten sich in der Grundplatte glatt und in Ordnung, sodaß der Fehler nicht ohne weiteres zu erkennen war. Es hatten sich aber die metallenen Unterlager in das gußeiserne Maschinenfundament eingearbeitet. Es sind jetzt die Lagerstellen der Grundplatte ausgebohrt, mit neuen gußeisernen Lagerschalen, welche mit Weißmetall ausgegossen sind, versehen, und die Druck- und Kurbelwellen sind erneuert worden.

Durch die Beweisaufnahme hat sich herausgestellt, daß den leitenden Maschinisten die Tatsache, daß die Unterlager sich in das Maschinenfundament eingearbeitet hatten, schon seit geraumer Zeit bekannt war. Der erste Maschinist Jacobsen schätzte den Fehler in der Lagerung auf 14 mm, während er tatsächlich 20 mm betragen hat. Eine genaue Messung des Fehlers scheint nicht stattgefunden zu haben, da die ursprünglich mit dem Schiffe gelieferten Schablonen verloren gegangen waren. Ob später neue Schablonen angefertigt worden sind oder nicht, oder ob diese neuen Schablonen nicht ordentlich gepaßt haben, hat bei den sich widersprechenden Aussagen nicht völlig festgestellt werden können. Da nach Ansicht der Maschinisten aber sämtliche Lager der Kurbelwelle, mithin auch diese selbst, sich gleichmäßig gesenkt haben sollten, so folgerte man, daß ein gleiches bei der gesamten Steuerbordwellenleitung der Fall sei. Man hat aus diesem Grunde und auch wegen der hiermit verknüpften zeitraubenden Arbeit und wegen der großen Kosten eine genaue Revision der Anlage seit 1899 unterlassen. Bei den früheren Wellenbrüchen hat man lediglich die neue Welle eingesetzt und ausgerichtet, ist aber im übrigen der Ursache der wiederholten Brüche nicht näher nachgegangen.

Nachdem sich aus den vorgenommenen Materialproben, wie oben ausgeführt, ergeben hat, daß die Ursache der Wellenbrüche in dem Material nicht zu suchen ist, erscheint es als völlig erwiesen, daß die Ursache des Brechens der Druckwelle und der verschiedenen Kurbelwellen einzig und allein auf die unrichtige Lage der Steuerbordwellenleitung zurückgeführt werden muß. Durch die Senkung der Welle in der Maschine um 20 mm hat die gesamte Wellenleitung eine Beanspruchung durch Biegung bekommen und diese besondere Beanspruchung muß als Ursache nicht nur dieser, sodern auch der früheren Brüche angesehen werden. Wäre die gleiche Untersuchung, welche jetzt vorgenommen ist, früher oder in bestimmten kürzeren Zeitabschnitten angestellt worden, so hätte man jedenfalls schon früher Anzeichen einer von der geraden abweichenden Lagerung der Welle gefunden und wäre zweifelsohne zu einer gründlichen Ausrichtung der Wellenleitung geschritten, wie solches bei der Backbordmaschine, welche von Wellenbrüchen auf See verschont blieb, früher geschehen ist. Wie allgemein bekannt, werden die Maschinen der modernen Schnelldampfer ganz außerordentlich beansprucht, und Beschädigungen derselben durch Brechen der Wellen und anderer Teile treten bei ihnen häufiger auf, als auf Dampfern, bei welchen das Verhältnis des Deplacements zu den indizierten Pferdestärken günstiger ist. Hieraus ergibt sich die Notwendigkeit, daß die Maschinenanlagen der Schnelldampfer mit der größten Aufmerksamkeit beobachtet und in kürzeren, sich gleichmäßig wiederholenden Zeitabschnitten genauen Untersuchungen unterzogen werden müssen.

Zum Schluß läßt das Seeamt eine Beantwortung der im Fragebogen des Reichsamts des Innern aufgestellten Fragen folgen:

1) Um welche Welle handelt es sich? Kurbelwelle, Schraubenwelle, Schwanzwelle, Druckwelle, Leitungswelle?	Druckschaft und Niederdruckkurbelwelle.
2) An welcher Stelle ist die Welle gebrochen?	Druckschaft am vorderen Ende hinter der Kuppelungsflansche. Kurbelwelle dicht am hinteren Kurbelarme.
3) Ist der Bruch auf eine bestimmte Ursache und auf welche zurückzuführen?	
a. Ist der Durchmesser geringer als vom Germanischen Lloyd vorgeschrieben?	Nein.
b. Ist das Material der Welle schlecht? (Angabe des Materials.)	Nein.
c. Ist der Spielraum in den Lagern (im Sternrohr) zu groß gewesen?	Nein.
d. War die Welle stark von Rost angefressen?	Nein.

e. Trägt eine mangelhafte Beaufsichtigung des Maschinenpersonals die Schuld?	Nein.
f. Sind vielleicht andere, hier nicht erwähnte Umstände als Ursache des Wellenbruchs anzusehen?	Falsche Lage der Kurbelwellenleitung zu der übrigen Wellenleitung.
4) Von welchem Werk ist die Welle hergestellt?	Bochumer Verein für Gußstahlfabrikation.
5) Wie lange hat die Welle im Schiff gearbeitet?	Druckschaft seit 1891. Kurbelwelle seit Januar 1902.
6) War die Welle schon früher einmal gebrochen und wieder angeschweißt?	Nein.
Wie lange hat sie nach der Reparatur gearbeitet?	—.—
7) Sind schon früher auf dem Dampfer Wellenbrüche vorgekommen?	1896 ein, 1901 zwei Brüche der Kurbelwelle der Steuerbordmaschine.

18. Spruch des Seeamts zu Flensburg vom 4. November 1902 und Entscheidung des Kaiserlichen Ober-Seeamts vom 28. April 1903, betreffend den Zusammenstoß des Schraubendampfers „Podbielski" von Kiel mit einem Schleppzuge der Kaiserlichen Marine auf der Kieler Föhrde.

Der Spruch des Seeamts lautet:

Der Zusammenstoß des der Neuen Dampfer-Compagnie in Kiel gehörigen Dampfers „Podbielski", Kapitän Hermann Wilhelm August Lewerenz in Kiel, mit einem aus drei Booten bestehenden, von dem Oberbootsmannsmaat Rauchstädt in Kiel geführten Schleppzuge der Kaiserlichen Marine in der Kieler Föhrde in der Nähe der Seebadeanstaltbrücke am Nachmittage des 20. August 1902 ist durch den Führer des Dampfers

„Podbielski“ verschuldet. Er war verpflichtet, dem Schleppzug auszuweichen, hat es an der erforderlichen Aufmerksamkeit in der Navigierung fehlen lassen und gegen die Bestimmungen der Artikel 19 und 23 der Verordnung vom 9. Mai 1897 zur Verhütung des Zusammenstoßens der Schiffe auf See verstoßen.

Die Befugnis zur Ausübung des Gewerbes als Schiffer ist dem Kapitän Lewerenz nicht zu entziehen.

Gründe. Der der neuen Dampfer-Compagnie in Kiel gehörende, im Jahre 1899 aus Stahl erbaute Schraubendampfer „Podbielski“, Unterscheidungssignal LBGD, ein Dampfer von 29,94 m Länge, 6,41 m Breite, 2,69 m Tiefe und mit einem Netto-Raumgehalte von 138,5 cbm = 48,90 Registertons, befand sich am Nachmittage des 20. August 1902 auf seiner fahrplanmäßigen Fahrt von Kiel über Holtenau nach Rendsburg. Führer war der 47 jährige Kapitän Hermann Wilhelm August Lewerenz in Kiel, welcher ein von der Königlichen Regierung in Stralsund im Jahre 1877 ausgestelltes Zeugnis über die Befähigung zum Schiffer auf großer Fahrt besitzt. Die Mannschaft bestand außer dem Maschinenpersonal aus dem 36 jährigen Kassierer Pahl in Rendsburg und einem Matrosen. Der um 3 Uhr nachmittags von der Seegartenbrücke abgefahrene Dampfer legte etwa 20 Minuten später an der Seebadeanstaltbrücke an, um einige Passagiere aufzunehmen.

Nachdem dieses geschehen, legte der Dampfer von der Brücke ab, machte zunächst einige Umdrehungen rückwärts, um den Bug des Schiffes nach außen zu drehen, und ging dann mit voller Kraft vorwärts mit einem Kurse, der ihn frei von den der Seebadeanstalt vorgelagerten kleinen roten Bojen führte. Gleich darauf wurde jedoch die Maschine auf langsam gestellt und alsdann gestoppt, um einen aus einer Dampfpinaß und zwei mit je 40 Marinemannschaften besetzten Kuttern (Booten) bestehenden, von dem Oberbootsmannsmaat Rauchstädt in Kiel geführten Schleppzug vorbeipassieren zu lassen, welcher aus dem inneren Hafen kam, um nach der Militärschwimmbadeanstalt bei Forsteck zu fahren, und in einer von einer Seite auf 40 m von anderer Seite auf 60 bis 80 m geschätzten Entfernung vor der Seebadeanstaltbrücke parallel mit dem Lande vorbeifuhr. Der Schleppzug war ungefähr 40 m, der Dampfer 30 m lang.

Der Versuch, den Schleppzug vorbeizulassen, gelang jedoch nicht, es erfolgte vielmehr ein Zusammenstoß, dessen Art und Verlauf von beiden Seiten verschieden geschildert wird, der jedoch nach beiden

Darstellungen die Folge hatte, daß die Dampfpinaß an die Backbordseite und die beiden Kutter an die Steuerbordseite des Dampfers beiklappten und die in den Kuttern befindlichen Marinemannschaften zum Teil auf den Dampfer hinüberkletterten. Dabei fielen zwei Personen aus dem zweiten (letzten) Kutter in das Wasser, nämlich der 18 jährige Bäckersgast G. Krämer und der 19 jährige Heizer E. Häggberg. Ersterer ergriff, um auf den Dampfer zu klettern, ein von der Steuerbordseite des Dampfers herabhängendes Tau, fiel, da diese Leine etwas nachgab, in das Wasser, rettete sich jedoch durch eigene Kraft, indem er an dem Tau auf den Dampfer hinaufkletterte. Der letztere fiel bei den Bemühungen, den Kutter von dem Dampfer abzustoßen und freizuhalten, in das Wasser, stieß mit dem Kopfe gegen den Dampfer und sank dann unter Wasser. Vom Dampfer wurde ihm sowohl eine Rettungsboje als auch ein Tau zugeworfen. Gerettet wurde er im letzten Augenblick, als er bereits unter Wasser gesunken war, von dem 22 jährigen Matrosen E. F. W. K. Blödorn, welcher in einem Dingy der in der Nähe der Unfallstelle an einer Boje belegenen Segeljacht „Hertha" herbeigerudert war, in Gemeinschaft mit einem gleichfalls herbeigeeilten, mit zwei Mann besetzten Boote der Jacht „Susanna". Diesen Leuten wurde vom Dampfer aus die Stelle gezeigt, wo der Mann sich unter Wasser befand, worauf sie ihn herauszogen. Diese Stelle befand sich an der Steuerbordseite des Dampfers und zwar nach der einen Darstellung seitwärts in etwa 3 bis 4 m Entfernung, nach einer anderen Darstellung weiter achteraus. Durch diese außerordentlich anerkennenswerte Rettung ist der Verlust von Menschenleben bei diesem Unfalle vermieden worden. — Der Zusammenstoß fand außerhalb der äußersten Reihe der kleinen roten Bojen statt. Der Dampfer „Podbielski" ist dann im weiteren Verlaufe des Unfalls unter Backbordruder (Marinekommando) mit dem Schleppzuge, dessen Schleppleine straff vor seinem Buge lag, in die kleinen roten Bojen hinein nach der Badeanstalt zu gefahren, bis es der Dampfpinaß gelang, unter Rückwärtsarbeiten der Maschine die Leine zwischen der Pinaß und dem ersten Kutter zu lösen, und dadurch den Schleppzug von dem Dampfer zu befreien.

Die von dem Vorsitzenden und zwei Beisitzern des Seeamts am 18. September d. J. besichtigte Unfallstelle und ihre Umgebung ergibt folgendes Bild:

Die Brücke der Seebadeanstalt ist ungefähr 80 m lang, nördlich davon liegt die Badeanstalt in einer am Lande gemessenen Entfernung von rund 110 m. Die Badeanstalt mag ungefähr ebenso weit in das

Wasser hinausgebaut sein, wie die Seebadeanstaltbrücke. Vor der Seebadeanstalt liegt eine größere Anzahl von kleinen roten Bojen, deren äußerste Reihe etwa 50 m vor der Badeanstalt vorgeladert ist. Die aus dem inneren Hafen kommenden Dampfer, welche an der Brücke anlegen, müssen daher bei der Weiterfahrt mit einem schrägen, nach außen gerichteten Kurse fahren, um frei von der äußersten Reihe der kleinen roten Bojen zu gehen. Südlich von der Seebadeanstaltbrücke liegt in einer am Lande gemessenen Entfernung von rund 100 m die Kaiserliche Jachtklubbrücke, südlich von dieser in einer weiteren Entfernung von 85 m die Hulk „Hansa". Die Dampfpinaß ist 10 m, jeder der beiden Kutter des Schleppzugs 8 m lang, die Länge der Schleppleine zwischen der Pinaß und dem ersten Kutter war 10 m, zwischen dem ersten und dem zweiten Kutter dagegen nur 4 m, sodaß die Länge des ganzen Schleppzugs ungefähr 40 m betrug. Der Schleppzug machte nach Rauchstädts Schätzung am Unfalltage etwa 3 Seemeilen in der Stunde. Der Dampfer „Podbielski" ist 30 m lang und macht nach Lewerenz Aussage bei voller Fahrt 9½ bis 10 Seemeilen in der Stunde.

Die Besichtigung des von dem Dampfer getroffenen ersten Kutters ergab, daß an der Backbordseite des Kutters an der dritten Ducht von vorn etwas vor der Mitte des Bootes an der 2 ten, 3 ten und 4 ten Planke Spuren des Stoßes zu sehen waren. Sie bestanden an der 2 ten und 3 ten Planke aus geringen Mennigabdrücken in der ungefähren Breite des Stevens des Dampfers, an der 4 ten Planke aus einigen etwas breiteren Abschürfungen des Holzes. An der Scheuerleiste waren dagegen keine Eindrücke sichtbar.

An dem Tage dieser Besichtigung wurde auch der Versuch gemacht, mit dem vom Kapitän Lewerenz geführten Dampfer „Podbielski„ unter Markierung des Schleppzugs durch eine von der Marineverwaltung zur Verfügung gestellte und von Rauchstädt geführte Dampfpinaß dieselbe Fahrt wie an dem Unfalltage an Ort und Stelle zu wiederholen. Dieser Versuch ergab jedoch nur ein unvollkommenes Bild der Fahrt am Unfalltage, weil der Dampfer nach Rauchstädts Behauptung nicht so weit über die kleinen roten Bojen hinausfuhr, wie dieses am Unfalltage geschehen und weil auch im übrigen die Angaben des Lewerenz und des Rauchstädt über die am Unfalltage von dem Dampfer und dem Schleppzug ausgeführten Manöver einander zu sehr widersprachen.

Nach der umfangreichen Beweisaufnahme, in welcher zwei Personen der Besatzung und sechs Passagiere des „Podbielski" sowie

11 Personen des Schleppzugs (hauptsächlich Marinemannschaften) als Zeugen vernommen sind, betrifft der Widerspruch der verschiedenen Darstellungen hauptsächlich die einzelnen Manöver des Dampfers und des Schleppzugs sowie die Frage, ob der Dampfer das überholende Schiff gewesen ist, oder ob die Kurse konvergierende (sich kreuzende) waren.

Die Darstellung des Kapitäns Lewerenz und der meisten der vernommenen Passagiere ist der Hauptsache nach folgende: Als der Dampfer von der Brücke ablegte und mit schräge nach außen gerichtetem Kurse sowie mit voller Kraft vorwärts fuhr, um an den der Badeanstalt vorgelagerten roten Bojen frei vorbei zu passieren, befand sich der Schleppzug und zwar die Pinaß quer ab oder nach einigen Aussagen noch etwas weiter zurück wie quer ab von der Steuerbordseite des Dampfers. Erst in diesem Augenblick, als der Dampfer mit voller Kraft vorwärts fuhr, sah Kapitän Lewerenz den Schleppzug und gab sofort das Kommando „langsam" und gleich darauf „stopp", um den nach außen fahrenden Schleppzug vorbei zu lassen. Diese Kommandos folgten unmittelbar aufeinander in sehr kurzen Zwischenzeiten. Mit gestoppter Maschine kam der Dampfer bis an die südliche rote Eckboje und fuhr nun parallel mit den roten Bojen, und zwar nach der Angabe des Kapitäns Lewerenz mit so wenig Fahrt, daß der Dampfer fast nur trieb. Als der Schleppzug, welcher nach der Aussage des Kapitäns mehr Fahrt machte, als der Dampfer, näher kam, gab Kapitän Lewerenz einen langen Ton mit der Dampfpfeife als Warnungszeichen. Bei diesem Pfiff sah der Führer der Dampfpinaß sich nach dem Dampfer um und gab dabei hart Backbordruder (Marinekommando), sodaß die Pinaß dicht vor dem Buge des „Podbielski" vorüberfuhr. Der Führer des Dampfers, der bisher seinen Kurs beibehalten hatte, legte jetzt das Ruder backbord (Marinekommando) und fuhr mit dem Schleppzuge, dessen Leine sich vor den Bug des Dampfers gelegt hatte, in die der Badeanstalt vorgelagerten roten Bojen hinein. Daß der Dampfer den ersten Kutter getroffen hat, stellt der Kapitän lebhaft in Abrede. Mit der vorstehenden Darstellung des Kapitäns und von fünf Passagieren des Dampfers stimmt die Aussage des gleichfalls als Passagier an Bord gewesenen, durchaus sachkundigen Korvettenkapitäns William Kutter aus Wilhelmshaven insofern nicht überein, als nach seiner Wahrnehmung der Dampfer und der Schleppzug mit konvergierenden (sich kreuzenden) Kursen fuhren und beide bis zum Zusammenstoß ihre Kurse nicht geändert haben. Nach dem Ablegen des Dampfers von der Brücke befand sich der Schleppzug nach der Aussage des Korvettenkapitäns Kutter quer ab von der Steuerbordseite des Dampfers. Vorher hat dieser Zeuge den Schleppzug nicht gesehen.

In wesentlichem Widerspruche mit der Darstellung des Kapitäns Lewerenz steht diejenige des Oberbootsmannsmaaten Rauchstädt und eines großen Teiles der Marinemannschaften des Schleppzugs. Sie stellen auf das lebhafteste in Abrede, daß die Pinaß mit Backbordruder vor dem Dampfer vorbeigefahren sei. Der Schleppzug hat nach ihren Aussagen seinen Kurs überhaupt nicht geändert, dagegen hat der Dampfer erst dann von der Brücke abgelegt, als der Schleppzug die Brücke bereits ziemlich weit (nach Rauchstädts Schätzung etwa 70 m) passiert hatte und sich annähernd quer ab von den vor der Badeanstalt liegenden kleinen roten Bojen befand. Der Dampfer, der schneller fuhr als der Schleppzug, ist dann von achtern schräg auf den Schleppzug zu gefahren, hat einen kurzen Pfiff gegeben, das Ruder hartsteuerbord (Marinekommando) gelegt, gleich darauf den ersten Kutter des Schleppzugs angerannt und eine Zeit lang vor sich her geschoben. Alsdann ist er unter Backbordruder (Marinekommando) mit dem Schleppzuge in die roten Bojen hineingefahren.

Von dieser Darstellung unterscheidet sich in einem wesentlichen Punkte die Aussage des Obermatrosen Wilhelm Müller, der den zweiten Kutter des Schleppzugs steuerte. Nach seiner Aussage ist der Dampfer etwa 4 Strich von achtern auf den Schleppzug, und zwar auf den zweiten (letzten) Kutter zugefahren. Als er etwa 20 bis 25 m entfernt war hat er gestoppt. Als er noch näher, und zwar auf kurze Entfernung herangekommen war, drehte er nach Backbord und ging in ganz kurzem Abstande neben der Backbordseite des zweiten Kutters vorbei. Ehe dieses geschah, und zwar gleichzeitig mit dem Backborduderlegen des Dampfers, legte der Obermatrose Müller das Ruder des zweiten Kutters steuerbord (Marinekommando), um einen Zusammenstoß des Dampfers mit dem zweiten Kutter zu verhüten. Durch dieses Ruderlegen schor der zweite Kutter nach Steuerbord aus. Aus diesem Umstande erklärt sich die Tatsache, daß der erste Kutter aus seinem Kurse herausgedrängt wurde und dem Dampfer vor den Bug kam. Damals (bei dem Ruderlegen) war der Dampfer ganz nahe an dem zweiten Kutter, sodaß die Marinemannschaften in dem Kutter aufsprangen und auf den Dampfer hinüberzuklettern suchten, was auch einigen gelang, während bei diesen Versuchen zwei Personen in das Wasser fielen, jedoch gerettet wurden. Der Dampfer hat darauf nach den Aussagen anderer Zeugen (Marinemannschaften), nachdem er den zweiten Kutter passiert hatte, den ersten Kutter in der oben geschilderten Weise angerannt.

Da diese Darstellungen der Manöver des Dampfers und des Schleppzugs sowie der Frage, ob der Dampfer überholendes Fahrzeug war oder nicht, sich derart widersprechen, daß sie unvereinbar erscheinen, so muß diejenige Darstellung dem Tatbestande zugrunde gelegt werden, welche die größere innere Wahrscheinlichkeit für sich hat. Nach dem Erachten des Seeamts ist dieses diejenige, welche annimmt, daß sowohl der Schleppzug, als auch der Dampfer ihren Kurs beibehalten haben, und daß bei dem Ablegen des Dampfers von der Brücke der Schleppzug sich quer ab befand, der Dampfer daher nicht überholendes Fahrzeug war, die Kurse beider vielmehr konvergierende, d. h. sich kreuzende waren, so daß sie im Laufe der Fahrt und in Ermangelung von Verhütungsmaßregeln notwendig einander treffen mußten. Diese Darstellung muß das Seeamt umsomehr als die richtige bezeichnen, als der auf dem Dampfer „Podbielski" als Passagier anwesende, durchaus unbeteiligte und sachkundige Korvettenkapitän Kutter aus Wilhelmshaven seine Wahrnehmungen in diesem Sinne gemacht hat. Außerdem hat sie den Vorzug der sachlichen Richtigkeit und inneren Wahrscheinlichkeit für sich, weil kein verständiger Grund vorhanden war, der den Führer des mit seinem Kurse nach dem Außenhafen gerichteten Schleppzugs veranlassen konnte, unter Backbordruder vor dem Buge des Dampfers vorüberzufahren, oder den Führer des Dampfers, der bereits „langsam" und „stopp" kommandirt hatte, veranlassen konnte, im letzten Augenblicke Steuerbordruder zu geben. Das Seeamt nimmt demgemäß an, daß beide Fahrzeuge bis zum Zusammenstoße beziehungsweise bis zur Ruderlegung des zweiten Kutters ihre Kurse beibehalten haben, daß diese Kurse konvergierende (sich kreuzende) waren und daß der Dampfer den Schleppzug an seiner Steuerbordseite hatte, also verpflichtet war, auszuweichen. Die gegenteiligen Aussagen einer Reihe von Zeugen können bei der vorhandenen Sachlage sehr wohl auf einer Täuschung beruhen, insbesondere die Aussagen derjenigen Passagiere des Dampfers, welche wahrgenommen haben wollen, daß die Dampfpinaß des Schleppzugs mit Backbordruder vor dem Dampfer vorübergefahren sei, sowie die Aussage derjenigen Marinemannschaften, welche beobachtet haben wollen, daß der Dampfer Hartsteuerbordruder legte. Eine gleiche Möglichkeit der Täuschung lag bei den vernommenen Marinemannschaften hinsichtlich ihrer Angaben über die Frage vor, ob der Dampfer überholendes Schiff gewesen ist.

Das Seeamt stellt demnach denjenigen Teil des Verlaufs des Zusammenstoßes, über den widersprechende Aussagen vorliegen, in kurzen Zügen folgendermaßen fest: Der Dampfer und der Schleppzug fuhren mit konvergierenden (sich kreuzenden) Kursen. Der Dampfer mäßigte, um einen Zusammenstoß zu vermeiden, seine Fahrt von „volle Kraft vorwärts" auf „langsam" und „stopp". Auch gab der Führer des Dampfers einen langen Ton mit der Dampfeife als Warnungszeichen. Diese Manöver genügten aber nicht, um den Schleppzug, der seinen nach außen gerichteten Kurs beibehielt, vorbeizulassen. Außerhalb der der Badeanstalt vorgelagerten roten Bojen ist der Dampfer zunächst an dem zweiten Kutter des Schleppzugs, während dessen Ruder steuerbord (Marinekommando) gelegt wurde, in unmittelbarer Nähe vorbeipassiert und hat dann unter Backbordruder (Marinekommando) den ersten Kutter mit seinem Buge getroffen und ihn eine Zeit lang vor sich hergeschoben. Alsdann ist der Dampfer, nachdem die Pinaß an seine Backbordseite und die beiden Kutter an seine Steuerbordseite beigeklappt waren, unter Backbordruder mit dem Schleppzuge zwischen die roten Bojen hinein nach der Badeanstalt zu gefahren, bis es dem Führer der Pinaß gelang, die Leine zwischen der Pinaß und dem ersten Kutter zu lösen und dadurch den Schleppzug von dem Dampfer frei zu machen. Eine irgendwie erhebliche Beschädigung des Schleppzugs ist durch den Zusammenstoß nicht herbeigeführt.

Der Reichskommissar hat nach dem Schlusse der Beweisaufnahme vor dem Seeamt ausgeführt, daß der Dampfer „Podbielski" tatsächlich das überholende Schiff gewesen sei, daß der Kapitän Lewerenz bei hellem Tage und klarem Wetter den Zusammenstoß durch unrichtige Manöver verschuldet habe und bei seinem gegen die Vorschriften der Artikel 24, 19 und 23 der Kaiserlichen Verordnung zur Verhütung des Zusammenstoßens der Schiffe auf See vom 9. Mai 1897 verstoßenden Verhalten einen solchen Grad von Unaufmerksamkeit und Mangel an Umsicht in der Navigierung bewiesen habe, daß ihm seines Erachtens die Befugnis zur Ausübung des Schiffergewerbes entzogen werden müsse. Der Reichskommissar hat demgemäß den Antrag auf Entziehung dieser Befugnis gegen den Kapitän Lewerenz gestellt.

Die Schuld an dem Zusammenstoße trifft unzweifelhaft den Führer des Dampfers „Podbielski", Kapitän Lewerenz. Nach den auf den vorliegenden Fall zutreffenden Vorschriften des Artikel 19 der Kaiserlichen Verordnung vom 9. Mai 1897 war er, weil er den Schleppzug an der Steuerbordseite seines Dampfers hatte, verpflichtet, dem Schleppzug aus dem Wege zu gehen. Dadurch, daß er dieses nicht oder doch nicht in ausreichender Weise getan hat, hat er den Unfall verschuldet. Der Kapitän Lewerenz hat nach seiner Aussage den Schleppzug erst dann quer ab gesehen, als der Dampfer bereits mit voller Kraft und den Kurs frei von der äußersten Reihe der kleinen roten Bojen fuhr. Wenn er den Schleppzug früher gesehen hätte, dann hätte er selbstverständlich so lange an der Brücke liegen bleiben müssen, bis der Schleppzug mit seinem nach außen auf die Kirche von Holtenau gerichteten Kurse vorbeipassiert war. Der Unfall hätte dann nicht passieren können. Daß er den Schleppzug nicht früher gesehen hat, ist lediglich auf Mangel an Aufmerksamkeit und Umsicht zurückzuführen, und verdient strengen Tadel. Es war Tag und klares Wetter, er brauchte nur vor der Abfahrt aus der Tür des Ruderhauses hinauszutreten, um sowohl nach achtern als auch nach vorn sich davon zu überzeugen, ob der Abfahrt ein Hindernis entgegenstehe. Er durfte sich nicht auf den mit dem Ausguck beauftragten Matrosen verlassen, sondern mußte mit Rücksicht auf den ihm als Führer eines Kieler Hafendampfers wohlbekannten außerordentlich regen Verkehr der Kriegs- und Kauffahrtei-Fahrzeuge in der Kieler Föhrde vor der Abfahrt selbst sich davon überzeugen, ob die Fahrt frei sei. Unterließ er dieses, dann machte er sich einer Verletzung der ihm obliegenden Pflicht der Vorsicht in der Navigierung schuldig.

Kapitän Lewerenz hat, sobald er den Schleppzug quer ab an seiner Steuerbordseite bemerkte, sofort die Kommandos „langsam" und „stopp" gegeben. Er hat dabei nach seiner Schätzung geglaubt, daß diese Manöver genügen würden, um den Schleppzug frei vorbei passieren zu lassen. Dieser verhängnisvolle Irrtum hat offenbar seinen Grund darin, daß Lewerenz die Fortbewegung seines bereits bis an die äußerste Reihe der roten Bojen der Badeanstalt herangekommenen Dampfers erheblich geringer geschätzt hat, als sie tatsächlich gewesen ist. Er hätte bei genügender Umsicht erkennen müssen, daß diese Manöver nicht genügten, und hätte gemäß der Vorschrift des Artikel 23 der Kaiserlichen Verordnung vom 9. Mai 1897 rückwärts gehen müssen, ein Manöver, das er bei der damaligen Lage des Dampfers ohne die geringste Gefahr für diesen ausführen konnte.

Wenn sonach dem Kapitän Lewerenz auch ein tadelnswerter Mangel an Aufmerksamkeit und Umsicht bei diesem Zusammenstoße vorgeworfen werden muß, so liegt doch nach dem Erachten des Seeamts durchaus kein ausreichender Grund vor, ihm die Befugnis zur Ausübung des Schiffergewerbes zu entziehen. Nach § 26 des Gesetzes, betreffend die Untersuchung von Seeunfällen, vom 27. Juli 1877 soll diese Maßregel nur in denjenigen Fällen eintreten, in denen der Schiffer den Unfall oder dessen Folgen infolge Mangels solcher Eigenschaften verschuldet hat, welche zur Ausübung seines Gewerbes erforderlich sind. Die Voraussetzungen für die Anwendung dieser gesetzlichen Bestimmung sind nach dem reiflich erwogenen Erachten des Seeamts im vorliegenden Falle nicht vorhanden. Wenn man das Ergebnis der Beweisaufnahme in ihren einzelnen Teilen abwägt, ist man nicht berechtigt, aus der Tatsache, daß Lewerenz in diesem Falle unaufmerksam gewesen und bei der Auswahl der Maßregeln zur Verhütung des Zusammenstoßes nicht mit der wünschenswerten Umsicht gehandelt, sondern bei der Abschätzung der Fortbewegung seines unter gestoppter Maschine liegenden Dampfers sich erheblich getäuscht hat, die Schlußfolgerung zu ziehen, daß ihm die zur Ausübung des Schiffergewerbes erforderlichen Eigenschaften überhaupt fehlen. Zu dieser Schlußfolgerung konnte das Seeamt nicht gelangen und zwar um so weniger, als Kapitän Lewerenz ein Mann ist, der in seinem Auftreten keinen ungünstigen Eindruck macht und der bisher bei dem anerkannt schwierigen, ein hohes Maß von Aufmerksamkeit und Umsicht erfordernden Verhältnissen der Schiffahrt in der insbesondere von Marinefahrzeugen aller Art stark befahrenen Kieler Föhrde die Pflichten des Führers eines Kieler Hafendampfers ausgeübt hat, ohne daß Klagen irgend einer Art über ihn laut geworden sind. Der Antrag des Reichskommissars gegen Lewerenz auf Entziehung des Patents als Schiffer mußte daher nach dem pflichtmäßigen Ermessen des Seeamts abgewiesen werden.

Die Entscheidung des Ober-Seeamts lautet:

Auf die Beschwerde des Reichskommissars gegen den Spruch des Königlichen Seeamts zu Flensburg vom 4. November 1902 über den Seeunfall des Dampfers „Podbielski" von Kiel hat das Kaiserliche Ober-Seeamt in seiner zu Berlin am 28. April 1903 abgehaltenen öffentlichen Sitzung, nach mündlicher Verhandlung der Sache entschieden,

daß die Beschwerde zurückzuweisen und die baren Auslagen des Verfahrens außer Ansatz zu lassen.

Gründe. I. Das Ober-Seeamt stimmt dem Seeamte darin zu, daß der Dampfer „Podbielski“ verpflichtet war, dem von dem Oberbootsmannsmaat Rauchstädt geführten Schleppzug aus dem Wege zu gehen, und daß der Zusammenstoß des Dampfers mit dem Schleppzuge durch unrichtiges Manövrieren des Kapitäns Lewerenz verschuldet worden ist. Offenbar hat dieser die nach Ausführung seines Kommandos „langsam“ und „stopp“ dem Dampfer noch innewohnende Fahrt unterschätzt und deshalb das nach Lage der Sache gebotene Rückwärtskommando unterlassen. Allerdings hätte, wie ihm zugegeben werden mag, dieses Kommando unmittelbar vor dem Zusammenstoße leicht die Veranlassung zu einem erheblicheren Unfalle dadurch geben können, daß der Bug des Dampfers beim Rückwärtsschlagen der Schraube nach rechts ausschlug; wohl aber wäre das Rückwärtsgehen zu einer früheren Zeit die zur Vermeidung des Zusammenstoßes geeignete Maßnahme gewesen. Für das Unterlassen dieser Maßnahme, die von dem Kapitän Lewerenz unter den obwaltenden Umständen rechtzeitig ergriffen werden konnte, trifft ihn die Verantwortung. Dabei kann ihn der Umstand nicht entschuldigen, daß allem Anscheine nach auch der Führer des Schleppzugs nicht frei von Schuld an dem Unfall ist. Wenn, wie Kapitän Lewerenz angibt, die Schleppleine zwischen der Pinaß und dem zweiten Boote des Schleppzugs eine gewöhnliche Fangleine war, so würde ein Schnitt mit dem Messer genügt haben, um den Dampfer die freie Durchfahrt zwischen beiden Booten zu gestatten. Die für den Schleppzug der Kaiserlichen Marine ebenso wie für den Dampfer „Podbielski“ geltende Kaiserliche Verordnung zur Verhütung des Zusammenstoßens der Schiffe auf See vom 9. Mai 1897 läßt keinen Zweifel darüber, daß dem Führer des Schleppzugs oblag, zur Abwendung unmittelbarer Gefahr solche Vorsichtsmaßregeln zu ergreifen, welche durch die seemännische Praxis oder durch die besonderen Umstände des Falles geboten waren (Art. 27 und 29). Das Ober-Seeamt ist weiterhin der Ansicht, daß der Schleppzug, für den kein erkennbarer Anlaß vorlag, sich in geringer Entfernung von Land zu halten, mit Rücksicht auf den, namentlich im Sommer, auf der westlichen Seite der Kieler Föhrde herrschenden lebhaften Passagierverkehr besser getan hätte, seine Fahrt weiter östlich zu nehmen, um nicht ohne zwingenden Grund die Hindernisse für den freien Schiffsverkehr zu vermehren.

Das Ober-Seeamt ist dem Seeamt auch darin beigetreten, daß aus den von diesem angeführten Gründen das Verschulden des

Kapitäns Lewerenz keinen Anlaß bietet, ihm die Befugnis zur Ausübung des Schiffergewerbes zu entziehen.

II. Dagegen unterliegt das von dem Seeamte zu Flensburg beobachtete Verfahren in mehrfacher Hinsicht ernsten Bedenken.

1. Ausweislich des Protokolls über die öffentliche Sitzung des Seeamts vom 4. November 1902 haben die vier Beisitzer auf Veranlassung des Vorsitzenden die Erklärung abgegeben, daß sie sich durch den früher geleisteten Eid auch für die Verhandlung vom genannten Tage gebunden erachteten. Unter den Beisitzern befand sich ein aktiver Marineoffizier, der von dem Vorsitzenden des Seeamts für den vorliegenden Untersuchungsfall gemäß § 11 des Seeunfallgesetzes zum Beisitzer gewählt war; die übrigen drei Beisitzer waren aus der gemäß § 8 des genannten Gesetzes auf ein Jahr von der Aufsichtsbehörde aufgestellten Liste gewählt worden. Der als Beisitzer zugezogene Marineoffizier hat nach Auskunft des Seeamts seit mehreren Jahren wiederholt als gewählter Beisitzer in denjenigen Untersuchungen fungiert, in denen Fahrzeuge der Kaiserlichen Marine beteiligt waren, und ist in der ersten Sitzung, in der er als Beisitzer fungierte, als solcher beeidigt, in den nachfolgenden Sitzungen aber nur zu der oben angegebenen Erklärung veranlaßt worden; in gleicher Weise ist es seither mit den übrigen Beisitzern in der Annahme gehalten worden, daß damit der Vorschrift des § 9 des Seeunfallgesetzes genügt werde. Dieser Annahme vermag das Ober-Seeamt nicht zuzustimmen. Wenn auch die Bestimmung des § 9 nicht zu der Auslegung zwingt, daß für jeden Untersuchungsfall eine Beeidigung der Beisitzer auf die Erfüllung der Obliegenheiten ihres Amtes zu erfolgen hat, so kann doch die Wirkung der Beeidigung auf die Erfüllung eines Amtes sich nicht weiter erstrecken, als auf die Dauer dieses Amtes. Die aus der Liste (§ 8) gewählten Beisitzer werden zu dem Amte auf ein Geschäftsjahr berufen, die gemäß § 11 als Beisitzer gewählten Militärpersonen dagegen lediglich zur Mitwirkung bei der Untersuchung eines bestimmten Seeunfalls. Hieraus folgt, daß die letzteren auf die Erfüllung der Obliegenheiten ihres Amtes jedesmal, sobald sie zu diesem berufen werden, die übrigen Beisitzer aber gleich den Schöffen bei den Schöffengerichten für die Dauer des Geschäftsjahrs bei ihrer ersten Dienstleistung in demselben zu beeidigen sind. Ist sonach die hier in Betracht kommende Untersuchungssache vor dem Seeamte zu Flensburg unter Mitwirkung von Beisitzern verhandelt worden, von denen zum mindesten einer auf die Erfüllung der Obliegenheiten seines Amtes durch einen für diese Untersuchung verbindlichen Eid

nicht verpflichtet worden ist, so war das Seeamt nicht vorschriftsmäßig besetzt und demgemäß sein Spruch als auf einer Verletzung des Gesetzes beruhend anzusehen. Von der Aufhebung des Spruches und der Zurückverweisung der Sache in die erste Instanz konnte jedoch, da die Umstände des Falles es nicht erforderten, abgesehen werden.

2. Aus dem seeamtlichen Sitzungsprotokolle geht hervor, daß sämtliche zur Hauptverhandlung geladenen und erschienenen Zeugen der von dem Vorsitzenden gemäß § 21 Abs. 2 des Seeunfallgesetzes gegebenen Darstellung der bisher über den Seeunfall veranlaßten Ermittelungen beigewohnt haben. Dies war unzulässig. Es ist ein allgemeiner Rechtsgrundsatz, daß Zeugen nicht schon vor ihrer Vernehmung der Verhandlung beiwohnen dürfen, damit nicht ihre Unbefangenheit beeinträchtigt werde. Dieser Rechtsgrundsatz, auf dem beispielsweise die Bestimmungen im § 394 Abs. 1 der Zivilprozeßordnung und im § 242 Abs. 4 der Strafprozeßordnung beruhen, gilt auch für das seeamtliche Verfahren; nur hinsichtlich des Kapitäns und der Offiziere des Schiffes, dessen Unfall den Gegenstand der Untersuchung bildet, erleidet er eine in der prozessualen Sonderstellung dieser Zeugen begründete Ausnahme. Diese im Hinblick auf die Möglichkeit eines gegen sie ergehenden Antrags an dem Ausgange des Verfahrens beteiligten Zeugen müssen im Gegensatze zu anderen Zeugen in die Lage versetzt werden, jederzeit während der Hauptverhandlung von den ihnen mit Rücksicht auf ihre Sonderstellung zur Wahrung ihrer Rechte eingeräumten Befugnissen (§ 22 des Seeunfallgesetzes) Gebrauch zu machen; sie haben insbesondere auch ein Intresse daran, durch die Darstellung des Vorsitzenden von den bisher veranlaßten Ermittelungen Kenntnis zu erhalten, und deshalb auch einen Anspruch darauf, dem Vortrage des Vorsitzenden, wie überhaupt der ganzen Hauptverhandlung von Anbeginn an beizuwohnen. In dem vorliegenden Untersuchungsverfahren stand dieser Anspruch lediglich dem Führer des Dampfers „Podbielski" zu, da gegen ihn allein der Antrag auf Entziehung der Gewerbebefugnis gestellt werden konnte.

3. Daß das Seeamt auch den Oberbootsmannsmaat Rauchstädt der ganzen Verhandlung hat beiwohnen lassen, beruht auf einer Verkennung der Stellung dieses Zeugen zu dem bei dem Seeamt anhängigen Verfahren. Rauchstädt war wohl an dem Seeunfalle, niemals aber an dem Ausgange des auf die Untersuchung dieses Seeunfalls gerichteten seeamtlichen Verfahrens beteiligt. Gegenstand der Untersuchung auf Grund des Seeunfallgesetzes war allein der Unfall, den das deutsche Kauffahrteischiff „Podbielski" durch die infolge äußerer Störung

eingetretene Unterbrechung des regelmäßigen Verlaufs der Fahrt erlitten hatte (zu vergl. Entscheidungen Bd. 3 S. 496), nicht aber der Unfall, von dem der zur Kaiserlichen Marine gehörige und sonach nicht der seeamtlichen Zuständigkeit unterliegende Schleppzug betroffen worden war. Rauchstädt kam vor dem Seeamte nur als Zeuge in Betracht, keinesfalls als ein Kapitän oder Schiffsoffizier, gegen den ein Antrag auf Patententziehung hätte gestellt werden können und dem deshalb im Gegensatze zu den unbeteiligten Zeugen eine besondere Stellung in dem seeamtlichen Verfahren eingeräumt ist. Auf der Verkennung der dem Zeugen Rauchstädt in diesem Verfahren zukommenden Stellung beruht ferner, daß seine Beeidigung nach Schluß der Beweisaufnahme nicht nachgeholt worden ist, nachdem sie — was allenfalls aus dem im § 19 Abs. 1. des Seeunfallgesetzes für anwendbar erklärten § 60 der Strafprozeßordnung, niemals aber aus dem auf den Zeugen Rauchstädt nicht anwendbaren § 22 des Seeunfallgesetzes sich rechtfertigen läßt — zu Beginn seiner Vernehmung ausgesetzt war.

4. Zu diesen prozessualen Verstößen im einzelnen kommt noch ein wesentlicher Mangel, an dem das gesamte Verfahren erster Instanz leidet. Zwischen der am 8. September 1902 beschlossenen Einleitung der Untersuchung und der Hauptverhandlung vor dem Seeamt am 4. November 1902 hat ein umfangreiches Vorverfahren stattgefunden, in welchem der Vorsitzende sich mit dem Reichskommissar und dem Protokollführer zweimal nach Kiel begeben und unter Zuziehung zweier Beisitzer neunzehn in oder bei Kiel wohnhafte Zeugen über den Seeunfall vernommen hat. Zwölf dieser Zeugen sind zur Hauptverhandlung vor dem Seeamte nicht geladen worden, wohl aber hat eine Verlesung ihrer Aussagen in der Hauptverhandlung stattgefunden. Sowohl die Verlesung der durch das Vorverfahren beschafften Aussagen, als auch das Vorverfahren selbst war unzulässig.

Für das seeamtliche Beweisverfahren gilt als Grundsatz, von dem ohne besonderen Anlaß nicht abgewichen werden darf, daß die Vernehmung der Zeugen in der Hauptverhandlung vor dem Seeamte stattzufinden hat (zu vergl. die näheren Ausführungen in den Entscheidungen des Ober-Seeamts Bd. 8 S. 198 und Bd. 10 S. 622, 623). Nur bei Gefahr im Verzuge oder wenn sie sonst keinen Aufschub leidet, darf die Vernehmung von Zeugen, solange das Seeamt nicht versammelt ist, erfolgen (§ 16 Abs. 3 des Seeunfallgesetzes). Dieser Ausnahmefall, dessen Voraussetzungen aktenkundig zu machen sind, liegt offensichtlich nur vor, wenn das Erscheinen eines Zeugen in der Hauptverhandlung füglich nicht beansprucht werden kann, sei es, daß dem Erscheinen nicht zu beseitigende Hindernisse entgegenstehen, sei es, daß es wegen großer Entfernung besonders erschwert ist, wobei letzterer Fall in der Regel nicht als vorliegend anzusehen ist, wenn der Zeuge sich im Bezirke des entscheidenden Seeamts aufhält (vergl. Entscheidung des Ober-Seeamts Bd. 3 S. 743). In Ausnahmefällen der bezeichneten Art soll die Vernehmung außerhalb der Hauptverhandlung als Ersatz für die an sich vorgeschriebene Vernehmung vor dem Seeamte dienen; um diesem Zwecke nach Möglichkeit gerecht zu werden, muß sie ebenso, wie die Vernehmung in der Hauptverhandlung, eidlich erfolgen, soweit die Beeidigung zulässig ist, auch sind in Wahrung ihres Fragerechts der Reichskommissar und die nach § 22 des Seeunfallgesetzes beteiligten Personen (Kapitän und Schiffsoffiziere), soweit dies nicht wegen Gefahr im Verzuge untunlich ist, von dem Termine zu benachrichtigen, damit sie diesem beiwohnen können. Dabei unterliegt es dem pflichtmäßigen Ermessen des Vorsitzenden, ob die Vernehmung zweckmäßig durch ihn selbst oder — was für Vernehmungen außerhalb des Sitzes des Seeamts jedenfalls als Regel zu gelten hat — durch einen ersuchten Richter vorzunehmen ist. Abgesehen von diesem Ausnahmefalle bietet sich für den Vorsitzenden des Seeamts keinerlei gesetzlicher Anlaß zu Zeugenvernehmungen außerhalb der Hauptverhandlung.

In dem hier in Rede stehenden Verfahren ist außer den von dem Vorsitzenden im Vorverfahren vernommenen Zeugen auf sein Ersuchen ein in Wilhelmshaven wohnhafter Zeuge vernommen worden, bei dem die Voraussetzung für seine Vorvernehmung in der Entfernung seines Wohnsitzes von dem Sitze des Seeamts Flensburg gefunden werden könnte. Nichtsdestoweniger war die Verlesung der Aussage dieses ebenfalls nicht zur Hauptverhandlung geladenen Zeugen unstatthaft, da eine Beeidigung des Zeugen, von dessen bevorstehender Vernehmung überdies weder der Reichskommissar noch der Kapitän Lewerenz benachrichtigt worden waren, nicht stattgefunden hat, obwohl der Beeidigung gesetzliche Hindernisse nicht entgegengestanden haben würden. Derselbe Mangel haftet auch den Vernehmungen der übrigen nicht zur Hauptverhandlung geladenen Zeugen an; bei ihnen kommt noch als weiteres Hindernis für die Verlesung ihrer Aussagen hinzu, daß es an einer gesetzlichen Voraussetzung für ihre Vernehmung vor der Hauptverhandlung schlechterdings fehlte.

Augenscheinlich sind auch sämtliche Vernehmungen außerhalb der Hauptverhandlung garnicht aus der Erwägung erfolgt, daß dem

Erscheinen der Zeugen in der Hauptverhandlung ein nicht zu beseitigendes Hindernis oder zu große Entfernung entgegenstehe. Dies erhellt schon daraus, daß ohne Unterschied alle Zeugen, auch die zur Hauptverhandlung geladenen, im Vorverfahren vernommen worden sind. Das ganze Vorverfahren hat offenbar lediglich den Zweck gehabt, die Hauptverhandlung vorzubereiten. Ist nun zwar ein solches vorbereitendes Verfahren im Gesetze nirgend vorgesehen, so bestehen doch keine Bedenken dagegen, solange es der Förderung des gesetzlich verordneten Verfahrens dient; aus diesem Gesichtspunkt und innerhalb der daraus sich ergebenden Grenzen kann es sogar für zweckmäßig erachtet werden. Was insbesondere die Anhörung von Zeugen in einem solchen Vorbereitungsverfahren anlangt, so kann sie nur zu dem Zwecke in Frage kommen, dem Vorsitzenden die tatsächlichen Unterlagen für die Entschließung zu schaffen, ob eine Untersuchung einzuleiten (§ 16 Abs. 1) und welche Zeugen zur Hauptverhandlung zu laden seien (§ 16 Abs. 2). Dieser lediglich informatorische Charakter solcher Vernehmungen schließt ihre Verwertung zu anderen Zwecken ohne weiteres aus; sie entbehren, da sie nicht auf einer gesetzlichen Vorschrift beruhen, jeder Bedeutung in dem vom Gesetze vorgesehenen Verfahren. Deshalb sollte auch der Vorsitzende, damit solchen informatorischen Vorvernehmungen nicht der Anschein verliehen wird, als ob sie einen Teil der seeamtlichen Untersuchung bilden, es vermeiden, sie selbst vorzunehmen, zumal die Gefahr besteht, daß durch eine derartige Tätigkeit des Vorsitzenden der Schwerpunkt der Untersuchung in unzulässiger Weise aus der Hauptverhandlung in das gesetzlich nicht vorgesehene Vorbereitungsverfahren verlegt wird.

Im vorliegenden Falle ist dies in vollstem Maße geschehen, indem weit über die zulässigen Grenzen informatorischer Vernehmungen hinaus eine vollständige Voruntersuchung durch den Vorsitzenden stattgefunden hat, durch die überdies die Erledigung des seeamtlichen Verfahrens keineswegs gefördert, sondern erheblich verzögert worden ist. Eine solche Voruntersuchung ist mit den Bestimmungen und der Absicht des Gesetzes schlechterdings nicht in Einklang zu bringen. Auch daß der Vorsitzende zu dieser Voruntersuchung den Reichskommissar und zwei Beisitzer des Seeamts zugezogen hat, ändert nichts an der Ungesetzlichkeit dieses Verfahrens; wohl aber drängt sich die Frage auf, weshalb er nicht noch zwei weitere Beisitzer zugezogen und so vor dem vollständig besetzten Seeamte die Verhandlungen geführt hat, um unmittelbar nach der Beweisaufnahme — die dadurch, daß sie vor dem Seeamte sich abwickelte, zu einer gesetzmäßigen geworden wäre — die als Hauptverhandlung sich darstellende Untersuchung durch einen Spruch des Seeamts zu beendigen, statt nach Führung der Untersuchung vor einem willkürlich geschaffenen Kollegium sie nochmals vor dem vorschriftsmäßig besetzten Seeamte wiederholen zu müssen.

Diese Wiederholung hat der Vorsitzende dahin beschränkt, daß er nur einen Teil der im Vorverfahren vernommenen Zeugen zur Hauptverhandlung lud. Die Ladung der übrigen Zeugen durfte er nur unterlassen, wenn er der Ansicht war, daß deren Bekundungen für das Seeamt entbehrlich seien, um zu einem Spruche zu gelangen. Ergab sich in der Hauptverhandlung die Notwendigkeit, auf die Aussagen nicht anwesender Zeugen zurückzugreifen, so mußte das Seeamt deren Ladung beschließen; die Verlesung der über ihre früheren Aussagen aufgenommenen Protokolle verstieß aus den oben entwickelten Gründen gegen das Gesetz.

Wenn deshalb vor dem Ober-Seeamte die Verlesung dieser Protokolle unterbleiben mußte, so bestand doch andererseits keine Veranlassung, in der Beschwerdeinstanz die Beweisaufnahme dem Antrage des Reichskommissars gemäß durch eidliche Vernehmung der vor dem Seeamte nicht vernommenen Zeugen zu ergänzen, weil der Tatbestand bereits durch denjenigen Teil der vor dem Seeamte stattgehabten Beweisaufnahme, welcher sich innerhalb der gesetzlichen Grenzen bewegte, vollkommen ausreichend festgestellt war. Auf Grund dieses Tatbestandes mußte das Ober-Seeamt zu einer Zurückweisung der Beschwerde gelangen.

Da die Beschwerde vom Reichskommissar eingelegt war, so sind die baren Auslagen des Verfahrens außer Ansatz geblieben.

19. Spruch des Seeamts zu Hamburg vom 2. Januar 1903 und Entscheidung des Kaiserlichen Ober-Seeamts vom 28. April 1903, betreffend die Seeunfälle des Schraubendampfers „Pure Oil" von Hamburg.

Der Spruch des Seeamts lautet:

Der Dampfer „Pure Oil" hat am 10. Dezember 1902 auf der Reise von Hamburg nach Philadelphia einen Schraubenflügel, am 12. Dezember 1902 die drei übrigen Schraubenflügel verloren und ist in manövrierunfähigem Zustande am 14. Dezember von der Besatzung verlassen worden, nachdem die Versuche, den Dampfer von dem englichen Dampfer „North Point“ tauen zu lassen, bei dem herrschenden Wetter gescheitert waren.

Vor dem Verlassen des Schiffes hat der Kapitän die Seeventile öffnen lassen, um den Dampfer zum Sinken zu bringen.

Die Ursachen der Schraubenflügelbrüche haben sich nicht ermitteln lassen.

Das Verlassen und Aufgeben des Schiffs war nach der Sachlage nicht gerechtfertigt, da eine unmittelbare Gefahr für die Besatzung nicht bestand.

Kapitän Paul Dix hat bei dieser Gelegenheit Mangel an Entschlossenheit und Unfähigkeit, im entscheidenden Augenblick die Sachlage richtig zu beurteilen, bewiesen, es wird ihm deshalb die Befugnis zur Ausübung des Schiffergewerbes entzogen.

Es wäre Pflicht des ersten Offiziers Böhland sowie des ersten Maschinisten Bellmer gewesen, dem Kapitän in geeigneter Weise Vorstellungen darüber zu machen, daß das Verlassen des Schiffes verfrüht war.

Der Führung des englischen Dampfers „North Point“ gebührt für die geleistete aufopfernde Hilfe Anerkennung.

Tatbestand. Der Dampfer „Pure Oil“, Unterscheidungssignal RMPG, war ein mit 6 Tanks versehener Petroleumtankdampfer im Eigentum des Reeders Martin Hartmann in Hamburg. Der im Jahre 1902 auf der Werft von Armstrong Withworth & Co. in Low Walker on Tyne erbaute Dampfer war nach seinem Flaggenzeugnis zu 8263 cbm = 2917 Registertons Netto-Raumgehalt vermessen. Das Schiff war mit der Klasse ✠ 100 A 1 beim britischen Lloyd klassifiziert und bei einer Taxe von 1 300 000 M. zu 1 203 000 M. an der Hamburger Börse versichert.

Dieser Dampfer ist auf der Reise von Hamburg nach Philadelphia in Ballast am 14. Dezember 1902 unter folgenden Umständen von seiner Besatzung verlassen und aufgegeben worden.

Der Dampfer hatte am 4. Dezember 1902 unter Führung des Kapitäns Paul Albert Ernst Dix, geboren den 15. Januar 1869 zu Berlin, Inhabers eines Befähigungszeugnisses zum Schiffer auf großer Fahrt, ausgestellt zu Lübeck unter dem 1. Februar 1896, mit einer

Besatzung von 36 Mann den Hafen von Hamburg verlassen und zunächst ruhiges Wetter angetroffen.

Am 10. Dezember abends 6 Uhr 45 Minuten wurde eine Erschütterung im Hinterschiffe gespürt. Man glaubte, daß das Schiff auf einen harten Gegenstand aufgestoßen sei, und nahm an, daß ein Schraubenflügel verloren sei, da die Maschine unregelmäßig arbeitete. Es wurde mit reduzierter Kraft weitergefahren und, als es hell wurde, festgestellt, daß tatsächlich ein Schraubenflügel fehlte.

Am folgenden Tage nahm der Wind an Stärke zu und die See lief hoch. Man füllte Cofferdam und Achterpiek, um das Blindschlagen der Schraube zu verhindern. Am 12. Dezember wuchs der Wind zum heftigen Sturme in Stärke 8—9 mit Hagelböen an. Die See wurde so grob, daß Öl zur Beruhigung der Wellen ausgegossen werden mußte. Gegen 4 Uhr morgens erreichte der Sturm die Stärke 10—11, und der Seegang war außerordentlich hoch. Um 5 Uhr morgens wurde das Schiff durch einen starken Stoß schwer erschüttert, die Maschine begann schnell zu laufen und zu schlagen und wurde vom wachehabenden zweiten Maschinisten gestoppt. Der herbeigeeilte erste Maschinist nahm einen Bruch der übrigen Schraubenflügel an, ließ aber die Maschine langsam weiterlaufen, da er nicht wußte, ob nicht noch Teile der Flügel vorhanden waren. Bei Tagesanbruch wurde festgestellt, daß alle drei Flügel dicht an der Nabe abgebrochen waren.

Das manövrirunfähige Schiff legte sich quer in die See und nahm viel Wasser über. Man versuchte daher, zunächst, das Schiff durch Ausbringen eines Treibankers gegen die See zu legen, hatte hiermit jedoch keinen Erfolg, sodaß der Treibanker am Nachmittage wieder aufgeholt und unter dem Bug aufgefangen wurde. Auch der Versuch, das Schiff durch seine Segel gegen die See zu halten, mißlang, man ließ aber die Segel zum Stützen des Schiffs stehen.

Gegen Mittag dieses Tages schlug eine besonders schwere See die beiden Rettungsboote aus den Klampen und beschädigte das Backbordboot so schwer, daß es vorläufig nicht zu gebrauchen war.

Ein großer Viermastdampfer passierte, ohne die gezeigten Notsignale zu beachten.

Gegen 8 Uhr abends wurde wieder ein Dampfer in ziemlicher Entfernung gesichtet, welchem Signale durch Raketen und Blaufeuer gegeben wurden. Der Dampfer — der englische Dampfer „North Point" — Kapitän Drake kam sofort heran und signalisierte, daß er sich in der Nähe halten werde.

Bei Tagesanbruch am folgenden Morgen wurde auf dem „Pure Oil" alles klar zum Schleppen gemacht und der Treibanker, den man nicht an Bord bekommen konnte, weggeworfen. Das Wetter hatte sich gebessert, indem der Wind bis Stärke 6 abflaute. Die See ging aber noch sehr hoch und das Schiff rollte heftig.

Der Vormittag verging mit zunächst erfolglosen Versuchen, Leinen nach dem „North Point" hinüberzubringen. Es wurde versucht, kleine Leinen durch ein leeres Faß, darauf durch Rettungsringe hinübertreiben zu lassen, beim Hinaufholen brachen diese Leinen aber. Ein Versuch, die Leine durch das hintere Backbordboot hinüberzubringen, welcher von dem zweiten Steuermann Blanck mit 3 Mann unternommen wurde, mißlang gleichfalls, da das Boot schon beim Hinunterfieren gegen das Heck geschlagen und beschädigt wurde. Als der Versuch aufgegeben wurde, mußte man das Boot treiben lassen, nachdem die Leute einzeln an Deck hinaufgeholt worden waren.

Gegen 4 Uhr nachmittags gelang es endlich, mittels treibender Luken, die Leine hinüberzubekommen und die Schleppverbindung herzustellen. Auf die vorhandenen großen Stahltrossen wurden 30 Faden Ankerkette aufgesteckt. Gegen 7 Uhr nachmittags begann der „North Point", auf welchem vorher das durch den Seegang beschädigte Rudergeschirr in Ordnung gebracht war, langsam an zu schleppen. Nachdem etwa 3/4 Stunden geschleppt war und die quersee liegende „Pure Oil" nicht herumkommen wollte, brach die Schlepptrosse.

Der Wind nahm gegen Abend wieder zu, und es wehte am Morgen des 14. Dezember wieder harter westlicher Wind mit heftigen Hagelböen. Der „North Point" hatte sich während der Nacht wieder bei dem notleidenden Schiffe gehalten und signalisierte ihm am Morgen um 7 Uhr: „Wollen sie das Schiff verlassen?" Es wurde als Antwort „Nein" signalisiert und der „North Point" ersucht, sich in der Nähe zu halten, bis das Wetter besser würde. Der „North Point" antwortete, daß er sich wegen seines Viehes nicht länger aufhalten könnte, blieb aber doch noch in der Nähe.

Am Mittag des 14. Dezember entschloß sich Kapitän Dix doch, sein Schiff zu verlassen. Er hat einen Schiffsrat nicht abgehalten und nur mit dem ersten Steuermann darüber gesprochen, daß man das Schiff verlassen müsse. Er behauptet auch, den ersten Maschinisten Bellmer um seine Meinung befragt zu haben, es wird dies aber von Bellmer bestritten. Unmittelbar befragt hat er auch anscheinend den ersten Steuermann nicht, sondern diesem seine Ansicht mit Gründen mitgeteilt, worauf er keinen Widerspruch erhoben hat.

Den übrigen Schiffsoffizieren sowie der Mannschaft ist einfach der Befehl erteilt worden, das Schiff in dem noch übrigen Steuerbordrettungsboote zu verlassen. Die Musterungsbücher wurden vorher verteilt, und Jedem nur erlaubt, eine Decke mitzunehmen.

Auf das gezeigte Signal: „Wollen das Schiff verlassen, bleiben Sie in Lee", kam der „North Point" näher, und es fuhren darauf zunächst 14 Mann unter Führung des ersten Steuermanns glücklich hinüber.

Der erste Steuermann kam darauf mit dem Boote zurück und holte weitere 10 Mann, welche ebenfalls glücklich auf den „North Point" gebracht wurden. Das Boot hatte inzwischen so gelitten, daß der erste Steuermann nicht wieder damit zurückkehren konnte und es deshalb treiben ließ. Der Kapitän des „North Point" ließ jetzt eins seiner Boote zu Wasser und holte die noch zurückgebliebenen, darunter den Kapitän, von Bord. Kapitän Dix hatte, ehe er das Schiff verließ, alle Ventile und die Luken öffnen, sowie die Deckel von den Tanks nehmen, auch den Deckel der Zirkulationspumpe abnehmen und das Seeventil im Maschinenraum öffnen lassen, um alle Räume vollaufen zu lassen und den Dampfer zum Sinken zu bringen, damit er kein Hindernis für die Schiffahrt bilde.

Das Boot des „North Point" brachte die letzten gegen 4½ Uhr nachmittags an Bord, und auch dieses Boot mußte man dann treiben lassen, da es des Seeganges wegen nicht aufgeheißt werden konnte.

Die Gründe, welche den Kapitän zum Verlassen und Versenken seines Schiffes veranlaßten, waren die folgenden:

Er sah ein, daß es bei dem herrschenden Wetter zur Zeit nicht möglich war, das Schiff zu schleppen. Das Barometer war am Vormittag des 14. Dezember erheblich gefallen, es war daher wieder schlechteres Wetter zu erwarten. Außerdem befürchtete der Kapitän, daß in dem zu erwartenden Sturme die Aufbauten des Dampfers durch Seen weggeschlagen werden könnten und der Mannschaft damit die Möglichkeit genommen werden würde, sich an Deck zu halten. Zudem war der Dampfer vom Mittag des 12. Dezember bis zum Mittag des 14. Dezember von 49° 5′ N und 33° 28′ W bis 48° 24′ N und 30° 24′ W vertrieben, und Kapitän Dix glaubte, schon so weit aus dem Treck der Dampfer heraus zu sein, daß er kaum noch hoffen könne, Dampferhilfe anzutreffen.

Schließlich behauptet Kapitän Dix auch, daß sich infolge des andauernd schweren Arbeitens des Dampfers schon die Schotten der Tanks begeben hätten. Es sei daher zu befürchten gewesen, daß das in den durch Leckage aus den vollen Tanks nur zum Teil gefüllten vorher leeren Tanks befindliche Wasser infolge des Arbeitens des Schiffes das Deck und die Schiffswände zerschlagen haben würde.

Nach dieser Richtung ist des Näheren vorgetragen, daß bei Beginn der Reise die Tanks 3, 4 und 5 mit Wasser gefüllt worden sind und zwar bis auf etwa 4 Fuß unter den Tankdeckel hinauf. Bald nach Beginn der Reise hatten sich Nieten im Schott zwischen Tank 2 und 3 gelöst und die Löcher seien dann durch Holzpflöcke gedichtet worden. Am 13. Dezember will Kapitän Dix selbst gesehen haben, daß das Wasser im Tank 3 nicht mehr bis 4 Fuß unter dem Tankdeckel gestanden, sondern bis unter das Zwischendeck, also bis auf etwa 8 Fuß unter dem Deckel gesunken sei. Im Raum II seien dagegen 4 Fuß Wasser gewesen. Ebenso sei im Tank 6 viel Wasser gewesen, was er allerdings nicht selbst gesehen habe. Er habe hieraus geschlossen, daß die Schotten sich begeben hätten, und daraus einen weiteren Grund für das Verlassen des Schiffes entnommen, da ein völliges Nachgeben der Schotten zu befürchten gewesen sei.

Als weiteren Beweis dafür, daß das Verlassen des Schiffes gerechtfertigt gewesen sei, führt Kapitän Dix an, das der Dampfer „North Point" nach Antritt der Weiterreise noch drei Tage lang sehr schweres Wetter durchzumachen gehabt hat. Insbesondere habe es in der Nacht vom 14. auf den 15. Dezember sehr heftig gestürmt.

Der Reichskommissar hat seine Ansicht dahin geäußert, daß die Ursache der Schraubenflügelbrüche nicht aufgeklärt sei. Das Verlassen des Schiffes sei nicht gerechtfertigt gewesen und könne vom Kapitän nicht verantwortet werden. Kapitän Dix habe gezeigt, daß ihm Eigenschaften mangeln, welche von ihm als Schiffer zu verlangen seien, es werde daher beantragt, ihm die Befugnis zur Ausübung des Schiffergewerbes zu entziehen.

Auch der erste Steuermann Böhland habe seine Pflicht nicht getan. Dem englischen Dampfer „North Point" gebühre für sein Verhalten Anerkennung.

Gründe. Die Ursache des Totalverlustes des Dampfers „Pure Oil" liegt zunächst darin, daß der Dampfer am 10. Dezember einen Schraubenflügel, am 12. Dezember die anderen drei Schraubenflügel verloren hat.

Aus den Aussagen der Zeugen läßt sich nicht mit Bestimmtheit erkennen, worauf diese Schraubenflügelbrüche zurückzuführen sind. Es ist möglich, daß wenigstens in dem zweiten Falle die Schraube auf treibende Wrackstücke geschlagen hat, es kann aber auch sein, daß, ebenso wie in früheren Fällen, zunächst ein Flügel abgesprungen ist und daß dieser Flügel dann auch die anderen in Mitleidenschaft gezogen hat.

Daß an sich diese Schraube eine gewisse Neigung zu Flügelbrüchen hatte, beweist die Tatsache, daß schon im September zwei Flügelbrüche aus gleichfalls nicht näher aufgeklärten Ursachen vorgekommen sind. Diese Neigung wird bei Tankdampfern noch dadurch befördert, daß die Maschine sich hinten im Schiffe befindet und daß die Schraube, wenn das Schiff in Ballast fährt, häufig blindschlägt.

Da eine weitere Untersuchung des Materials nach der Sachlage nicht möglich ist, und weitere Erhebungen, wie sie der Reichskommissar gewünscht hat, von vornherein kaum Aussicht auf Erfolg boten, hat das Seeamt von einer Vertagung der Verhandlung Abstand genommen und sich dahin ausgesprochen, daß die Ursachen der Schraubenflügelbrüche sich nicht haben ermitteln lassen.

Zur Beantwortung der weiteren Frage, ob die Besatzung berechtigt war, das Schiff zu verlassen und zu versenken, ist es nötig, sich die Lage und den Zustand des Schiffes zu vergegenwärtigen.

Es handelte sich um ein völlig neues, stark gebautes eisernes Schiff, welches lediglich durch Verlust der Schraubenflügel manövrierunfähig, im übrigen aber völlig dicht war. Das Schiff hatte ferner als Tankdampfer besonders gute Pumpvorrichtungen, mit denen es, solange seine Maschine intakt war, bis zu 250 Tonnen Wasser in der Stunde bewältigen konnte. Mit diesen Pumpen konnte man auch gleichzeitig aus den vor dem Pumpenraum belegenen Tanks lenzen und das Wasser nach den hinter dem Pumpenraume belegenen Tanks hinüberpumpen und umgekehrt.

Selbst wenn es richtig wäre, daß die Tankschotten undicht geworden wären, hätte dies bei diesen Pumpvorrichtungen eine Gefahr für das Schiff nicht bedeutet. Daß das Schlagen des Wassers in den Tanks Deck und Wände beschädigen könnte, hat Kapitän Dix offenbar selbst nicht angenommen, da er die zu Ballastzwecken aufgefüllten Tanks auch nicht voll, sondern nur bis 4 Fuß unter dem Tankdeckel aufgefüllt und die Tanks während des schlechten Wetters am 12. Dezember so gelassen hatte. Er konnte mit seinen starken

Pumpen die Tanks jederzeit schnell ganz aufpumpen und so die von dem Schlagen des Wassers befürchtete Gefahr verringern oder ganz aufheben. Erst am Morgen des 14. Dezember hat er den Zimmermann beordert, die Tanks aufzupumpen. Wenn wirklich die Schotten etwas undicht geworden sein sollten, so würde es naheliegen, dem Kapitän die Schuld hieran zuzuschieben, weil er die Tanks nicht rechtzeitig hat auffüllen lassen und das Schlagen des Wassers in den nicht ganz gefüllten Tanks als die Ursache des Leckwerdens der Schotten angesehen werden müßte.

An der Tatsache aber, daß die Schotten überhaupt undicht geworden sind, bestehen nach der Aussage des Zimmermanns Brinckmann die gewichtigsten Zweifel. Dieser war speziell mit der Bedienung der Pumpen und den Arbeiten in den Tanks betraut und bekundete, daß allerdings bald nach Beginn der Reise das Schott zwischen den Tanks 2 und 3 geleckt habe, daß er diesen Schaden aber durch Holzpflöcke ausgebessert habe, und daß später die Schotten völlig dicht geblieben seien. Er hat bei Beginn der Reise die Tanks 3, 4 und 5 auf Befehl des ersten Steuermanns bis 4 Fuß unter Deck aufgepumpt und hat sie am 14. Dezember ganz aufgepumpt. Er behauptet bestimmt, daß der Wasserspiegel in den Tanks inzwischen nicht gefallen ist. Im Tank 2 sei gar kein Wasser gewesen, wohl aber im Tank 6. Dieses sei aber nicht durch Leckage aus Tank 5 dorthin gelangt, sondern sei schon bei Beginn der Reise darin gewesen. Da die Bekundungen des Kapitäns und ersten Steuermanns über diesen Punkt keineswegs den Eindruck hervorgerufen haben, als seien die hier gemachten Beobachtungen besonders zuverlässig, so kann gegenüber der Aussage des Zimmermanns der Beweis nicht für erbracht angesehen werden, daß die Schotten überhaupt undicht geworden sind.

Diese Frage ist übrigens, wie gesagt, nur von nebensächlicher Bedeutung, da der Dampfer bei seinen starken Pumpen auch nicht gefährdet gewesen wäre, wenn wirklich die Schotten nachgegeben hätten.

Das Wetter, mit welchem der Dampfer zu kämpfen und zu rechnen hatte, war am Tage des Brechens der drei letzten Schraubenflügel ein recht schweres gewesen. Die Böen hatten in orkanartiger Stärke geweht und die hohe über das Schiff brechende See hatte das Backbordrettungsboot beschädigt. Immerhin hatte die Besatzung stundenlang an Deck an dem Aussetzen des Treibankers arbeiten können, ohne daß sich ein Unfall ereignet hätte. An den beiden folgenden Tagen hatte sich das Wetter gebessert, wie denn auch das Barometer eine ständig steigende Tendenz zeigte. Es ist anzunehmen, daß die See immer noch sehr hoch und viel Wasser über das quer in der See liegende Schiff ging, irgend welche Gefahr für das Schiff und die Besatzung hat aber an diesen Tagen ersichtlich nicht mehr vorgelegen. Es ist erwiesen, daß die Leute an Deck arbeiten konnten, und daß irgend welche Beschädigung des Schiffes an Deck oder an seinen Aufbauten durch Sturzseen nicht mehr vorgekommen ist. Verschiedene der vernommenen Zeugen bekunden sogar, daß das Schiff recht gut quersee gelegen habe und vorn gar kein, hinten nur wenig Spritzwasser an Deck gekommen sei.

Als es sich herausgestellt hatte, daß die Schleppversuche des „North Point" aufgegeben werden mußten und dieser Dampfer erklärte, nicht mehr warten zu können, hat Kapitän Dix zunächst noch erklärt, das Schiff nicht verlassen zu wollen.

Im Laufe des Vormittags des 14. Dezember hat er seinen Entschluß geändert, weil angeblich das Barometer stark fiel und weil er befürchtete, aus dem Treck der Dampfer herauszutreiben.

Nun war das Barometer vom 12. Dezember bis zum 14. Dezember 8 Uhr vormittags von 29,06 bis 29,80 gestiegen. Wenn es dann auch, was das Schiffstagebuch nicht ausweist, wieder schnell gefallen sein mag, so durfte dies doch bei der im übrigen gegebenen günstigen Sachlage keinen derartigen Eindruck hervorrufen, wie ihn anscheinend der Kapitän und der erste Steuermann empfunden haben. Beide sprechen davon, daß ein Orkan zu befürchten gewesen wäre, in welchem sämtliche Aufbauten des Dampfers hätten weggeschlagen werden und damit der Mannschaft die Möglichkeit, sich an Bord zu halten, hätte genommen werden können. Sie unterstützen ihre Entschuldigung damit, daß schon der Kajütsaufbau sich etwas begeben gehabt, sodaß es im Kartenhause geleckt habe, und daß tatsächlich in den folgenden Tagen der Dampfer „North Point" heftige Stürme zu bestehen gehabt hätte.

Diese Gründe können nicht im Entferntesten genügen, das Verlassen des neuen, starken und dichten Schiffes zu rechtfertigen. Die Tankdampfer sind an sich darnach gebaut, daß sie tief im Wasser zu liegen und bei voller Fahrt gegen Wind und Wellen schweren Seeschlag auszuhalten haben. Ein stilliegender Dampfer aber hat, auch wenn er quer in der See liegend Sturzseen überbekommt, nicht dieselbe Gewalt auszuhalten, als wenn er mit voller Fahrt gegen den Sturm dampft. Es konnte deshalb hier, zumal es sich um ein ganz neues, besonders gutes Schiff handelte, gar keine Rede davon sein, daß das Wegschlagen der eisernen Aufbauten zu befürchten gewesen wäre.

Man hatte bis dahin auch nur wenig oder garnichts dazu getan, die Lage des Schiffes zu bessern, während man noch verschiedene Mittel an der Hand hatte, besonders für den doch immerhin in Rechnung zu ziehenden Fall, daß das Wetter sich bessern würde. Als Mittel, das Schiff längs der See zu bekommen, hätte sich zunächst empfohlen, durch Vollpumpen der hinteren und Lenzen der vorderen Tanks, das Vorderschiff nach Möglichkeit zu heben. Dadurch hätte man bei dem starken Winde wohl erreichen können, daß das Schiff vor den Wind gedreht wurde. Sobald das Wetter besser wurde, hatte man dann die Segel, welche dem Schiffe immerhin eine gewisse Manövrierfähigkeit wiedergegeben haben würden.

Schließlich gab die starke Pumpvorrichtung die Möglichkeit, auch wo es sich als nötig zeigte, durch Vollpumpen des einen und Lenzen des anderen Tanks für die Stabilität des Schiffes in einer Weise zu sorgen, wie dies bei anderen Dampfern in solcher Lage völlig ausgeschlossen ist.

Der im Schiffstagebuch ferner vom Kapitän für das Verlassen des Schiffes angegebene Grund, daß man schon ganz aus dem Treck der Dampfer herausgekommen war und nur noch hätte hoffen können, Segelschiffe anzutreffen, ist, wie der Kapitän in der Verhandlung vor dem Seeamt zugegeben hat, nicht zutreffend. Man hatte sich am Mittag des 12. Dezember auf 49° 05′ nördl. Breite und 33° 28′ westl. Länge befunden und stellte den Schiffsort am Mittag des 14. Dezember auf 48° 24′ nördl. Breite und 30° 24′ westl. Länge fest.

Hiernach war man zwar schon erheblich vertrieben, stand aber noch unmittebar im Treck der Dampfer und hatte auch für die nächste Zeit ein Vertreiben aus dem Treck der Dampfer nach Westindien nicht zu befürchten.

Auch hätte man dem „North Point" signalisieren können, daß dieser sofort nach Ankunft im Kanal den Unfall melden und für Schlepperhilfe sorgen solle.

Wenn aber wirklich nur noch Aussicht gewesen wäre, Segelschiffe zu treffen, so hätte dies doch für die Besatzung immer die Möglichkeit bedeutet, sich später noch, wenn alle weiteren Anstrengungen zur Rettung des Schiffes gescheitert wären, zu retten.

Das Schiff war schließlich mit Proviant auf 8 Wochen reichlich versehen. Von den vier Booten waren noch zwei, das Steuerbordrettungsboot und die Schaluppe, unbeschädigt, während das Backbordrettungsboot nur solche Schäden aufwies, daß es dem Zimmermann möglich gewesen wäre, es wieder auszubessern.

Wenn man die zahlreichen in den Sprüchen der Seeämter und des Ober-Seeamts behandelten Fälle durchsieht, in denen Schiffe von ihren Besatzungen verlassen wurden, so findet man keinen Fall, in welchen unter gleich günstigen Umständen ohne Kampf ein starkes, neues und äußerlich unversehrtes Schiff aufgegeben worden wäre. Umgekehrt sind zu Ehren des deutschen Seemannsstandes viele Fälle bekannt, in welchen unter weit schwierigeren Umständen deutsche Seeleute wochenlang mit den Elementen um ihr Schiff gekämpft und es dann auch glücklich gerettet haben.

Das Ober-Seeamt hat ausgesprochen, daß in kritischen Augenblicken dem Führer eines Schiffes die Wahl der Mittel nach verständiger Beurteilung überlassen bleiben muß, um Schiff oder Mannschaft zu retten. Selbst wenn er in solchen Augenblicken irre, könne aus solchem Irrtum nicht immer auf Unfähigkeit zur Ausübung des Gewerbes geschlossen werden (Band 12, Seite 721).

An anderer Stelle ist gesagt, daß die Rücksicht auf Erhaltung des Schiffes nicht ausschlaggebend sein darf, wo es darauf ankommt, Menschenleben zu retten (Band 11, Seite 208).

Unter voller Anerkennung dieser Grundsätze kann es doch in diesem Falle einem Zweifel nicht unterliegen, daß das Verhalten des Kapitäns nicht nur einer falschen Beurteilung der Lage entsprang, sondern daß auch dieses ungerechtfertigte Verlassen des Schiffes dem Kapitän zum schwersten Vorwurfe gereicht.

Es ist schon ausgeführt, daß das mit Proviant reichlich versehene Schiff in der Lage war, längere Zeit sich zu halten, daß eine Gefahr der Strandung bei dem Schiffsorte nicht drohte, und daß mit großer Wahrscheinlichkeit darauf gerechnet werden konnte, daß sich in dieser Zeit, insbesondere bei dem doch immerhin nicht von den Berechnungen auszuschließenden besseren Wetter, Gelegenheit bieten würde, das Schiff in einen Nothafen schleppen zu lassen oder doch, wenn sich dies wirklich als nicht möglich erweisen würde, die Besatzung auch noch in Sicherheit zu bringen.

Daß die Besatzung sich in einer solchen Gefahr befunden hätte, welche das Aufgeben des Schiffes dem Kapitän zur Pflicht gemacht hätte, ist demnach nicht anzuerkennen.

Auch ergibt das Verhalten des Kapitän Dix mit genügender Deutlichkeit, daß die Sorge um die ihm anvertrauten Menschenleben kaum bei ihm den Ausschlag gegeben hat. Wenn er wirklich der

Meinung gewesen wäre, seinen Leuten gegenüber ein längeres Verweilen auf seinem Schiffe nicht verantworten zu können, so hätte nichts näher gelegen, als diese Leute zu fragen, wie sie sich denn selbst zu dieser Frage stellten. Wenn ihm von seinen Leuten erwidert worden wäre, daß man das Verlassen des Schiffes für nötig halte, so würde er, wenn er sich solch einmütigem Verlangen, wenn auch gegen seine eigene bessere Einsicht, gefügt hätte, ganz anders dastehn.

Darauf, daß die Mannschaft jetzt fast einmütig erklärt, daß sie das Verlassen des Schiffes für unnötig gehalten hätte, will das Seeamt allzu große Bedeutung nicht legen, da bei diesen Aussagen, wenigstens bei einem Teile der Zeugen, die Unzufriedenheit über den Verlust der Effekten mitzusprechen scheint.

Soviel ist aber jedenfalls erwiesen, daß von Seiten der Mannschaft kein Verlangen, das Schiff zu verlassen, geäußert worden ist, ja daß der Befehl zum Verlassen des Schiffes den Leuten völlig überraschend gekommen ist.

Der Kapitän hat nämlich die Mannschaft überhaupt nicht und von den Offizieren nur den ersten Steuermann und vielleicht den ersten Maschinisten befragt. Auch diesen hat er zunächst seine Ansicht mit Gründen mitgeteilt und aus dem Schweigen der anderen deren Zustimmung entnommen. Man kann sich kaum des Eindrucks erwehren, daß der Kapitän hier von vornherein die Absicht gehabt hat, einen Widerspruch nicht aufkommen zu lassen, und daß er daher in dieser Weise den folgenschweren Entschluß ganz alleine gefaßt und einen Schiffsrat, welcher in einem solchen Falle sich eigentlich von selbst verstanden hätte, vermieden hat.

Dieses Verhalten des Kapitän Dix ist recht auffallend und läßt es als nicht recht glaubhaft erscheinen, wenn er jetzt behaupten will, daß nur die Sorge um die seiner Mannschaft drohenden Gefahren ihn von Bord getrieben hätte.

Ob das Vollaufenlassen der Tanks und des Maschinenraums den Dampfer zum Sinken gebracht hat, ist nicht mit Sicherheit zu sagen, da die Tankdampfer dieser Bauart bei ihren großen Bunkern eine außerordentliche Schwimmkraft besitzen.

Wenn nur das Verlassen des Schiffs gerechtfertigt gewesen wäre, so wäre gegen den Entschluß des Kapitäns, das Schiff, welches ein gefährliches Schiffahrtshindernis bilden mußte, zu versenken, nichts zu sagen.

Ein Fehler liegt aber darin, daß vor dem Verlassen des Schiffes, welches nach der Ansicht des Kapitäns jedenfalls noch mehrere Stunden schwimmen mußte, nicht die für manövrierunfähige Schiffe vorgeschriebenen zwei roten Lichter aufgeheißt worden sind.

Die volle Verantwortlichkeit für das Verlassen und Versenken des „Pure Oil" trifft hiernach den Kapitän Dix. Sein Verhalten ist hier mit den Worten des Ober-Seeamts (Band 4, Seite 682) dahin zu charakterisieren, daß es ihm an Pflichtgefühl, an Mut und Umsicht, die ein ordentlicher Kapitän besitzen muß, also an den Eigenschaften fehlt, welche für den Betrieb des Schiffergewerbes unerläßlich sind. Es hat ihm deshalb gemäß dem Antrage des Reichskommissars die Befugnis zur Ausübung des Schiffergewerbes entzogen werden müssen.

Es hat auch gegen den ersten Steuermann Johann Carl Ludwig Böhland, geboren 12. Juli 1862 zu Geestemünde, und den ersten Maschinisten Johann Georg Bellmer, geboren 5. Januar 1875 zu Rönnebeck, der Vorwurf ausgesprochen werden müssen, daß sie ihren Pflichten in diesem Falle nicht vollauf genügt haben. Es ist gleichgültig, ob sie unmittelbar um ihren Rat oder ihre Ansicht gefragt worden sind, da die Stellung, welche sie an Bord bekleideten, sie auf alle Fälle verpflichtete, bei einem so wichtigen Beschlusse, wie dem hier ausgeführten, ihre Meinung zu äußern. Es liegt ein Herabwürdigen der eigenen Stellung darin, wenn der erste Maschinist Bellmer geltend macht, daß er den ihm mitgeteilten Beschluß des Kapitäns nicht nachzuprüfen, sondern nur seinen Rat dahin abzugeben gehabt habe, wie das beschlossene Versenken des Schiffes am besten auszuführen gewesen sei. Der erste Maschinist ist der technische Berater des Kapitäns und hat in solchen Fragen, wo es sich um die Leistungs- und Widerstandsfähigkeit des Schiffes, der Maschine, der Pumpen usw. handelt, wohl ein Wort mitzureden. Er hat hiernach ebensowenig seinen Pflichten genügt, wie der erste Steuermann, welcher ohne Widerspruch der ihm mitgeteilten Ansicht des Kapitäns beipflichtete. Auch der erste Steuermann ist in solchen Fällen nicht nur zum Gehorsam verpflichtet, sondern hat kraft seiner Stellung das Recht und die Pflicht, dem Kapitän in geeigneter Weise Vorstellungen zu machen, wenn er sieht, daß dieser die Sachlage falsch beurteilt.

Der englische Dampfer „North Point" hat sich zwei volle Tage bei dem „Pure Oil" aufgehalten und seine Versuche, das Schiff zu retten, erst aufgegeben, als ihm die Rücksicht auf die eigene Ladung einen längeren Aufenthalt unmöglich machte. Die Besatzung des „Pure Oil" ist dann, nachdem sie unter gefährlichen Umständen, zum

Teil durch ein von dem zweiten Steuermann des „North Point" geführtes Boot, abgeborgen worden ist, von dem „North Point" nach London gebracht worden.

Der Leitung des Dampfers „North Point" gebührt hiernach für die geleistete, erfolgreiche und opferwillige Hilfe lobhafte Anerkennung.

Die Entscheidung des Ober-Seeamts lautet:

Auf die Beschwerde des Kapitäns Paul Dix gegen den Spruch des Seeamts zu Hamburg vom 2. Januar 1903 über den Seeunfall des Dampfers „Pure Oil" von Hamburg hat das Kaiserliche Ober-Seeamt in seiner zu Berlin am 28. April 1903 abgehaltenen öffentlichen Sitzung nach mündlicher Verhandlung der Sache entschieden,

daß der Spruch des Seeamts zu Hamburg vom 2. Januar 1903 über den Seeunfall des Dampfer „Pure Oil" von Hamburg dahin abzuändern, daß dem Kapitän Paul Dix die Befugnis zur Ausübung des Schiffergewerbes zu belassen, und die baren Auslagen des Verfahrens außer Ansatz zu lassen.

Gründe. In der Begründung des Seeamtsspruchs ist darauf hingewiesen, daß zu Ehren des deutschen Seemannsstandes viele im Gegensatze zu dem Verhalten des Kapitäns Dix stehenden Fälle bekannt sind, in denen unter weit schwierigen Umständen deutsche Seeleute wochenlang mit den Elementen um ihr Schiff gekämpft und es dann auch glücklich gerettet haben. Dem ist ohne weiteres zuzustimmen. Wenn jedoch der Reichskommissar nach dem aus diesem ruhmreichen Verhalten sich ergebenden Maßstabe das Verhalten jedes einzelnen Kapitäns gemessen sehen will und darin, daß ein diesem Maßstabe nicht genügender Kapitän im Besitze seines Befähigungszeugnisses belassen wird, eine Schädigung des Ansehens der deutschen Kapitäne finden zu sollen glaubt, so kann dieser Auffassung nicht beigetreten werden. Wohl darf von jedem deutschen Seemann, insbesondere von jedem Kapitän, dessen Obhut das Schiff mit allem, was es trägt, anvertraut ist, Entschlossenheit, Ausdauer, Mut und Unerschrockenheit verlangt werden, und ein Kapitän, dem diese zur Ausübung seines Gewerbes ganz unerläßlichen Eigenschaften fehlen, gereicht in der Tat seinem Stande zur Unehre. Aber was in jenen vom Seeamte hervorgehobenen Fällen den Schiffsführern besondere Anerkennung schaffte, war nicht, daß sie nur das taten, was sie ohne Gefährdung ihres Patents tun mußten, sondern daß sie weit mehr leisteten, als ihnen zur Pflicht gemacht werden konnte. Wollte man das Verhalten jener Schiffsführer als Maßstab anlegen und jedem Kapitän zur zwingenden Pflicht machen, so würde gerade das herbeigeführt werden, was der Reichskommissar vermieden sehen will: dem Verhalten jener Schiffsführer würde damit die Bedeutung einer ihnen zur besonderen Ehre gereichenden Ruhmestat genommen werden.

Bei der Beurteilung des Verhaltens des Kapitäns Dix war deshalb nicht davon auszugehen, ob es hinter dem von besonders ausgezeichneten Angehörigen seines Standes in ähnlicher oder schlimmerer Notlage bewiesenen Verhalten zurückgeblieben ist; es war vielmehr lediglich zu prüfen, ob er bei seinem Entschlusse, das ihm anvertraute Schiff zu verlassen, einen Mangel an denjenigen Eigenschaften, die von ihm betätigt werden mußten, bewiesen und damit gegen die Pflichten eines ordentlichen Kapitäns verstoßen hat.

Das Hamburger Seeamt erkennt die vom Kapitän für seinen Entschluß angeführten Gründe nicht als zu seiner Rechtfertigung genügend an, und macht besonders geltend, daß es sich um ein völlig neues, stark gebautes, eisernes Schiff handelte, welches lediglich durch den Verlust der Schraubenflügel manövrierunfähig geworden, im übrigen aber völlig dicht gewesen sei. Zudem hätte das Schiff besonders gute Pumpvorrichtungen gehabt, mit denen man auch jederzeit die Tanks schnell hätte ganz aufpumpen können, um die Gefahr, die vom Schlagen des Wassers in den nicht voll aufgepumpten Tanks befürchtet wurde, zu verringern oder ganz aufzuheben. Der „Pure Oil“ sei außerdem, wenn man auch bereits erheblich vertrieben gewesen sei, immer noch im Treck der Dampfer geblieben. Man hätte dem „North Point“ signalisieren können, daß dieser sofort nach Ankunft im Kanal den Unfall melden und für Schlepperhilfe sorgen solle.

Demgegenüber sieht das Ober-Seeamt die Sachlage, wie folgt an:

Der „Pure Oil“ war infolge des Verlustes sämtlicher Schraubenflügel manövrierunfähig geworden, er lag quersee und konnte nicht an den Wind gebracht werden. Wenn auch die Schotten noch nicht stark leck waren, so rechtfertigen doch die beim Verlassen des Schiffes obwaltenden Umstände die Annahme, daß bei längerem Arbeiten des hilflos im hohen Seegange stark schlingernden, stampfenden und setzenden Schiffes die bereits vorhandenen Leckstellen in stetig steigendem Maße sich vergrößern mußten. Der Zimmermann hatte im Schott zwischen Tank 2 und 3 Nietlöcher, aus denen die Niete durch den starken Wasserschlag bei dem schweren Rollen des Schiffes herausgeschlagen waren, mit Holzpfropfen gedichtet. Dies kann aber nicht als eine Herstellung des normalen Zustandes angesehen werden, sondern war nur ein Notbehelf, um das Herauslaufen des Wassers aus einem Tank in den andern zu verhindern. Die einzelnen Verbandteile miteinander fest zu vereinigen, ist durch Holzpfropfen nicht möglich; sie fallen bald aus den Löchern wieder heraus und bei fortgesetzten Wasserschlägen werden die Verbindungen durch weiteres Herausfallen von Nieten immer mehr gelockert. Derartige Erscheinungen sind gerade an Tankdampfern sehr häufig beobachtet worden, und dazu zeigen sich mitunter schon nach den ersten Reisen selbst an der Außenhaut Risse in den Platten und Stößen. Es ist deshalb wohl denkbar, daß der „Pure Oil" durch längeres Arbeiten in schwerem Seegange so beschädigt werden konnte, daß er sinken mußte. Der Ansicht des Reichskommissars, daß gerade Tankdampfer in Bezug auf die Möglichkeit der Lastverteilung, der Be- und Entlastung günstiger gestellt sind als andere Schiffe, kann nicht beigetreten werden, bei anderen Schiffen gleicher Größe kommen Brüche von Platten, Lockern von Stoßplatten, in der Außenhaut usw. kaum vor, wenn sie nicht auf Grund oder mit anderen Schiffen zusammengestoßen sind. Der weitere, dem Kapitän Dix gemachte Vorwurf, daß er die Tanks nicht habe bis unter Deck aufpumpen lassen, scheitert an dem zwar nicht erweisbaren, aber auch nicht zu widerlegenden und nach dem Auftreten des Kapitäns Dix vor dem Ober-Seeamte glaubhaften Einwande, daß er die Pumpen nicht bewegen konnte, weil die zu ihnen führenden Dampfrohre auf dem Oberdeck lagen und nur mangelhaft bekleidet waren; infolgedessen wurden sie von dem auf Deck fortdauernd hin- und herwaschenden kalten Wasser abgekühlt und der darin befindliche Dampf kondensiert. Erst, nachdem am 14. Dezember der Seegang ruhiger geworden war, wurde das Pumpen in die Tanks möglich, und wurde dann auch der Zimmermann von dem Kapitän Dix damit beauftragt. Dieser Zustand des Schiffes und das stürmische Wetter, dessen längere Andauer und Zunahme nach dem Barometerstande zu erwarten war, lassen daher die Annahme des Kapitäns, daß „Pure Oil" die nächsten Tage nicht würde überstehen können, als hinfällig und ungerechtfertigt kaum erscheinen.

Ein besonderer Vorwurf ist dem Beschwerdeführer in der ersten Instanz daraus gemacht worden, daß er keinen Schiffsrat abgehalten hat. Das Gesetz enthält eine dahingehende Vorschrift nicht, es bestimmt lediglich im § 518 des Handelsgesetzbuches: „Wenn der Kapitän in Fällen der Gefahr mit den Schiffsoffizieren einen Schiffsrat zu halten für angemessen findet, so ist er gleichwohl an die gefaßten

Beschlüsse nicht gebunden; er bleibt stets für die von ihm getroffenen Maßregeln verantwortlich". Die Abhaltung eines Schiffsrats ist sonach lediglich in das Ermessen des Kapitäns gestellt; auch hat das Gesetz nur einen Schiffsrat mit den Schiffsoffizieren, nicht aber mit der gesamten Besatzung im Sinne. Die Schiffsmannschaft ist garnicht im Besitze derjenigen Eigenschaften, die sie befähigen, an einem solchen Schiffsrate sachgemäß teilzunehmen. Auch der Schiffsrat mit den Schiffsoffizieren kann nur dazu dienen, die Ansichten des Kapitäns zu klären; irgend eine Deckung oder gar Befreiung von der vollen Verantwortlichkeit für seine Maßnahmen schafft er ihm nicht. Hätte der Kapitän Dix einen Schiffsrat abgehalten und danach beschlossen, das Schiff aufzugeben, so hätte der Reichskommissar mit dem gleichen Maße von Berechtigung den Vorwurf gegen ihn erheben können, daß er sich durch den Schiffsrat ohne zwingenden Grund zum Verlassen des Schiffes habe bestimmen lassen.

Zweifellos wäre es in diesem Falle vorteilhafter für den Kapitän gewesen, wenn er vor dem Befehl zum Verlassen des Schiffes die gesamte Besatzung gefragt hätte, ob sie diese äußerste Maßnahme unter den obwaltenden Verhältnissen für geboten halte. Er wäre damit für den Fall, daß sie sich für das Verlassen des Schiffes ausgesprochen hätte, gegen den später von ihr erhobenen Vorwurf gesichert gewesen, daß keine Veranlassung vorgelegen habe, das Schiff zu verlassen. Ein zuständiges Urteil über diese Frage ist aber der Mannschaft nicht beizumessen, und es erscheint um so bedeutungsloser, als es nicht angesichts der Gefahr, sondern erst nach Rettung aus der Gefahr abgegeben wurde, wobei der Umstand, daß die Mannschaft auf Befehl des Kapitäns nichts von ihren Effekten bergen durfte, auf die spätere Beurteilung der Sachlage vom sicheren Lande aus nicht ohne Einfluß geblieben sein mag.

Mit den Schiffsoffizieren hat aber Kapitän Dix vor Erteilung des Befehls zum Verlassen des Schiffes eine Besprechung gehabt, in der er seine Überzeugung von der Notwendigkeit dieses Entschlusses dargelegt und die ausdrückliche Zustimmung des ersten Steuermanns gefunden hat. Auch der erste Maschinist, der eine ausdrückliche Erklärung bei der Gelegenheit nicht abgegeben hat, ist doch dadurch, daß er den Darlegungen des Kapitäns keinen Widerspruch entgegensetzte, stillschweigend ihnen beigetreten. Hätte er eine abweichende Auffassung gehabt, so wäre es seine Pflicht gewesen, diese offen auszusprechen, und zwar um so mehr, als ihm der Kapitän durch seine Zuziehung zu der Besprechung dazu Gelegenheit gab. Tatsächlich hat dann auch der erste Maschinist hinterher eine notarielle Erklärung dahin abgegeben, daß auch er von der Notwendigkeit überzeugt gewesen sei, das Schiff zu verlassen.

In dem Verlassen des Schiffes hat das Ober-Seeamt einen Beweis für den Mangel an Mut nicht gefunden. Hätte der Kapitän Dix sich durch feige Erwägungen leiten lassen, dann hätte er, als der „North Point" ihn fragte, ob er sein Schiff verlassen wolle, sofort zugeschlagen. Der Führer des „North Point" hat ein Verhalten dem manövrierunfähigen Schiffe gegenüber gezeigt, welches die vollste Anerkennung verdient. Von einem Seemanne dieser Art kann angenommen werden, daß er an einen anderen Schiffsführer sicherlich nicht das Ansinnen gestellt haben würde, sein Schiff zu verlassen, wenn er dies nicht für berechtigt gehalten hätte. „North Point" konnte nicht länger bei dem „Pure Oil" bleiben, da er Vieh an Bord hatte und schon einige Tage überfällig war. Angenommen, Kapitän Dix hätte die angebotene Abbergung der Besatzung abgelehnt und den „North Point", wie das Seeamt vorschlägt, mit dem Auftrage abgehen lassen, nach Ankunft im Kanal, d. i. nach etwa 6 bis 7 Tagen, Hilfe zu entsenden, und vor Eintreffen der Hilfe wäre der „Pure Oil" in dem schweren Wetter verloren gegangen, so würde Kapitän Dix den schwersten Vorwurf auf sich geladen haben, daß er die Gelegenheit zur Abbergung der Mannschaft abgelehnt hätte, da er nicht auf die völlig unsichere Hoffnung hin, daß sie wiederkehren würde, so viele Menschenleben hätte aufs Spiel setzen dürfen, nachdem ein großer Viermastdampfer vergeblich den Versuch gemacht hatte, beizudrehen — daß er, wie es in dem Tatbestande des Seeamtsspruchs heißt, passierte, ohne die gezeigten Notsignale zu beachten, beruht nach der Angabe des Kapitäns Dix vor dem Ober-Seeamt auf einem Mißverständnis — und nachdem ein anderer Dampfer, der „North Point", lange bei ihm sich aufgehalten hatte, ohne dem Schiffe helfen zu können.

Nun ist freilich dem Seeamte darin Recht zu geben, daß das schlechte Wetter nicht immer anhalten konnte, aber zunächst waren doch Anzeichen vorhanden, daß das Wetter eher noch schlechter als besser werden würde. Kapitän Dix stand daher vor der Frage, ob er mit seinem Schiffe noch immerhin eine geraume Zeit hindurch das schlechte Wetter würde überstehen können, um gutes Wetter abzuwarten und dann so weit zu treiben, bis er ein anderes Schiff antreffen würde, welches unter günstigeren Witterungsverhältnissen im Stande wäre, den „Pure Oil" in einen Nothafen zu bringen. Wenn er schließlich zu einer Verneinung dieser Frage gelangte, so läßt sich freilich nicht sagen, ob er damit das richtige getroffen hat, ob nicht vielmehr bei der entgegengesetzten Entscheidung der Frage der Erfolg für ihn gewesen wäre. Aber selbst wenn er irrte, so könnte ihm dies doch nur für den hier nicht vorliegenden Fall zum Vorwurf gemacht werden, daß ein solcher Irrtum sich aus den obwaltenden Umständen nicht erklären ließe. In dem in vieler Beziehung ganz ähnlich liegenden Falle der Bark „Schiffswerft" von Flensburg (Entscheidung vom 9. Dezember 1897, Bd. 12 S. 719) hat das Ober-Seeamt sich dahin ausgesprochen (S. 721): „In kritischen Augenblicken muß dem Führer eines Schiffes die Wahl der Mittel nach verständiger Beurteilung überlassen bleiben, um Schiff oder Mannschaft zu retten. Selbst wenn er in solchen Augenblicken irrt, kann aus solchem Irrtum nicht immer auf Unfähigkeit zur Ausübung des Gewerbes geschlossen werden".

Auch schon vor jener Entscheidung hat das Ober-Seeamt mehrfach Anlaß gehabt, sich in gleichem Sinne auszusprechen. Es sei in dieser Beziehung auf die Entscheidungen vom 2. April 1880, betreffend den Seeunfall der Kuff „Elise Margaretha" (Bd. 2 S. 325), und vom 10. Dezember 1881, betreffend den Seeunfall der Bark „Leopoldine Fraude" (Bd. 3 S. 572) verwiesen; in der letzteren findet sich folgende Ausführung, die vollkommen auf den Fall des „Pure Oil" zutrifft: „Der Schiffer hat nicht nur für die Erhaltung des in Schiff und Ladung bestehenden Eigentums nach Kräften zu sorgen, sondern ist auch für die Sicherheit der Schiffsmannschaft verantwortlich. Wo beide Pflichten mit einander in Gegensatz treten, muß die letztere für seine Erwägungen den Ausschlag geben. Es ist Tatsache, daß selbst auf einer so befahrenen Straße des Atlantischen Ozeans, wie es die vom Kanal nach Nordamerika führende ist, mitunter Tage vergehen, ohne daß ein Schiff dem andern in genügend großer Nähe begegnet, um mit ihm Signale wechseln zu können; auch kommt in Betracht, daß man nicht bei jedem Wetter imstande ist, Boote auszusetzen und zu gebrauchen". Kapitän Dix hat den Entschluß, das Schiff zu opfern, um die Mannschaft in Sicherheit zu bringen, erst nach längerem Widerstreben in letzter Stunde, als der „North Point" nicht länger bei ihm bleiben konnte, und, wie ihm geglaubt werden darf, angesichts seiner Verantwortlichkeit und im Hinblick auf die für ihn daraus erwachsenden Folgen schweren Herzens gefaßt; daß dieser Entschluß zu einem sehr erheblichen wirtschaftlichen Verluste führte, darf auf die Entscheidung der Schuldfrage keinen Einfluß haben.

Wenn das Seeamt zur Unterstützung seines dem Kapitän Dix nachteiligen Spruches auf die über den Seeunfall der Brigg „Undine“ ergangene Entscheidung des Ober-Seeamts vom 13. April 1883 (Bd. 4 S. 682) Bezug genommen hat, so ist zur richtigen Würdigung dieser Entscheidung erforderlich, nicht nur den Nachsatz, sondern auch den Vordersatz der einschlägigen Stelle in Betracht zu ziehen. Mit Recht ist dort ausgeführt: „Wenn ein Schiffer gar keine Anstrengung macht, einer eingetretenen Gefahr entgegenzuarbeiten, vielmehr beim Eintritt schwieriger Umstände sofort das ihm anvertraute Schiff aufgibt, so mangelt es ihm an dem Pflichtgefühle, dem Mut und der Umsicht, die ein ordentlicher Schiffer besitzen muß, und es sind dann die für den Betrieb seines Gewerbes unerläßlichen Eigenschaften bei ihm nicht vorhanden“. Die in dieser Entscheidung aufgestellten Voraussetzungen für die vom Seeamte herangezogene Schußfolgerung liegen aber nach der eigenen tatsächlichen Feststellung des Seeamts gegen den Kapitän Dix nicht vor, da er weder die unter den obwaltenden Umständen möglichen Anstrengungen, der Gefahr entgegenzuarbeiten, unterlassen noch auch beim Eintritte der schwierigen Umstände sofort das Schiff aufgegeben hat. Auch das ist an dem seeamtlichen Spruche zu beanstanden, daß er lediglich getragen wird durch die Erwägung, es erscheine als nicht recht glaubhaft, wenn Kapitän Dix jetzt behaupten wolle, daß nur die Sorge um die seiner Mannschaft drohenden Gefahren ihn von Bord getrieben habe. Für eine Patententziehung genügt nicht, daß die zur Rechtfertigung des Verhaltens gemachten Angaben dem Seeamte nicht recht glaubhaft erscheinen; das Seeamt darf vielmehr zu einer Aberkennung der Gewerbebefugnis nur gelangen, wenn es die Überzeugung von der Unglaubwürdigkeit der an sich zur Rechtfertigung des Verhaltens geeigneten Angaben gewonnen hat.

Ist sonach das Ober-Seeamt zu einer Aufhebung des gegen den Kapitän Dix ergangenen Seeamtsspruchs gelangt, so wird damit von selbst der vom Seeamte gegen den ersten Steuermann und den ersten Maschinisten erhobene Vorwurf hinfällig, was wenigstens an dieser Stelle zu betonen um so mehr geboten ist, als nach Lage der gegenwärtigen gesetzlichen Bestimmungen die Handhabe für eine Aufhebung des erstinstanzlichen Spruches in dieser Richtung fehlt.

In formeller Beziehung war zu rügen, daß von dem Seeamte nur Kapitän Dix von Anfang an zur Verhandlung zugelassen worden ist, nicht aber auch die Schiffsoffiziere, denen nach der offensichtlichen Absicht des Gesetzes das Recht der Anwesenheit gewährt werden mußte, was im vorliegenden Falle besonders hinsichtlich des ersten Steuermanns und des ersten Maschinisten geradezu unerläßlich war, wenn, wie geschehen, in dem seeamtlichen Spruche ein Vorwurf gegen sie ausgesprochen werden sollte.

Der Erfolg der Beschwerde rechtfertigt zugleich die Entscheidung bezüglich der Kosten.

20. Spruch des Seeamts zu Hamburg vom 30. April 1903, betreffend die Seeunfälle des Vollschiffs „Terpsichore" von Hamburg.

Der Spruch des Seeamts lautet:

Die Strandung des Vollschiffs „Terpsichore" am 25. Januar 1903 bei Tonne D auf Scharhörn ist dadurch verursacht, daß der Lotse de Vries irrtümlicherweise annahm, daß die unterhalb der Strandungsstelle ankernde „Melpomene" weiter im Fahrwasser liege, als tatsächlich der Fall war, und daß er deshalb die Abweichung von seinem alten Kurse nicht genügend wieder ausgeglichen hat.

Dem Lotsen gereicht zur Entschuldigung, daß der Führer des Schleppers „Tugboat" es unterlassen hat, ihn auf die ungewöhnlich südliche Lage der „Melpomene" aufmerksam zu machen.

Richtiger wäre es gewesen, wenn Kapitän Jochensen sich nach der Strandung nicht auf die Hilfe des Schleppers „Tugboat" allein verlassen, sondern wenn er auch von der anderweitig angebotenen Hilfe Gebrauch gemacht hätte.

Tatbestand. Das eiserne Vollschiff „Terpsichore", Unterscheidungssignal RGPS, ist Eigentum der Firma B. Wencke Söhne und steht unter Führung des Kapitäns E. Jochensen. Das zu 5736,5 cbm = 2024,97 Registertons Brutto- und 5482,1 cbm = 1935,18 Registertons Netto-Raumgehalt vermessene Schiff ist im Jahre 1883 in Liverpool erbaut. Das Schiff ist auf der Fahrt von Iquique nach Hamburg am 25. Januar 1903 in der Nähe der Tonne D auf Scharhörn auf Grund geraten und hat erst nach mehreren Stunden wieder abgebracht werden können. Dieser Unfall hat sich unter folgenden Umständen zugetragen:

Das Schiff hatte am 24. Januar bei Borkum den Lotsen de Vries vom Lotsenschoner Nr. 6 an Bord genommen, welcher das Schiff am Abend wegen dichten Nebels beidrehen ließ und am nächsten Morgen die Fahrt nach Hamburg fortsetzte. Es war am Vormittag des 25. Januar unsichtiges Wetter, sodaß man bei der Einfahrt in die Elbe nicht von einer Tonne bis zur anderen sehen konnte. Man hatte die Absicht, bis zum dritten Feuerschiffe hinaufzusegeln, dort vor Anker zu gehen und sich beim Ankern, wenn tunlich, der Hilfe eines Schleppers zu bedienen. Um 1 Uhr nachmittags wurde das Elbfeuerschiff Nr. 2 an Backbordseite in einer Entfernung von etwa 50 Metern passiert. Von dort ab wurde unter Backbordruder auf Veranlassung des Kapitäns Jochensen nach der an der Südseite des Fahrwassers in SSO Peilung etwa 700 Meter vom Feuerschiff entfernt ankernden „Melpomene", welche derselben Reederei gehört, hinübergesteuert, weil der Kapitän sich mit der „Melpomene" über die weitere Fahrt nach Hamburg ins Einvernehmen setzen wollte. Man fuhr in einer Entfernung von etwa 50 Metern nördlich der „Melpomene" vorbei und begrüßte sich gegenseitig. Nach dem Passieren der „Melpomene" ließ der Lotse de Vries den Kurs SOzO auf das Feuerschiff Nr. 3 aufnehmen. Er erklärt, daß er nicht gewußt habe, daß die „Melpomene" so südlich im Fahrwasser gelegen hat, wie es tatsächlich der Fall war. Er hat daher geglaubt, mit dem SOzO-Kurse die Tonne D gut an Steuerbord zu lassen und auch an Steuerbord nach dieser Tonne gesucht. Während so weitergefahren wurde, ist der ebenfalls derselben Reederei gehörige Schleppdampfer „Tugboat", welcher längsseit der „Melpomene" gelegen hatte, der „Terpsichore" an Steuerbordseite aufgelaufen und es haben nun zwischen dem Kapitän Wilhelm des „Tugboat" und dem Kapitän Jochensen Verhandlungen über die Eisverhältnisse und über das Aufschleppen nach Hamburg stattgefunden. An diesen Verhandlungen hat sich auch der Lotse, welcher sich zu diesem Zweck über die Laufbrücke nach dem Achterdeck begab, beteiligt, und es ist der Rudersmann daher auf einige Minuten unbeaufsichtigt auf der Brücke geblieben. Der Kapitän Wilhelm des „Tugboat" hat plötzlich an Backbordseite voraus die Tonne D erblickt und dies dem Kapitän Jochensen zugerufen. Gleichfalls will der Ausgucksmann, der vor dem Seeamte nicht hat vernommen werden können, die Tonne D an Backbordseite gemeldet haben, diese Meldung ist aber weder vom Kapitän, noch von dem Lotsen gehört worden. Als auf die Warnung des Kapitäns Wilhelm jetzt auch der Lotse an Backbordseite die Tonne erblickte, war es zu spät. Das Schiff geriet gleich darauf an Grund, und zwar etwa 150 Meter südlich der Tonne D, außerhalb des Fahrwassers. Es wurde sofort back gebraßt und hinten 24, mittschiffs 22 und vorn 22 Fuß Wassertiefe gelotet. Da das Schiff sich nach Backbord überlegte und bei dem fallenden Wasser zunächst ein Abbringungsversuch aussichtslos erschien, wurden mit möglichster Beschleunigung die Segel festgemacht und darauf etwa eine halbe Stunde nach der Strandung zwei Korkfender als Zeichen der Manövrierunfähigkeit aufgeheißt. Während darauf mit dem „Tugboat" über das Abschleppen verhandelt wurde, lief gegen 4½ Uhr das ebenfalls der Reederei B. Wencke Söhne gehörige Segelschiff „Urania" neben der „Terpsichore" etwas näher der Tonne D ebenfalls auf Grund. Der Lotse der „Urania" hatte die aufgezogenen Korkfender nicht gesehen, hatte daher geglaubt, daß die „Terpsichore" vor Anker liege und sich dadurch verleiten lassen, so nahe an sie heranzufahren, daß er gleichfalls aus seinem Fahrwasser herausgekommen war. Nach dem Schiffstagebuch der „Terpsichore" — der Kapitän hat nicht persönlich vernommen werden können — hat dieser die Lage seines Schiffes für eine recht gefährliche angesehen, da der Wind und der Seegang zunahmen und mit der Gefahr gerechnet werden mußte, daß das Schiff auf dem harten Grunde sich durchstoßen könne. Er hat trotzdem die von seiten anderer, größerer und kleinerer Schlepper angebotene Hilfe zurückgewiesen und allein mit dem seiner Reederei gehörigen Schlepper „Tugboat" einen Vertrag über das Abschleppen geschlossen. Der „Tugboat" hat zunächst die „Urania" abgeschleppt, was nach etwa einstündiger Arbeit gelang, und begann dann etwa um 5½ Uhr mit dem Abschleppen der „Terpsichore". Diese Arbeit gelang erst, nachdem fast vier Stunden mit äußerster Anstrengung vom „Tugboat" geschleppt worden war. Sobald die „Terpsichore" rückwärts in tieferes Wasser geschleppt worden war, ließ der Kapitän den Anker fallen, und der „Tugboat" warf darauf die Schlepptrosse hinten los. Kapitän Jochensen stand selbst am Spill, um die genaue Ausführung der vom Lotsen gegebenen Befehle zu beaufsichtigen. Als etwa 12 Faden Kette ausgelaufen waren, befahl der Lotse zu stoppen, damit die Kette nicht auf den Anker fiele. Als gleich darauf wieder der Befehl gegeben wurde, noch mehr Kette zu stecken, wollte die Kette nicht weiterlaufen, da sich die Trommel, über welche die Kette läuft, festgeklemmt hatte. Bei der kurzen Kette hielt der Anker nicht und das Schiff trieb mit der Flut elbaufwärts. Ehe man den zweiten Anker fallen lassen konnte, begann die Steuerbord-Kettentrommel wieder zu laufen und es liefen jetzt 60 Faden Kette aus. Es war aber jetzt zu spät, die „Terpsichore" trieb mit der Steuerbordseite gegen den Bug der bei Tonne D zu Anker gegangenen „Urania" und erhielt an Steuerbord oberhalb der Wasserlinie ein großes Loch. Die Takelage des Kreuztops der „Terpsichore" kam von dem Bugspriet der „Urania" unklar, sodaß auch hierdurch eine Beschädigung beider Schiffe hervorgerufen wurde. Der Schlepper „Tugboat" kam wieder zu Hilfe und schleppte die „Terpsichore" frei.

Gründe. Wenn die „Terpsichore" nach dem Passieren des Elbfeuerschiffes Nr. 2 in einem Abstande von etwa 50 Metern an der Südseite mit SOzO-Kurs auf das dritte Feuerschiff zugehalten hätte, so wäre die Strandung ausgeschlossen gewesen. Diese ist ersichtlich dadurch verursacht, daß man auf Veranlassung des Kapitäns nach dem Passieren des Feuerschiffs nach der südlich liegenden „Melpomene" hinüber hielt, um mit dieser über die Eisverhältnisse bei Cuxhaven zu sprechen und Begrüßungen auszutauschen. Um so nahe an die „Melpomene" heranzukommen, wie man es getan hat, mußte der Lotse wenigstens 1 ½ bis 2 Strich nach Steuerbord abhalten. Es ist dann der verhängnisvolle Irrtum hinzugekommen, daß der Lotse davon ausging, die „Melpomene liege nördlicher, das heißt, weiter im Fahrwasser, als es der Fall war. Tatsächlich lag sie fast im Tonnenstrich. Es ist dies darauf zurückzuführen, daß sie im Nebel Anker geworfen hatte. Nun ist dem Lotsen de Vries darin Recht zu geben, daß das Ankern eines so großen Schiffes, wie die „Melpomene", im Tonnenstrich, etwas so außergewöhnliches war, daß er das nicht erwarten konnte. Da er bei dem unsichtigen Wetter die unterhalb liegenden Tonnen B und C nicht gesehen hatte und auch die Tonne D zur Zeit noch nicht sehen konnte, so ist ein Irrtum über die Lage der „Melpomene" und über die Position seines eigenen Schiffes allerdings entschuldbar. Dieser Irrtum aber hat unmittelbar zur Strandung geführt, da er die Tonne D an Steuerbord erwartete und suchte, während sie sich tatsächlich, wie sich nachher herausstellte, an Backbord befand. Immerhin muß anerkannt werden, daß bei sorgfältiger Navigierung und bei größerer Aufmerksamkeit die Strandung sich wohl hätte vermeiden lassen, wobei dahingestellt bleiben muß, ob nicht auch der Umstand, daß der Rudersmann eine Zeit lang ohne Aufsicht gelassen wurde, hier mit im Spiele ist. Ein Teil der Schuld trifft aber auch den Kapitän des Schleppers „Tugboat", welchem der gefährliche Kurs der „Terpsichore", da er über die Lage der „Melpomene" unterrichtet wahr, hätte auffallen müssen. Es muß daher auffallen, daß er sich nicht veranlaßt gesehen hat, den Kapitän oder den Lotsen der „Terpsichore“ rechtzeitig zu warnen. Das Verhalten des Kapitäns Jochensen, welcher allerdings nicht hat vernommen werden können, nach der Strandung erschien nicht frei von Bedenken. Die Tagebucheintragung der „Terpsichore“ sowohl wie des „Tugboat“, mit Bezug auf die Strandung wie auch auf den späteren Zusammenstoß mit der „Urania“, lassen auf beiden Seiten das Bestreben erkennen, die Lage des zu rettenden Schiffes als eine möglichst gefährliche und damit die geleistete Hilfe als eine möglichst wertvolle zu schildern. Diesem Bestreben, die Unfälle im Interesse der Reederei und im eigenen Interesse zu verwerten, entspricht auch, daß Kapitän Jochensen zur Rettung des Schiffes lediglich mit dem Schlepper „Tugboat“ verhandelte, während ihm noch von anderen größeren und kleineren Schleppern Hilfe geboten wurde. Wenn die Gefahr, in der sein Schiff schwebte, tatsächlich so groß war, wie er sie schildert, so wäre es seine Pflicht gewesen, für eine möglichst wirksame und schnelle Rettung des Schiffes zu sorgen, also auch noch andere Schlepper heranzuziehen. Das Bestreben, den Interessen der eigenen Reederei vor allem zu dienen, darf unter keinen Umständen dazu führen, das Schiff unnötigerweise zu gefährden. Das aber scheint hier der Fall gewesen zu sein, indem man sich allein auf den „Tugboat“ verließ, welcher beinahe vier Stunden gebraucht hat, ehe ihm das Rettungswerk gelang. Wären noch andere Schlepper hinzugezogen worden, so wäre auch vermutlich der Zusammenstoß mit der „Urania“ und damit der zweite Unfall, durch den das Schiff schwer beschädigt worden ist, vermieden worden.

21. Spruch des Seeamts zu Danzig vom 6. Mai 1903, betreffend den Seeunfall der Tjalk „Erndte“ von Rendsburg.

Der Spruch des Seeamts lautet:

Das Kentern der eisernen Tjalk „Erndte“, Kapitän H. H. Engellandt, aus Rendsburg am 19. April 1903 und der dadurch herbeigeführte Verlust von drei Menschenleben ist höchstwahrscheinlich dadurch verursacht, daß der verstorbene

Steuermann Frahm irrtümlich das Schiff hat anluven lassen, eine mächtige Woge das Schiff seitwärts gefaßt und — auf Segel und Deckslast drückend — es umgeworfen hat. Ein sonstiges menschliches Verschulden ist bei dem Unfalle nicht zu erkennen.

Gründe. Die im Jahre 1897 in Holland aus Eisen und Stahl erbaute einmastige Tjalk „Erndte" aus Rendsburg, Unterscheidungssignal LVQH, ein Schiff von 25,12 m Länge, 5,62 m Breite und 2,26 m Tiefe, vermessen zu 287,6 cbm = 101,51 Registertons Brutto- und 237,8 cbm = 83,96 Registertons Netto-Raumgehalt, hatte im April 1903 in Ruß a. d. Gilge eine volle Ladung tannener Dielen eingenommen und ging damit am 18. April, 8 Uhr vormittags, von Memel aus nach Oldenburg in See. An Bord befand sich:

1. der Eigentümer der Tjalk Kapitän Hans Engellandt aus Breiholz bei Rendsburg, 32 Jahre alt,
2. der Steuermann Heinrich Frahm aus Breiholz,
3. der Leichtmatrose H. Abenseth aus Steinkirchen a. d. Lühe,
4. der Schiffsjunge Paul Funk aus Altona.

Von der 54 Standard (1 Standard = 165 Kubikfuß engl.) betragenden Ladung waren 11 Standard auf Deck verstaut und dort mit Ketten gut verzurrt. Die Höhe der Deckladung betrug mittschiffs etwa 4, an den beiden Enden des Schiffes etwa 3½ Fuß, die Höhe der Regeling 32 Zoll. Das vorn und hinten kuffartig abgerundete Schiff hatte einen flachen Boden ohne Kiel, führte ein Großsegel mit drei Reffen, ein Querbaumsegel, ein Topsegel und zwei Vorsegel im ganzen etwa 3000 Quadratfuß Segelfläche und lag 7 Fuß tief im Wasser. Das Großsegel war neu und besonders stark. Im hinteren Teile des Schiffes war ein zum Volkslogis bestimmter Aufbau von 16 Fuß Länge, 9 Fuß Breite und 5 Fuß Höhe, daran schloß sich, durch einen Zwischenraum von 6 Fuß Breite getrennt, die nur 16 Zoll das Deck überragende, durch eine Treppe zugängliche, mit großem Oberlicht versehene Kapitänskajüte, ein Raum von nur etwa 50 Quadratfuß Grundfläche. Der Fußboden der Kajüte wurde durch Bretter gebildet, die zum großen Teile lose auf einem von eisernen Riegeln an den Wandungen des Schiffes festgehaltenen Gerüste lagen. Unter diesem Fußboden lag ein Kielraum, in dem ein altes Segel, einige leere Säcke, ein großer hölzener Hammer und Brennholz aufbewahrt wurden. Die Kajüte und der darunter liegende Kielraum waren von dem übrigen Teile des Schiffes durch ein Schott getrennt, das im Laufe der Zeit undicht geworden war.

Als die Tjalk den Hafen von Memel verließ, war das Wetter schön, bei frischer Brise aus NOzN wurden deshalb alle Segel beigesetzt. Nachmittags gegen drei Uhr fiel Schnee und Regen und der Wind nahm so zu, daß der Kapitän die leichten Segel fortnehmen ließ. Im Laufe der Nacht steigerte sich der Wind zum Sturme aus NOzN, und die See ging ungewöhnlich hoch. Trotzdem lief die „Erndte", die jetzt nur noch das dichtgereffte Großsegel und das Sturmstagsegel führte, bei ihrem westlichen Kurse gut vor dem Winde und nahm kein Wasser über. Um 3 Uhr morgens ergab das Logg, daß 108 Seemeilen seit der Abfahrt von Memel zurückgelegt waren.

Um 4 Uhr morgens am 19. April übergab der Kapitän die Wache dem Steuermanne, der mit dem Leichtmatrosen an Deck bleiben sollte, während Kapitän und Schiffsjunge ruhten. Bevor der Kapitän gegen 1/25 Uhr herunterging, machte er noch eine Runde an Deck und fand dabei ein loses Tau, das er mit sich in die Kajüte nahm. Alles war in bester Ordnung und jede unmittelbare Gefahr schien ausgeschlossen.

Unten angelangt entledigte sich der Kapitän zunächst seiner durchnäßten Kleidung. Er hatte von trockenen Sachen nur erst Hemd und Hose angezogen, als er plötzlich unsanft gegen die Backbordseite und das Deck geschleudert wurde. Ohne vorherige Anzeichen war das Schiff in einem Augenblicke gekentert und schwamm jetzt kieloben. Alle unbefestigten Gegenstände in der Kajüte waren nach dem jetzt unten befindlichen Oberlicht zu gefallen, dies war zerstrümmert und Wasser war bis zu etwa fünf Fuß Höhe in den Kajütenraum eingedrungen. Es gelang dem Kapitän, in den sonst unter, jetzt über der Kajüte liegenden Kielraum zu klettern, dessen Höhe etwa 4 Fuß betrug. Unter ihm waren noch 2 bis 3 Fuß von der Kajüte wasserfrei, so daß dem Kapitän im ganzen etwa 6 Kubikmeter Luft zur Verfügung standen.

Engellandt fischte sich nun zunächst von den unter ihm schwimmenden Gegenständen alles dasjenige heraus, was ihm in seiner Lage von Nutzen sein konnte, insbesondere die herabgefallenen Bretter, das Tau und den hölzernen Hammer. Die Bretter band er mit dem Tau fest und schuf sich dadurch unter Zuhilfenahme des alten Segels und einiger aufgefundener alter Säcke die Möglichkeit eines Lagers. Mit dem Hammer schlug er tagsüber unaufhörlich gegen die Schiffswände, um durch den Schall ein etwa in die Nähe kommendes Schiff aufmerksam zu machen. Lebensmittel verschaffte er sich aus dem Kajütenschranke, der glücklicherweise von der hereinschlagenden See nicht zertrümmert wurde. Zwar durfte er die Schubladen nicht herausziehen, da sonst der Inhalt ins Wasser gefallen wäre; aber er zerschlug die Schubladenböden von oben und so gelang es ihm drei Pfund getrocknete Pflaumen, drei Pfund Reis, drei Pfund Zucker, eine Mettwurst und zwei Büchsen kondensierter Milch zu bergen, mit denen er so sparsam umging, daß er bei seiner Rettung noch für vier Tage Nahrung hatte. Seinen Durst löschte er mit Seewasser, ohne böse Folgen davon zu empfinden. An Atmungsbeschwerden hatte er nicht zu leiden: das bewegte Wasser unter ihm schien Sauerstoff abzugeben, und zum Glück war auch das den Vorrats-Kielraum abschließende Schott nicht dicht, so daß ein geringes Zuströmen von Luft aus dem großen Schiffsraume stattfand. Völlig dunkel war es in seinem Gefängnisse tagsüber nicht; durch das unten befindliche Wasser drang ein dem Mondscheine vergleichbarer Schein, der die Umrisse der Gegenstände erkennen ließ und es dem Eingeschlossenen auch ermöglichte, durch eingeritzte Zeichen eine Art von Kalender zu führen. Durch die Erwärmung der Schiffsplatten ließ sich auch bei hellem Sonnenschein der Stand der Sonne und die ungefähre Richtung des Abtreibens feststellen. Selbst bei heftig bewegter See lag die Tjalk verhältnismäßig ruhig, was der Kapitän mit Recht dem wie ein Schwert wirkenden, in das tiefere ruhige Wasser hinabreichenden Maste zuschrieb. So trieb die „Erndte" als Spielball von Wind und Wellen bis zum Nachmittage des 29. April 1903 auf dem Meere umher — von 55° 26′ nördl. Breite und 17° 33′ östl. Länge nach 55° 9′ nördl. Breite und 18° 16′ östl. Länge, — ohne daß sich in der Lage des Eingeschlossenen irgend etwas änderte. Um die genannte Zeit passierte der norwegische Dampfer „Aurora", Kapitän H. Sörensen aus Laurwig, auf der Reise von Cardiff nach Danzig 18 bis 20 Seemeilen nördlich von Rixhöft. Bei ruhiger See und nebeliger Luft erblickte der auf der Brücke stehende Kapitän in etwa einer Seemeile Entfernung ein mit dem Boden nach oben treibendes gekentertes Wrack, hielt darauf ab und hörte, als er auf etwa 100 Meter herangekommen war, den offenbar aus dem Innern des Wracks kommenden Ton von Hammerschlägen. Sofort wurde nun ein Boot klar gemacht und unter Führung des ersten Steuermanns Christophersen zum Wrack gesandt. Die Abgesandten konnten sich nur notdürftig mit dem Eingeschlossenen verständigen; es wurde deshalb beschlossen, zunächst ein kleines Loch durch das Eisen zu bohren. Als es geschehen war, drang die innen eingeschlossene Luft mit solcher Heftigkeit heraus, daß Engellandt in der Befürchtung, das Schiff könne wegsinken, das Loch zunächst mit dem Finger und dann mit einem Holzpfropfen wieder verschloß.

Kapitän Sörensen überzeugte sich hierdurch, daß es unmöglich sei, den Eingeschlossenen auf offener See zu retten und beschloß, das Wrack, so wie es war, in den nächsten Hafen zu schleppen. Zu diesem Zwecke mußten Ketten um das ganze Wrack gelegt und befestigt werden, da irgend welche Vorsprünge, an denen man eine Schlepptrosse hätte befestigen können, nicht vorhanden waren.

Gegen 7 Uhr abends war die Arbeit beendet und die „Aurora" setzte sich vorsichtig mit halber Kraft in Bewegung. Das mit Mannschaft, Fackeln und Laternen ausgestattete Boot unter Führung des ersten Steuermanns verblieb während der ganzen Nacht am Hinterteil der „Erndte", um sich nötigenfalls sofort mit dem Eingeschlossenen verständigen zu können. Es fiel aber während der ganzen Fahrt bis Neufahrwasser nichts besonderes vor; nur einmal empfand der Eingeschlossene ein starkes Erzittern des Schiffes, anscheinend hervorgerufen durch das bei flacherem Wasser eingetretene Abbrechen des Mastes.

Am 30. April nachmittags 5 Uhr, war die „Aurora" mit dem Wrack vor dem Eingange des Hafens von Neufahrwasser. Eine halbe Stunde später war der Lotsenkommandeur Wunderlich an Bord und übernahm die Leitung der Arbeiten zur Rettung des Verunglückten. Es wurde zunächst festgestellt, daß der Mast abgebrochen war und keine Anker unter dem Wrack hingen; dann wurde die Tjalk von zwei Bugsierbooten in das Hafenbassin unter den großen Krahn geschleppt und mit untergelegten Ketten so abgefangen, daß sie nicht tiefer sinken konnte. Nunmehr erhielten mehrere herbeigeholte Schmiede den Auftrag, über dem Eingeschlossenen eine Bodenplatte loszustemmen. Die Arbeit war schwierig und langwierig, da sich an der betreffenden Stelle drei Spanten befanden, die gleichfalls durchgestemmt werden mußten. Um 9 Uhr 30 Minuten abends war endlich die Öffnung so groß, daß Engellandt den kleinen Raum verlassen konnte, in dem er beinahe 12 Tage im Angesichte eines fast unabwendbaren Todes zugebracht hatte.

Nach diesen durch das eidliche Zeugnis der Kapitäne Engellandt und Sörensen festgestellten Tatsache ist die Ursache des Unfalls in einem besonderen durch Wind und Wogen herbeigeführten Mißgeschick zu erblicken. Die Bauart der Tjalk weicht in nichts von der bei dieser Art Schiffen gebräuchlichen ab; die Decklast war nicht höher gestaut als üblich ist, an Leinewand konnte die „Erndte", um in ihrem Kurse liegen zu bleiben, nicht wohl weniger führen. Solange die Tjalk vor dem Winde lief, hatte sie nach menschlicher Berechnung nichts zu befürchten, und es ist deshalb dem Kapitän, der 20 Stunden an Deck gewesen war, kein Vorwurf daraus zu machen, daß er die Führung des Schiffes dem Steuermann übergab. Wahrscheinlich hat dieser vielleicht aus Unachtsamkeit -- vielleicht im Irrtum über den durch Schnee und Regen undeutlich gemachten Kompaß — das Steuer etwas nach Backbord gelegt. Dadurch ist das Schiff angeluvt und hat dem Winde und der See seine Breitseite gerade zu einer Zeit geboten, als eine besonders mächtige Woge herangerollt ist, die durch das Heben des Schiffes und den gleichzeitigen Druck auf Segel und Decklast das Kentern herbeigeführt hat. Steuermann, Matrose und Schiffsjunge haben dabei zweifellos ihr Leben eingebüßt. Kapitän Engellandt hat seine wunderbare Rettung einem Zusammentreffen günstiger Umstände, daneben aber auch seiner eigenen Umsicht, seinem unerschütterlichen Ausharren und seiner unbeugsamen Energie zu verdanken.

Kapitän Sörensen und Lotsenkommandeur Wunderlich verdienen für ihre zweckmäßigen und umsichtigen Maßnahmen zur Rettung des Verunglückten hohe Anerkennung.

22. Spruch des Seeamts zu Hamburg vom 12. Mai 1903, betreffend den Seeunfall des Fischdampfers „Dr. Giese" von Altona.

Der Spruch des Seeamts lautet:

Der Leichtmatrose Hugo Kauffeld ist am 13. April 1903 auf dem Fischdampfer „Dr. Giese" durch eine Sturzsee über Bord gerissen und ertrunken.

Zur Rettung des Mannes ist ein Ring über Bord geworfen, im übrigen aber nichts geschehen, da das Boot angeblich nicht ausgesetzt werden und der Dampfer vor dem ausgesetzten Netz nicht manövrieren konnte.

Es dürfte zu prüfen sein, ob das auf den Fischdampfern geführte Rettungsmaterial sich zur Rettung von Menschenleben in schlechterem Wetter eignet.

Tatbestand. Der Fischdampfer „Dr. Giese", Unterscheidungssignal LGCP, ist Eigentum des Reeders Joh. Nibbe in Altona und steht unter Führung des Kapitäns Karl Ehrlich.

Dieser Dampfer hat am 13. April 1903 einen Seeunfall erlitten, indem der am 29. Juli 1885 in Hamburg geborene Leichtmatrose Hugo Kauffeld durch eine Sturzsee über Bord gerissen wurde und nicht gerettet werden konnte.

Der Dampfer hatte am 9. April mit einer aus 10 Mann bestehenden Besatzung den Altonaer Hafen verlassen, um in der Nordsee Fischfang zu betreiben. Man traf in den folgenden Tagen durchweg stürmisches Wetter an. Am 13. April, morgens 8 Uhr, wurde bei etwas gelinderem Wetter das Netz ausgesetzt; das Schiff befand sich auf den großen Fischereigründen zwischen dem 59. und 60. Grade nördlicher Breite. Am Nachmittag gegen 1½ Uhr lag der Dampfer vor dem Netz ONO an bei heftigem böigen NNW-Winde. Die See war bewegt, es kamen aber nur unbedeutende Sturzwellen über Deck. Um 1 Uhr 40 Minuten kam plötzlich eine sehr schwere See von Backbord querüber und überflutete das Deck vollständig. Gleich darauf sah der Segelmacher Loris, daß der Leichtmatrose Kauffeld, welcher auf dem Achterdeck gestanden hatte, achteraus im Wasser trieb. Auf den Ruf „Mann über Bord" stoppte der wachehabende Steuermann Meine die Maschine und warf einen Rettungsring über Bord, während Loris eine Leine auswarf. Dann warf Meine noch einen Ring von der Brücke an Deck, damit dieser vom Heck aus ausgeworfen werde, was aber nicht ausgeführt worden ist. An das Aussetzen des vorn festgelascht stehenden Bootes war nach Aussage des Kapitäns und Steuermanns bei der hohen See nicht zu denken, auch konnte die Maschine nicht auf rückwärts gestellt werden, da dadurch leicht das Netz oder die Netzleinen hätten in die Schraube kommen können. Das Drehen des Dampfers, um nach der Unfallstelle zurückzukehren, hätte bei den lang ausstehenden Netzleinen — man fischte auf 60—70 Faden Wassertiefe — sehr lange Zeit in Anspruch genommen. Unter diesen Umständen konnte nach Angabe der Zeugen nichts weiter geschehen, als daß man den Dampfer durch Wind und Wellen etwas näher an den in Lee achteraus im Wasser liegenden Mann hinantreiben ließ. Dieser, der mit Ölzeug und Seestiefeln angetan war, hielt sich etwa 4 Minuten über Wasser und versank dann, ehe ihm Hilfe gebracht werden konnte.

Es wurde darauf das Netz eingeholt und bis 4 Uhr an der Unfallstelle nach dem Verunglückten Ausschau gehalten.

Der Leichtmatrose Kauffeld war erst kurz vor Abgang des Dampfers an Bord gekommen, sodaß er nicht mehr hatte angemustert werden können. Er hatte früher auf Flußschiffen gefahren und machte seine erste Reise auf einem Fischdampfer.

Der Reichskommissar hat die Ansicht geäußert, daß unter den vorliegenden Umständen, da bei so hoher See gefischt wurde, daß ein Boot nicht ausgesetzt werden konnte, von vornherein an Schutzmaßregeln für die Mannschaft im Falle eines Unfalls hätte gedacht werden sollen. Es wäre daher richtiger gewesen, wenn die Mannschaft dazu angehalten worden wäre, die vorhandenen Schwimmwesten anzulegen.

Gründe. Nach dem Ergebnisse der Untersuchung unterliegt es keinem Zweifel, daß der Leichtmatrose Kauffeld durch die schwere Sturzsee, welche in dem Augenblicke seines Überbordgehens überkam, über Bord gerissen worden ist.

Für diesen Unfall erscheint die Schiffsleitung nicht verantwortlich, da vor der für den Unfall kausalen, besonders schweren Sturzsee nur wenig Wasser an Deck gekommen war, also eine Veranlassung zum Treffen besonderer Vorsichtsmaßregeln nicht vorgelegen hat.

Nach dem Unfalle hat zur Rettung des im Wasser treibenden Mannes nichts weiter getan werden können, als daß ein Ring und eine Wurfleine ausgeworfen wurden, welche der Mann aber nicht fassen konnte. Im übrigen war es nicht möglich, das Boot auszusetzen, und der Dampfer war vor dem Netz zu wenig manövrierfähig, um selbst helfen zu können. Es hätte allerdings die Möglichkeit vorgelegen, dem Dampfer durch das Kappen des Netzes die nötige Manövrierfähigkeit zu geben. Von dieser Maßregel ist jedoch Abstand genommen als man sah, daß der Verunglückte nach kurzer Zeit untersank.

Diese Feststellungen legen die Frage nahe, ob hier nicht Verbesserungen der Rettungseinrichtungen der Fischdampfer notwendig erscheinen.

Wenn bei hoher See gefischt wird, ist bei der niedrigen Regeling der Fischdampfer die Gefahr, daß überkommende Seen Menschen über Bord waschen, eine große, und es ist entschieden ein unhaltbarer Zustand, daß in solchem Falle vom Dampfer aus fast nichts zur Rettung des Verunglückten geschehen kann. In welcher Weise hier Wandel zu schaffen ist, etwa durch Verbesserungen der Rettungsboote und bessere Bereithaltung derselben oder durch Anbringung besonderer Vorrichtungen für das Werfen von Leinen oder das Ausfieren von Flößen oder vielleicht durch Ziehen von Schutztauen über der Verschanzung, dürfte weiterer sachverständiger Erwägung zu überlassen sein.

Der Anregung des Reichskommissars, die Leute in solchen Fällen von vornherein die Korkwesten anlegen zu lassen, hat das Seeamt wesentlich deshalb nicht beitreten können, weil diese Westen bei der schweren Arbeit der Fischdampfermatrosen zu hinderlich sein würden.

Inhalt (Fortsetzung von Seite 2 des Umschlags)

FSC
www.fsc.org
MIX
Papier | Fördert gute Waldnutzung
FSC® C083411

Kolibri 360 GmbH
Ferdinand-Jühlke-Straße 7
99095 Erfurt, Deutschland
produktsicherheit@kolibri360.de